JN418469

남도문학을 읽는 마음

남도문학을 읽는 마음

2023년 12월 20일 인쇄
2023년 12월 30일 발행

지은이 박관서

펴낸이 강경호 편집 강나루 디자인 정찬애
펴낸곳 도서출판 시와사람
등록 1994년 6월 10일 제 05-01-0155호
주소 광주시 동구 양림로119번길 21-1(학동)
전화 (062)224-5319 E-mail jcapoet@hanmail.net

ISBN 978-89-5665-711-0 03810

· 잘못된 책은 구입하신 서점에서 바꾸어 드립니다.
· 이 책은 전라남도문화재단 지역문화예술특성화지원사업에서 제작비 일부를 지원받았습니다.
· 값은 표지에 있습니다.

이 도서의 국립중앙도서관 출판예정도서목록(CIP)은
서지정보유통지원시스템 홈페이지(http://seoji.nl.go.kr)와
국가자료종합목록 구축시스템(http://kolis-net.nl.go.kr)에서
이용하실 수 있습니다.

남도문학을 읽는 마음

박관서

시와사람

작가의 말

남도문학의 내력 또는 이를 읽는 마음

어지러운 세상이다. 내 몸을 담고 살아가는 한반도의 상황도 그렇고 내 마음을 얹고 있는 당대의 세계도 혼돈과 슬픔으로 가득하다. 그러한 혼돈과 슬픔이 순전히 우리 인간이 만들어온 문명과 욕망에서 배태된 것이어서 더욱 당혹스럽다. 하지만 다행히 오랜 수탈과 소외의 역사를 통하여 절망에서 희망을 보고 어제에서 내일을 향하는 남도라는 공간에서 살아가는 덕분에 혼돈이나 슬픔이 그대로 수용되는 것은 아니다. 특히, 이를 자양분이자 매개로 하는 문학을 하고 있어서 더욱 다행이다.

그러한 점에서 어둡고 흐린 오늘을 넘어 새로운 내일을 꿈꾼다. 오늘보다는 맑고 명징한 내일을 미리 설계해보는 것이다. 그것은 멀리 있는 세상보다는 우선 나 자신의 일상적인 삶과 문학을 통한 밑그림을 통해서이다. 그러하다. 세계의 변화는 나로부터 시작되고 또한 내게 이르러서 끝나야 한다. 그게 아닌 모든 것들은 허망한 자기기만에 불과할 터이다. 하지만, 자기 자신을 속이지 않는 일 역시 쉽지 않은 일이다. 어쩌면 우리들의 고통은 이처럼 내가 나를 속여서 자신을 타자화시키는 데서 오는 것인지 모른다. 따라서 어떠한 불안과 고통도 우선 이를 직시하는 데서부터 해결된다는 말은 여전히 유효하다.

그러한 직시의 차원에서 본 산문집을 그려 보았다. 이십 대의 문학청년 시절로부터 문단의 말석이나마 지키는 현재의 시점까지 근 삼십여 년 동안 날아다니는 새가 똥을 뿌리듯이 여기저기 뿌려놓은 산문들을 주섬주섬 모아놓고 보니 잡설집이다. 주로 전남일보 등 지역신문에 게재한 칼럼과 문학지와 각종 문학행사 등에서 발표한 졸고들이다. 엄밀히 수필도 아니고 언감생심 비평이나 평론도 아닌 흔히 말하는 잡글의 형태를 크게 벗어나지 못했다. 그리하여 행여 그 앞에 문학이라는 췌사를 붙인다면 문학잡설집 정도가 될 듯싶다.

그동안 문학판에서 쓰라는 작품은 쓰지 않고 온갖 이판사판에만 신경을 쓴다고 '구사리'도 많이 들었다. 그만큼 여기저기 졸렬한 말과 글을 많이 섞은 흔적들이다. 하지만 그것은 문학의 태생지인 목포와 광주 그리고 옛 하삼도(下三道)를 이루는 한반도 남녘의 공간을 일컫는 남도라는 공간을 크게 벗어나지 못한 것이다. 그리하여 「남도문학을 읽는 마음」으로 제목을 정했다.

*

여기에서 두 개의 문장을 생각한다. 먼저, '가짜 시인은 남의 이야기로 자신에 대해 말하지만, 진짜 시인은 자기 이야기로 남을 이야기한다.'라는, 노벨문학상을 탄 라틴 아메리카의 시인 옥타비오 파스(Octavio Paz)의 말이다. 문학이 만들어내는 세계와 실제로 사람이 살아가는 세계와의 차이와 동일성 또는 변증법적 길항의 차원에서 살펴볼 수 있겠지만, 우리의 현실에서는 사실 아득한 일이기만 하다.

그 아득함을 꺼내서 보여주는 일 역시 아득한 일이다. 하지만 분명한 것은 문학을 하는 마음은 우선 나를 꺼내어 너에게 보여주는 일이다. 나의 체험과 기억을 바탕으로 내 안에서 익은 서정과 상상력이라는 문학적 서사는 실은 너에게 다가가는 나의 소통기제이다. '너와 내가 만나서 이루어지는 우리의 마음을 얻기 위한 나의 마음'이다.

그렇듯이 문학을 하는 마음은 곧 문학을 읽는 마음과 연결된다고 하겠다. 문학을 남에게 평가받거나 인정을 받아서 사회적 위계를 형성하거나 일정한 보상을 받는 차원에서 하는 일이면 모르겠으나, 인간이 풀 수 없는 근본적인 문제의 해소 내지는 존재의 끌림으로 하는 문학은 우선 '쓰고/ 읽음'의 구별이 있을 리 없다. 아니 도리어 문학이라는 우선의 개인작업을 통하여 홀로된 내 안에 너와 나를 앉혀서 서로의 이야기로 서로 함께 흘러가는, 그처럼 '문학이라는 이야기'를 통하여 '내가 네가 되고 네가 내가 되는 일'이 단순히 누구를 앞세우거나 누구를 대상화하는 그런 것이 아니란 이야기이다.

그리하여 '문학을 읽는 마음은 나의 이야기로 너를 사랑하는 마음이면서 동시에 세계를 살아가는 마음이다. 여기에서 세계를 살아가는 마음은 곧 나의 삶이 너와 이어지는 동시에 세계 만물과 인드라망(因陀羅網)으로 연결되어 있음을 말한다. 너에 관한 나의 사랑이 곧 나의 삶이고 문학인 것이다. 이 어지럽고 아픈 시절에 문학을 읽는 마음을 내 안에 들어 앉히고서야 밖으로 떠도는 새울음도 곱게 스며든다.

*

'자극과 반응 사이에는 공간이 존재한다, 그 공간에 선택과 힘이 들어 있다.'라는 글은 두 번째 생각나는 문장이다. 유대인으로서 나치에 의해 강제수용소에 갇혔다가 천신만고 끝에 살아나온 심리의학자 빅토르 프랑클(Victor Frankl)의 『죽음의 수용소에서』에 나오는 구절이다. 자신의 생명을 위협하는 자극에 직면하여 무기력한 반응을 할 수밖에 없었던 프랑클은 자신이 처한 공간에서의 실존적인 사유라는 선택을 통하여 철학적인 힘을 길렀다고 할 수 있겠다.

이에 주목하는 대목은 주어진 남도라는 공간에서의 자극과 이에 대한 반응으로서의 문학을 매개로 내가 선택한 힘이란 과연 무엇인가 하는 것이다. 세든 약하든 아니 있든 없든 간에, 그 힘의 실체와 향하는 방향을 어느 정도라도 가늠해 보는 것이 목적이므로, 그에서 비롯된 시원의 마음으로 여겨지는 부끄러운 글을 한 구절 찾아본다.

> 너무 어수선한 시절에 준비 없이 살펴본 목포문학이여. 내 삶이 담긴 목포여. 내 꿈이 담긴 문학이여. 내 영혼이 담긴 시여, 용서하라. 다 용서하시라. 내가 나를 파괴하지 못하는 시가 무슨 의미가 있으며, 남의 이야기로 내 이야기를 하지 마시라. 불쌍한 나여. 시를 핑계로, 문학을 바람잡이로 삶을 도둑질하고 있는 나여, 너여, 우리여. 다 용서하시고, 다 용서하지 마시라. 우리가 실은 도둑놈임을 인정한 이들끼리 모여, 나이 딱 팔십에 이르를 때까지의 문학만 하자. 그때까지의 눈물과 그때까지의 땀과 그때까지의 노래만 부르자. 지금은 눈 아래 낀 치태를 닦아내는 일이 목포문학을 살려내는 일. 지금은 우리의 삶에 배인 땀과 눈물과 피로 이룩되는 순수한 근로소득을 인정하는 일이 목포문학을 살려내는 일. 지금은 우리 곁에 있는 아내와 친구와 형제와 배신자와 사업관계자를 인정하는 일이 목포문학을 살려내는 일이다. 부디, 문학과 예술과 영혼과 순수와 구원과 사랑과 눈물과 개나발로부터 멀어지는 일이, 목포문학을 살려내는 첫걸음임을, 잊지 말자. 목포여. 문학이여.(목포문학관 개관 기념 제1회 서남권문학박람회(2008.3.8) 심포지엄에서 발표한 발제문의 종결부)

다시 읽어보는 〈2007년의 목포문학 짚어보기〉라는 제목으로 발표한 위의 글은 순전한 치기와 객기가 만만한 어린 문학취의 졸문임은 물론이다. 하지만 그처럼 협량한 문학에의 욕망 이면에 작으나마 문학을 매개로 자신이 몸을 담고 있는 공간에 대한 선택적 힘에의 의지가 뜨겁게 들어있음도 사실이다.

따라서 본 고는 원래 '목포문학에 깃들다 - 광주문학에 스미다 - 남도문학으로 번지다 - 경계를 넘어 섞이다'라는 순으로 설계되었다. 이는 문학을 중심으로 개인과 공간이 서로 조응하면서 깊어지고 확장해 간 내력을 나름의 역사와 순서로 담아내고자 하는 의도였다.

하지만 앞의 글에서 드러나는 것처럼 치부가 따로 없을 정도의 초창기 글들은 물론 이를 책으로 내는 마당에 읽는 이들의 불편함을 고려하지 않을 수 없는 일이었다. 또한, 필자의 문학적 지형도가 현재화 되어있음 까지를 참작하여 책제목인 남도문학을 앞세워 역순으로 이를 재배치하였다. 이는 또한, 문학사적인 기술 자체가 미비한 지역문학의 사료적 가치의 보존이라는 배려를 우선한 것이기도 하다.

그러함에도 부끄러움은 두루두루 남는다. 세상이 주는 자극에 대하여 본능적으로 반응하면서 겨우 내게 주어진 환경에 휘둘려온 일천한 문학을 해온 것은 아닌지, 그래 너무 빈약한 내력에 화가 나기도 하고 금세 낙담하는 마음으로 내려앉기도 한다. 하지만 어쩌랴, 주어진 환경과 자극에 내면의 힘으로 견디면서 때때로 뜨겁게 항전하며 일어서는 남도의 힘이 내 문학의 근거이자 거점은 분명하다. 그래, 이제야 내가 문학으로부터 무엇을 기대하는 것이 아니라, 문학이 나로부터 기대하고 있는 그 무엇을 간신히 눈치로나마 가늠하고는 한다.

끝으로, 이 작은 졸고가 나오기까지 곁에서, 속에서, 밖에서, 그리고 멀리에서, 반대편에서, 어깨를 걸고, 그때그때 뜨겁고 쓸쓸하고 어두운 시간을 함께해 온 선후배 동료 문인들에게 거듭 감사의 절을 올린다.

2023. 12. 박관서 배상

Contents

PART + 01
남도문학으로 번지다

PART + 02

광주문학에 스미다

PART + 03

목포문학에 깃들다

PART + 04

경계를 넘어 섞이다

남도문학을 읽는 마음

PART + 01

남도문학으로 번지다

남도문학의 위상

바다를 중심으로 삼아 한반도의 지도를 거꾸로 놓고 보면 가장 꼭대기인 제주도에서 시작하여, 전북 군산과 충청도 홍성, 대전 및 대구와 부산, 서울, 인천 등지를 돌면서 현지를 중심으로 활동하는 문학인들을 만났다. 또한, 직접 방문하지 못한 지역의 문인들은 전화를 통해서 만났다. 물론 갈수록 심각해지는 코로나바이러스의 창궐 때문에 쉽지는 않았다. 그리하여 토막토막 여유를 내면서 돌다 보니 약 이십여 일이 넘게 걸리는 제법 쉽지 않은 여정이었다. 하지만 그러한 상황을 고려하여 될수록 너덧 명 이하의 사람들을 만나다 보니 도리어 속 깊은 이야기들을 제대로 나눌 수 있었다.

이처럼 전국의 문학과 문인들을 찾아서 떠도는 것은 개인적으로 그래야 할 충분한 이유가 있어서였다. 그랬다. 직선제로 선출하는 한국작가회의 사무총장 후보에 출마하기 위하여 사전 탐방을 통한 문인들의 문심(文心)을 파악하기 위해서였다. 그렇지만 지난 주말에 진행된 광주전남작가회의 2022년 정기총회를 통하여 남도의 작가들을 만나면서 사실 이번 문학여행 내지는 문학답사의 종지부를 찍다 보니, 문득 그동안 내가 몸담아 왔던 남도문학의 위상은 어디쯤일까? 또는 무엇일까? 하는 생각이 내 안으로 부터의 의문으로 떠올라왔다.

일찍이 「한국문학의 위상」을 짚었던 문학평론가 김현 선생은, 아무래도 근대라는 이상과 서구문학의 틀 안에 갇혀 한정되고 일방향적이었던 당시 한국문학의 주체성을 확립하기 위하여 "참되고 아름다운 문학은 작가 자신이 그와 그가 속한 사회와의 관계를 이해하려는 노력 속에서 생겨난다."라는 것을 사적인 맥락에서 밝혀내려고 하였다. 이는 그동안 주로 문단사, 논쟁사, 잡지사 등의 성격을 띠고 있던 기존의 문학사를 체계적으로 극복해내는 단초를 제공했다는 평가를 받고 있다.

또한, 그는 여기에서 문학의 역할과 기능을 '어릴 적 경험을 바탕으로 문학은 인간을 억압하지 않으며 쾌락을 일깨우는 원초적 반성이자 깨달음'이라고 주장하면서, 문학이 '인간을 억압하는 부정적인 것의 정체를 파악하여 그에 대한 자각을 불러일으키는 역할을 하고 있다'라고 하였다. 이를 다시 말하면 '문학은 인간을 억압하는 것과 억압당하는 것의 정체를 파악하여 부정적인 힘을 인지하고 자각을 불러일으킨다. 그리하여 결국 인간을 행복으로 이끄는 것'이라는 주장으로 요약할 수 있겠다.

이처럼 지난 70~80년대의 한국문학의 위상을 결정짓는 중요한 요소였던 사회적 상황을 우리가 아는 그대로 고려해보면, 그가 유독 '인간과 억압'에 주의했던 이유를 충분히 알 수 있다. 또한, 그러한 지점에서 2020년이라는 시점과 남도라는 지역적 관점에서 살펴보는 문학의 위상은 '인간과 억압'보다는 '인간성의 발현 또는 발양'의 차원에서 살펴보아야 온당할 것이라는 생각이 든다.

그만큼 사회적 상황과 문학적 내용도 많이 진전되었다. 충분한 민주주의 사회의 진전과 더불어 나름대로 충만한 지방자체제도가 실행 중이다. 또한, 각종 문학 제도와 행사 그리고 기반시설 및 문학 매체들은 물론 문학인들도 사실 넘쳐나고 있다. 5.18 광주민중항쟁을 기념하여 매년 전국문학행사로 진행되는 오월문학제를 비롯하여 격년으로 진행되는 '아시아문학페스티벌', 유수한 작가들을 배출한 장흥지역의 '장흥문학특구포럼' 그리고 작년부터 대규모로 진행되는 '목포문학박람회'는 물론, 남도 출신의 주요문인들을 기리는 '조태일, 김남주, 김현, 고정희, 영랑문학제' 등 전국 단위의 문학제들이 줄줄이 열린다.

광주문학관을 비롯한 각종 문학관의 건립과 함께 5.18문학상과 조태일, 송수권, 고산, 영랑문학상은 물론 무려 1억 원이라는 국내 최대의 상금을 수여하는 목포문학상을 운영하고 있다. 또한, 이처럼 문학의 사회적 형식과 제도적 측면에서의 넘쳐나는 남도문학의 내용을 채워서 전국으로 유통하는 문학매체 역시 종합문에지 계간 『문학들』과 시전문지 계간 『시와 사람』 등에서 충분히 담당하고 있는 것으로 파악된다.

따라서 작금의 남도문학의 위상을 결정하는 일은 결국, 참되고 아름다운 문학을 이룩해내기 위해서 우리가 몸담고 살아가고 있는 남도라는 지역과의 관계를 이해하고 이를 문학으로 발현하고 발양 해내야 하는 작가들의 몫으로 온전히 남는다. 배부른 이들의 입맛이 더욱 까다롭고 또한 허망하듯이 면밀하고 성실한 성찰이 필요한 대목이라 여겨진다.

남도문학에 스민 김현

목포에서 매년 진행되는 김현문학축전을 매개로 지난 15년 동안 모은 글들을 묶어서 책으로 펴낸다. 무엇보다 먼저 기록하고 보존하자는 아카이빙(archiving)에 더하여, 이를 문학적인 시각에서 분류하고 정리하는 엔솔로지(anthology)의 형식을 밟아서『남도문학에 스민 김현』이라는 제목으로 간행한다.

책의 제목에서 여실히 드러내는 것처럼 전남 진도에서 나서 목포에서 성장한 남도 출신의 문학평론가 김현 선생을 매년 추모하는 데 그치지 않고, 남도문학과의 접맥을 통하여 서로 스미듯이 문학적으로 융합해보자는 취지가 그대로 담겨있다.

사실 매년 진행되는 추모문학제가 쉬운 일은 아니다. 생의 마지막 가는 길까지를 축제로 보는 남도의 문화전통에 따라서「김현문학축전」이라고 일찌감치 명명해서 진행하는 행사이기는 하지만, 매년 같은 '문학'이라는 장르에 더하여 '추모'라는 형식으로 구성된 행사의 내용은 말 그대로 진부해지기 십상이다. 여기에 더하여 중앙문단에서 전국을 대상으로 활동했던 김현 선생의 문학 행보를 고려하여 전국 단위의 행사 범주를 잡아야 한다는 점에서 특히, 매년 같은 행사를 비슷하게 반복할 수는 없는 일이다.

또한, 그와 함께 목포에 소재한 김현문학관이라는 지역 공간을 중심으로 남도에서 활동하는 문인들이 우선 최일선에서 진행하는 행사의 취지상 덧붙여있는 남도지역 문학 발흥이라는 목적을 우선해야 한다. 즉, 김현을 추모하고 이를 통해 그의 문학을 기리되 목포를 비롯한 남도문학과의 접맥을 통해서 새로운 문학적 진흥을 꾀해야 하는 것이다.

물론 이는 남도의 동향 출신 선배 문인을 추모하고 현창함에 있어서 그저 제도적으로 기리거나, 행사로서 소비하지 말고, 문학 하는 후생의 입장에서 변하는 시대에 맞추어 서로 진화하는 문학적 내용으로 만나야 한다는 본래적인 문학의 내면에 잇닿아 있는 것이기도 하다.

따라서 지난 15년 동안에 걸쳐 행사를 진행하는 지역의 문인들은 사실 매년 고심을 해왔다. 책에 골라서 담긴 시인, 작가들이 100여 명에 이르면서도 사실 많은 문인과 작품들이 예산과 책의 분량을 고려하여 배제되었다는 양적인 측면에서도 그렇거니와, 특히 문학평론과 심포지엄 등에서 제출된 문학적 의제와 담론들은 남도라는 공간과 끊임없이 흐르는 당대의 의미와 가치를 담고 있는 것으로 여겨진다.

지난 2000년에 5·18 광주민중항쟁 40주년을 맞이하여 「김현과 5·18」이라는 주제를 통하여 김현이 자신의 문학의 두 갈래 뿌리 중에 하나로 여겼던 5·18의 아픔에 대한 심도 깊은 인식의 근거와 현실적으로 반영되고 있는 흐름 등을 세세히 살펴보았다. 파괴와 억압으로 점철되는 현실에 대응하는 문학의 내면과 실체를 확인함과 아울러 '무한텍스트로서의 5·18'을 호명하는 성과를 이루었다. 이는 어쩌면 남도에 스민 김현문학이 피워낸 한 송이 꽃봉오리가 아니었나 여겨진다.

이처럼 진화하는 김현문학을 통하여 남도문학이 본질적으로 지니고 있는 지역 공간으로서의 한계에서 비롯되는 문학적인 협소함을, 도리어 특성화된 고유의 문학적 지향과 내용으로 전환하거나 역발하는 계기가 충분히 되고 있음을 확인하는 하나의 계기가 이번 도서의 발간이기도 하다.

하지만 책의 성격을 붙임에 있어 '아카이브 엔솔로지'라는 거듭된 외래어의 사용과 더불어 모든 참여작가들의 작품을 수용하지 못한 미안함과 아쉬움이 크다. 하지만 작년에 모든 행사 작품을 묶은 소량의 「김현문학축전 아카이브 결과물」을 제작하여, 그 기록과 보존은 이미 완료했음과 아울러 후일의 작업으로 이어질 약속으로 이를 대신하며 무마하기로 한다.

'진정한 문화란 이러한 정직한 태도의 소산이라고 우리는 확신하고 있으며, 그런 의미에서 우리는 정신을 안일하게 하는 모든 힘에 대하여 성실하게 저항해나갈 것을 밝힌' 김현의 문학정신은 그대로 현재는 물론 미래까지 유효함을 다시 한번 확인한다.

이 계절의 남도문학, 눈 내리는 집으로의 귀환

- 2020년을 건너가는 광주전남문학읽기

'아뿔싸 / 잠에서 깼어요 / 족보에만 아버지가 계실까봐 / 서둘러 잠에서 깼어요'(조경환 시 「탐색중이다」 부분, 『시와사람』)

여전히 계속되고 있는 코로나19 바이러스 시대에 남도의 시인들은 어떤 생각을 하면서 또한 어떤 글들을 쓰고 있는지 궁금하였다. 그래서 지난 2020년 연말과 2021년 연초에 걸쳐서 필자의 손에 안긴 문예지들을 일별하였다. 특히, 광주전남지역에서 간행되는 2021년 봄호의 문학지 『문학들』과 『시와사람』을 중심으로 광주, 목포와 여수, 순천과 해남 등 남도 지역에서 매년 간행하는 년간지들을 대상으로 발표된 작품들을 두루 읽었다. 물론 최근 들어 활발하게 간행된 수많은 개인 작품집들이 있었지만 '이 계절'과 '코로나 바이러스'라는 시의성을 고려하여 문예지에 발표된 작품들에 한정하였다.

'염증 같은 구름이 자욱했다 // 봄비가 수차례 방역처럼 쓸었지만 쓸데 없었다 // 초생도 상현도 혼란스럽게 변했다 // 구름 사이로 설핏하게 비치는 얼굴 // 발열처럼 붉었다 // 아픈 쪽에서 클럭클럭 // 시를 뱉고 있었다'(권정순 시 「104일째」 부분, 『광주전남작가』)

그렇듯이 요즘에는 거의 고유명사화 된 담론처럼 읽히는 '포스트 코로나시대의 문학'이라는 '안경'을 우선 쓰고서 읽었다. 물론 내심으로는 코로나 바이러스의 척결이 아니라 이를 견뎌내는 백신의 처방처럼, 이제는 포스트 코로나 보다는 코로나와 함께 살아가면서 동행한다는 의미의 '위드 코로나(With Corona)시대의 문학'의 양태를 찾아보자는, 나름 선제적 의도를 먼저 염두에 두었음은 물론이다. 이는 또한 지난 20세기의 대표적인 돌림병인 흑사병 곧 '페스트'를 소재로 탁월한 문학작품으로 형상화했던 알베르 까뮈의 소설 『페스트』의 마지막 구절을 고려한 것이기도 하였다.

> '페스트균은 결코 죽거나 소멸하지 않으며, 수십 년간, 가구나 옷가지들 갈피에서 잠자고 있을 수가 있고, 방이나 지하실이나 트렁크나 손수건이나 헌 종이 같은 것들 틈에서 꾸준히 기다리고 있으며, 따라서 아마도 언젠가는 인간에게 불행과 교훈을 갖다 주기 위해서, 페스트가 또다시 저 쥐들을 흔들어 깨워가지고, 어떤 행복한 도시로 그것들을 몰아넣어, 거기서 죽게 할 날이 올지도 모른 다는 것을 알고 있었기 때문이다.'

그리하여 까뮈는 페스트를 견디고 살아남은 소설 속 노인의 목소리로, "페스트가 도대체 무엇입니까? 그것이 바로 인생이에요. 그뿐이죠."라고 우리에게 전한다. 그리하여 오늘날의 우리들은 이를 통시적 인류사의 관점에서 '개인(個人)'의 발생과 정립의 계기가 되었음과 아울러 '자본주의의 확산'을 불러왔다고 해석하고 있기도 하다. 이는 '코비드 이후의 삶과 문학'을 특집으로 다룬 『광주전남작가-2020』에서 'Post-Covid, 이제 예술은 무엇을 준비해야 하나?'를 중심으로 김강원,

심영의, 임동확 시인 등이 펼친 담론의 하나이다.

그런데 재미있는 것은 이 계절에 읽은 남도의 시인들 작품에는 '아버지 그리고 어머니'에 대한 언급이 많았다. 그것이 지닌 코로나와의 영향 관계는 좀 더 깊은 모색과 연구가 필요하겠지만 유독 눈에 많이 띄었다.

먼저 『문학들』을 보면, '아이들을 찾을 수 없는 집 / 아버지한테 꾸지람 듣고 / 혼자 웅크리고 앉아 분을 삭이는' 김정원 시 「아득한 집」으로부터, '엄마는 유언을 남겼다 // 나는 유언을 따라 아버지를 찾아야 했고 / 쌍둥이 오빠는 잃어버린 형을 찾아야 했다'는 한종근 시 「레바논 사람 나왈 마르완의 유언」까지, 김필아, 박헌규, 한경숙 시인 등의 작품들에서 아버지와 어머니를 직접 언급하였다.

또한, 이처럼 단순한 문자 표기상으로 찾아보는 아버지와 어머니에 대한 표현은 『시와사람』에도 차고 넘쳤다. 서두의 조경환 시를 비롯하여 '소금내음이 났다 / 아버지의 옷자락에서'라는 강나루 시 「소금」을 시작으로, '잔뜩 물 때 낀 아버지 / 한참을 거기 박혀있었다'는 이광찬 시 「개인적 하늘」에 이르기까지, 박준수, 서안나, 송만철, 한경훈 시인 등 두루 많았다.

물론, 각 지역에서 발간되는 『여수작가』, 『목포작가』, 『사람의 깊이』, 『땅끝문학』 등의 문예지에서도 마찬가지였다. 이러한 현상은 물론 '아버지와 어머니의 귀환'은 아닐지라도, 최소한 먼 길을 헤맨 개인들이 '사글사글 숯덩이 화롯불에 둘레둘레한 식구들 겨울밤이 후북'(송만철 시 「눈(雪)」)한 집으로 돌아오는 마음의 모습이 아닌가 하는 짐작이 들었다.

박남인 시인의 경우

'경우의 수'라는 것이 있다. 어떤 사건이나 일이 일어날 수 있는 경우의 가짓수(outcomes)를 수로 표현한 것을 말한다. 얼마 전 우편으로 날아온 박남인 시인의 신작시집 『몽유진도』(문학들 간행)를 보면서 경우의 수가 생각났다. 오늘날 보통의 시인에게 허여된 또는 보통의 시인이 추구하는 일반적인 삶의 목적이나 방식에서 멀리 떨어진 시인의 모습이 언뜻언뜻 떠올라서였다.

밥상까지 모래바람이 들락거리고
가장 성스러운 곳 구원의 손길이 닿는
교회와 보건 진료소가 은혜로운 섬
바지락같이 작은 무덤들
제삿날이 똑같은 집이 수두룩하고
…중략…
목포에서 하루 한 번 오후에 닿는 배
닭섬 라배도 동거차도 맹골도 미역섬 서거차도
하룻밤 자고 아침에 올라오는 여객선은
하조도 어류포를 들러 가사도를 지난다
그다음 해 가을 우리는 상조도로 옮겼다
선생도 전도사도 제 몫의 시간을 비웠다고 한다

- 박남인 시 「관사도 2」 부분

박남인 시인은 진도에 산다. 필자와 이십여 년 전 전남민예총과 민족문학작가회의 활동을 하면서 인연을 텄다. 그리하여 그의 삶과 문학은 비교적 소상하게 알고 있는 편이다. 그나 나나 평생을 지역이라는 세계에 묻혀 살면서 글을 쓰고 있다.

백여 년 전에 급격히 몰려온 서구문화와 일본 제국주의 문화의 짬뽕으로 태동한 한국문학은 그때의 모습에서 그리 크게 벗어나지 못하고 있다. 쉽게 말하면 아직도 문학으로 무엇인가를 이루려 하면 서울이라는 공간으로 옮겨가거나 아니면 이를 배경으로 구조화된 중앙에 어떻게든 잇대어야 한다는 것을 말한다.

그러므로 "밥상까지 모래바람이 들락거리고" "가장 성스러운 곳"이자 "가장 은혜로운 곳"이 "교회와 보건 진료소"인 곳에서, "바지락같이 작은 무덤들"과 "제삿날이 똑같은 집들이 수두룩"한 섬에서 섬으로 옮겨 다니며 시를 길어 올리고 있는 박남인 시인의 삶과 시는 비주류를 넘어서 특이한 경우의 수로 겨우 포착되는 것인지도 모른다.

그러함에도 제 몸을 담고 있는 공간에 묻혀서 "선생도 전도사도 제 몫의 시간을 비"우는 그것처럼 제 시간을 아예 비워버린 삶은 무엇일까. 무당이 그러했듯이 독실한 종교인이 그러했듯이 시인도 응당 그러했던 것을 우리는 어렴풋이 기억하고 있다.

그렇듯이 시간을 비운 섬에서 박남인 시인은 조선 후기 남도의 빛나는 시인이었던 초의선사를 만나고 추사를 만나고 진도 씻김굿과 같은 민속예술을 유장한 필치로 펼치다가 수년 전 소천했던 소설가 곽의진을 만난다. 이미 시간을 소거해버렸으니 이들을 만나 함께 '바다를 건너는' 무명천으로 된 질베에 오르든, '아카시아 꽃'처럼 '세상 어디에서도 지는 노을'로 지든 그는 이미 무연해져 버린 것이지 않겠는가. 자신이 이미 시가 되어버린 것이지 않겠는가 말이다.

기억이 얼마나 징그러운지
한 번쯤 그물망 같은 세상을 벗어나
그래 섬으로 가자
땅끝에서도 등짐을 풀지 못해
노화도를 건너간 적이 있지
석준이 선배가시 따위에 눈을 뜨지 않았던지
송지고등학교 국어 선생으로 복직해
아무거나 안주를 시키던 밤
기념사진들이 파도에 인화되고
흔들린다는 것
그림자도 무거워지던 곳
꽃 여행을 꿈꾸며 노화도를 건너갔지
지나온 날의 뱃머리에 부딪히던
몇 가지 잠언들을 꺾으면서
나는 더 이상 기울어지지 않겠다

- 박남인 시 「노화도」 부분

그래. 시간을 돌아보는 기억 자체도 '얼마나 징그러운지' 모르겠다는 박남인의 삶과 시를 두고 아름답다고는 못하겠다. 더하여 존경한다는 말은 못 붙이겠다. 하지만 시인의 삶으로서 충분히 보여줄 수 있는 '경우의 수' 중에 하나라는 것은 분명하다고 말할 수 있겠다.

물론 어떤 확률이나 통계에도 잘 잡히지 않을 그의 시와 삶이 그 어떤 순열이나 조합에도 쉬이 포섭될 리 없다. 더하여 그는 '더 이상 기울어지지 않겠다'라는 다짐을 더하고 있다. 그는 그렇게 희미해져서 분명해지는 시인의 삶을 살고 있다. 가까운 시일내 그를 찾아가 진도 홍주나 몇 주발 비우고 돌아와야겠다.

우리들은 김남주다, 해남군민이다.

-《땅끝문학》 창간호*를 읽고

최근 우리 사회 전반에서 진행되고 있는 민주화에 발맞추어 각 지역의 문화예술도 새로운 전기를 맞고 있는 것으로 보인다. 특히 그 동안 군사독재를 비롯한 반민주세력에 맞서 사회적인 민주화운동에 매진하던 양심적인 문화예술인들이 문화예술의 내적 미학의 추구와 지역문예운동으로 그 지향점을 전환하면서 각 지역의 문화예술은 새로운 활성화의 시기를 맞고 있는 것이다.

따라서 이러한 지역문예운동의 기반은 주로 한국민예총과 민족문학작가회의 전국 각 지회지부를 중심으로 활발하게 진행되고 있으며, 우리 전남지역 역시 지난 1993년 12월에 한국민족예술인총연합 전남지회가 전국 최초로 결성되면서 활발한 첫걸음을 떼었다.

물론 우리 남도지역의 문학분야에 있어서는 지난 80년도에 한국민족문예운동의 중심이었던 광주전남민족문학작가회의의 중심적인 역할이 전제되고 있음은 주지의 사실이다. 그리하여 현재는 이를 기반으로 목포를 비롯하여 순천, 여수, 영광, 진도, 해남, 함평 등 전남 각 지역에서 지역문학을 활성화시키려는 단체들이 활발한 활동을 전개

---

*《땅끝문학》(창간호, 2002년) 땅끝문학회에서 간행한 동인문집.

하고 있다. 이는 그 동안 정치경제적인 소외와 차별을 내부동력으로 삼아 폭 깊은 문화예술의 세계를 키워왔던 남도에서 어쩌면 필연적인 결과라는 생각도 든다.

그리하여 그 동안 중앙문학지 중심으로 진행되던 한국문학의 현실에서 현재는 나름대로 자신의 목소리를 담고있는 많은 지역문학지들이 출간되고 있다. 우리 전남지역에서만 보아도 광주전남작가회의 기관지인《함께 가는 문학》을 비롯하여 순천의《사람의 깊이》, 목포의《문학과 세상》, 영광의《영광문학》, 해남의《땅끝문학》등이 매년 년간지 형태로 발간되고 있다. 물론 아주 오래 전(?)부터 각 지역을 중심으로 출간되던 무슨 무슨 지역문학지들이 있었으나, 이들은 그 단체의 성격에 맞게 극히 보수적이고 온존한 지방문예지 성격을 크게 벗어나지 못했던 터라, 본고에서는 논외로 하고 넘어가기로 한다.

이처럼 새로 발간되는 지역문학지들 중에서 특히《땅끝문학》과《영광문학》이 눈길을 끈다. 갈수록 옹색해지는 군지역에서 아무래도 어렵게 발간되는 것이기도 하지만, 그보다는 한국문학에 있어 한 분기점 역할을 한 영광의 시조시인 조운과 해남의 민중시인 김남주라는 걸출한 선배문인 때문일 것이다.

특히, 지난 80년대라는 질곡을 문학으로 헤쳐나간 김남주 시인에 이르러서야 한국문학은 이 땅에서 살아가는 민중들의 참다운 숨결과 만날 수 있었지 않았던가. 참으로 아름다운 해방과 열림의 민중문학이 김남주 시인으로 해서 가능하지 않았던가 말이다.

지금도 기억난다. 지난 95년경이었던가. 막 출소하여 수척한 얼굴로 목포 가톨릭회관 강당을 울리는 시인의 걸걸한 음성은 그대로 문학의 경처럼 들렸었다. 문학은, 시는, 책상머리에서 조작해내는 것이 아니라 울고 웃는 우리들의 일상에서 건져내는 것이라는, 시인의 일갈에 신춘문예니 신인상이니 하는 이름에 목을 메고 있던 우리들은 얼마나 부끄러웠던가.

그래, 우리들은 아직도 김남주고 해남군민이다. 그러하다. 참여정부라고 기껏 출범한 현정부는 단 일년도 못되어 파이이데올로기를 내세운 경제개발독재의 모습을 여실하게 보여주고 있다. 노동자와 농민들은 곤봉과 방패의 휘두름 앞에 맨주먹으로 쓰러져가고, 청정한 남도의 하늘과 바다는 핵폐기장 유치를 위한 음습한 저울질에 신음하고 있다.

참으로 그러하다. 미국대통령 케네디가 분단의 땅 베를린에서 자기는 베를린 시민이라고 했듯이, 우리는 여전히 차별 받는 남도의 민중, 붉은 황토길이다.

그리하여 필자에게 읽힌 《땅끝문학》 창간호는 청송녹죽의 정신 김남주를 중심으로 읽혀졌다. 쪽수를 가늠하여 가장 먼저 펴든 김남주의 시편들은 오랜만에 읽는 그만큼 뜨거운 것이었고 '피로 쓰여진 언어의 화살'이라는 평문은 깊고 넓은 시원의 바다처럼 온몸 가득 출렁거리는 물결이었다.

그리하여, 그냥 사람과 자연이 어울려 살고 있기에 사람과 자연의 관계에 대한 논란에서 비껴있다는 머릿글에서 마음이 상했고, 다시 격정의 시대가 온다고 해도 뜰에 핀 해바라기를 보는 것만으로도 한 생을 뜨겁게 견딜 수 있다는 김경윤의 시구에서 마음을 달랬다.

언뜻 지나치기 쉬운 독기 서린 눈을 들어 천천히, 마취주사에 찔려 쓰러진 짐승의 얼굴에 젖은 수건을 덮어놓고 뿔을 잘라낸 그 자리에 돋아날 그리움에 취해있는 김경옥을 발견하여 눈이 틔었고, 시골 논두렁 늙은 이 나라의 오빠들에게 차배달을 가는 오빠다방의 김양을 내려보는 이봉환의 눈자위를 지긋이 바라보며 뜨거워졌다.

어디 이뿐이랴. 풀먹인 외할머니의 삼베 같은 손으로 황실이 젓갈 푹푹 찢어 딸년 입안에 맛나게 넣어주고 있는 유영곤의 시와 키우던 농협빚 떼어먹고 야반도주한 친구로 해서 속 끓이는 사내를 쓸어안는 머리칼 고운 아내의 이야기를 들려주는 박태정의 산문으로 마음 든든해졌다면, 너무 헤픈 것인가. 홀로 젖어버린 것인가.

하지만 그렇다. 너무 헤프면 어떻고 홀로 젖어버렸으면 어떤가. 얼마나 오랜 세월을 우리들은 저들의 시선으로 글을 읽었고, 저들의 손끝으로 원고지를 채웠으며, 저들의 목소리로 노래를 했던가.

이제 우리는 우리의 목소리를 온전히 담아낼 그릇을 찾아냈거늘, 두 눈 부릅뜨고 나아가야 할 일이다. 향토문학이 곧 세계문학이란 말이 지닌 엄결성과 치열성에 몸 부려야할 일이다. 지역문학이 지닌 특수성과 세계문학으로 이어지는 보편성을 찾아내기 위하여, 지역과 지역민들의 삶과 모순 속으로 온전히 투신해 들어가야 할 것이다.

끝으로, 모른 체한 것이 있다. 앞서 마음 상한 머릿글처럼 나무와 자연을 모른 체 했고, 금이 간 녹찻잔과 두 번 이혼한 여자와 보리공판 전날 밤에 남정네의 힘을 그리워하는 과부어머니의 그리움을 모른 체 했다. 어쩌면 아직 설익은 내 안의 김남주가 그런 것인지 모른다. 미안하다. 그러나 미안하지 않다. 님들이나 나나 다 김남주고 해남군민이기 때문이다. 정말이다.

위드코로나시대의 남도문학 읽기

- 2022년 봄, 광주전남의 시읽기

'벽을 만들어 속을 들키지 않은 밤들
달빛에 비틀어져 가는 새벽을 지나
검은 기차를 따라 떠나던 여린 그림자'

-『시와사람』, 서정문 시 「반시」 부분

코로나19 바이러스 상황이 정점을 찍고 있는 듯하다. 오미크론이라는 신종 변이바이러스가 창궐하며 신규 확진자가 삼십 여만 명에 이르는 게 보통인 일상이 되었다. 물론 기저질환자나 노약자가 아니면 그 병증이나 병환이 목감기 정도에 지나지 않는 게 보통이어서, 감염증만 빼면 흔한 말로 별 것 아닌 목감기 바이러스 정도로 슬슬 치부되고 있는 것으로 보인다.

'어둠은 꼼짝없이 그 자리에 가만히 있더니
서서히 내 얼굴을 풀어 놓아 주었다'

-『목포작가 2022』, 임혜주 시 「어둠은 어떻게 새벽이 되는가」 부분

따라서 정부에서는 해외에서 쓰기 시작한 용어로써 정확한 정의가 내려지지 않고 있는 '위드 코로나'라는 용어 대신에 단계적 일상 회복

이라는 단어를 권장하고 있다. 하지만 바이러스에 대처하는 사회적 용어이기 이전에 이제는 코로나 바이러스와 '함께' 살아가야 한다는 의미에서 'with'와 '코로나19'가 합성된 위드코로나시대라고 아니할 수 없겠다.

> '눈이 다음날 새벽에 내려졌다, 버려졌다.
> 눈물이 겨울 2월 새벽에 망설였다.
> 내가 사는 광주엔 2년 넘게
> 나보다 의미 있는 오미크론이 살아가고 있다.'
>
> -『문학들』, 박석준 시「깁스 상륲」부분

그러한 위드코로나시대의 남도문학은 무엇을 바라보며 어디를 걷고 있는가를 지난 연말과 봄에 걸쳐서 나온 문예지들을 통해서 짚어보았다. '벽을 만들어 속을 들키지 않은 밤들은' 그대로 남도의 문인들에게도 새로운 세계로 가는 문을 열었다.

> '비대면시대 다음엔 저지능시절이 온다는데
> 울애기 넌 어쩌나'
>
> -『물과별』창간호, 주정연 시「딩가송」부분

우리들은 지금껏 적당한 시기가 지나가면 코로나19가 지나가리라는 의미에서 흔히 포스트코로나시대를 호명하거나 갈망해왔다. 하지만 벌써 이년 여가 흐른 코로나19 상황은 이제 우리의 일상이 되었음과 아울러 새로운 세계를 잉태하였다. 우리가 보지 못하던 것을 보게 하고, 우리가 느끼지 못했던 것을 느끼게 하였다.

'우럭과 가자미 몇 마리
손질을 기다리다 우연히 만난
무 몇 개 상추 몇 단
단출하게 바닥에 놓고 앉은
노파의 눈 속에 사는 물고기
…
세상 밖으로 나온 그를
직접 목격한 것은 처음이었다'

- 『시와사람』, 이명윤 시 「불편」 부분

자본주의를 넘어서 신자유주의가 만개한 우리 사회에서 어두운 그늘이나 힘없는 약자들은 필요악도 못되는 무관심의 영역이었다. 아니 무관심을 넘어서 배척과 혐오의 대상이 되었던 현실이 코로나 상황을 거치면서 함께 가야할 연대의 소통의 대상임을 인식하게 되었다. 국경도 방역도 가리지 않고 거침없이 전염되는 코로나는 그대로 '전체'의 '안정'이 아니면 도저히 이겨낼 수 없는 살아있는 생령이었다.

'느티나무의 시큰한 발목에 얹히는 햇살
노선을 우회하며 휘어지는 가지
나의 절망이 깨어나는 소리 듣네
구름, 박새, 신발, 의자, 그리고 시와
…..
결기의 초록을 보네'

- 『광주전남작가』, 김미승 시 「초록을 위한 파반느」 부분

그동안 보이지 않던 '시큰한 발목에 얹히는 햇살'과 '휘어지는 가지'도 '노선을 우회하며 휘어지는 가지'들을 통해서, 곧 '절망이 깨어나는 소리'를 우리의 이웃이었던 인간만이 아니라 자연생명을 통해서까지 '초록의 결기'를 느끼고 갈망하는 것이다. 그리고 기억한다.

'담담한 목소리를 기억한다 그리고 나는 안다
결코 흩어지지 않는 것들이 있어 기어코
다시 살아 돌아오는 시간이 멀지 않았음을
어느 해 여름은 아지 시작되지 않았음을'

- 『시와사람』, 이노나 시 「어느 해 여름의 죽음」 부분

남도문학포럼*의 성과와 과제

'남도문학정신은 의리와 호국정신이다.'
'남도문학의 주체는 민중이다.'
'남도문학의 토속성은 신화와 만날 때 세계문학이 된다.'

지난 2018년에 진행된 남도문학포럼에서 형성된 문학담론들이다. 하나하나가 남도라는 지역공동체 문학의 입장에서는 중요한 의미들로 읽혀진다. 특히 지역에서 몸담고 살면서 글을 쓰는 지역문인들에게는 자기의 문학적 정체성을 이루면서 동시에 지역문학이라는 담론체의 일원으로서 지향해야 할 지점들을 명확히 밝히고 있다.

현재 전라남도에서 남도의 전통문화를 배경으로 차세대 성장 동력을 찾기 위해서 진행하고 있는 남도르네상스 프로젝트의 12개 하위과제인 문학 분야의 남도문학벨트 사업을 구현하기 위해서 진행된 행사였다. '남도문학벨트 구성을 위한 전남순회문학포럼'이라는 행사명으로 남도라는 공간을 중심 플랫폼인 광주지역을 구심점 삼아 섬진강

---

* 지난 2018년에 사단법인 다도해문화예술교육원과 광주전남작가회의 공동주관으로 남도문학벨트 구성을 위한 〈전남순회 문학포럼〉이 진행되었다. 전남지역의 문학생태계를 섬진강문학벨트, 영산강문학벨트, 다도해문학벨트로 구분하여 문학포럼을 개최하였다.

권문학포럼, 영산강권문학포럼, 다도해권문학포럼 등 3대 권역별로 대별하여 진행되었다.

각각 문학포럼별 중심의제를 다루는 기조 강연은 남도문학을 배경으로 삼아 한국문학에서 일가를 이룬 박석무, 문순태, 한승원 작가들을 통해 이루어졌다. 주로 매천 황현, 백호 임제, 금남 최부, 고산 윤선도, 하서 김인후 등등 남도문학의 연원을 이루면서도 밤하늘의 별처럼 멀리 있던 선학들을 호명하여, 같이 거닐면서, 지역문학의 역사와 내면을 찾아 자기화하는 행복한 기회가 되었다. 문학은 밖에서 밀려오는 것보다 안에서 솟아나는 것들과의 대화라는 오래된 문학의 명제를 다시금 확인할 수 있었다.

또한 각 권역별 지역문학의 흐름을 다루는 지역문학 논의의 장에서는 곡성, 순천, 여수, 광주, 목포, 무안, 나주, 강진, 장흥, 보성, 해남 등을 배경으로 현재 활동하고 있는 문인단체와 기관들의 현황과 전망을 짚어 보았다. 그리고 남도문학콘텐츠의 개발방안을 주제로 한 협의의 장에서는 섬진강도깨비마을을 비롯하여 김우진, 박화성, 김현, 김남주, 김영랑, 고정희문학제는 물론 장흥의 한국문학특구포럼 등 남도의 각 지역에서 현재 진행 중인 문학콘텐츠의 현황을 살펴보고 다양한 개발방안들을 모색하였다.

특히 문학콘텐츠 개발의 시범사례로서 남도지역 배경의 문학작품 읽기와 결합된 문학답사 형식의 새로운 문학콘텐츠를 개발하여 시현하였다. 영산강과 나주를 배경으로 창작되었던 문순태 작가의 장편소설 『타오르는 강』을 한 달여 동안의 독서활동을 통해서 찾아낸 영산강 일원의 문학공간을 작가와 함께 동행 하는 문학답사를 시행하였다. 행사에 참여한 문학애호가와 시민들의 열렬한 반응이 뒤따랐음은 물론이다.

이와 같은 남도문학포럼의 성과는 무엇보다도 기초지자체별로 또한 각 문학 주체별로 분절되고 단절되어 흩어진 형태로 존재하는 문학단위들을 남도문학이라는 지역공동체 단위로 묶어서 엮어내는 '고리'로서의 역할을 문학담론이 충분히 수행하였다는 데서 찾을 수 있을 것이다. 이는 또한 행사주체인 다도해문화예술교육원과 광주전남작가회의 간의 협업을 통해 이루어졌음과 아울러 지원주체인 전남문화관광재단을 비롯하여 문화체육관광부, 전라남도는 물론 행사 진행과정에서 곡성군, 해남군, 곡우당문화재단 등 다양한 기관단체의 후원과 협력을 통해 이루어졌다. 물론 도내의 언론방송을 비롯하여 다양한 매체들이 참여하여 이를 공론의 장으로 이끌어주었다.

하지만 이는 사실 남도문학벨트라는 하위 사업의 수행과 모든 문화예술의 종자 역할을 하면서도 예술의 영역에서는 거의 제외되다시피 하는 문학이라는 단위별 사업의 중요성을 확인하는 지점을 넘어서, 수백여 가지가 넘는 남도의 보석 같은 각종 전통문화자원을 엮어내는 기본 프로세스로서 '백화제방'이라는 문화담론의 기능과 활성화가 무엇보다도 절실하게 필요하다는 것이 확인되었다는 점이 특히 중요하다고 여겨진다.

그렇지만 모든 담론은 이를 찾아내서 형성하는 이들의 것이 아니다. 특히 지역과 정책이라는 구체적인 주제를 중심으로 이루어진 담론은 정책담당자와 수혜자인 주민들의 품에서 완성될 수밖에 없다. 물론 의리와 호국정신, 문학의 주체인 민중 그리고 남도의 토속성과 세계성은 특히 남도문학의 중심과제로서 계속 논의되고 심화되어야겠지만 말이다.

남도문학벨트 구성을 위한 「전남문학관」 건립 제안

현재 광주광역시에서는 광주문학관 건립에 박차를 기하고 있다. 올해 예산에 광주문학관 건립을 위한 기본계획 및 타당성조사 용역비 6,000만원이 최종 결정되어 진행될 예정이다. 이는 광주광역시의 지역거점 문학관으로서의 역할뿐만이 아니라, 지난 2016년 8월에 제정되어 시행중인 문학진흥법에 의하여 현재 건립이 추진되고 있는 국립한국문학관과 맞물린 차세대 문학 진흥을 위한 미래 문화정책의 행보라는 의미를 지닌다.

이에 반하여 현재 남도문예르네상스라는 총예산 2,900억 원에 이르는 대규모 문화정책 프로젝트를 진행하고 있는 전라남도에서는, 이의 28개 하위사업 중의 하나로 남도문학관광벨트 조성사업을 이미 진행하고 있다. 제목만으로 보면 코앞에 다가온 4차산업시대에 맞추어 발빠르게, 모든 문화예술의 기본이자 원천소스 역할을 수행하고 있는 문학예술진흥 및 활용을 위한 정책을 제대로 시행하고 있는 것으로 보인다.

하지만 그 구체적인 내용을 살펴보면 빈약하다 못해 일그러진 행정편의주의적인 전시성 문화정책의 진면목이 그대로 보인다는 점에서 유감스럽다. 지난 해 11월에 진행된 장흥한국문학포럼에서 필자가 발제를 맡아 진행하는 과정에서 파악된 남도문학관광벨트 조성사업의 실태는 문학포럼을 위한 평가나 해석의 범주를 적용하기에는 너무 가당치 않았다.

주어진 논제가 '남도문학관광벨트 조성사업의 조명과 개발'이었으나, 공공문화정책을 입안하고 실행하기 위한 문학의 기초자료와 자원조사에서부터 사업 담당자들의 '입맛에 맞는 달달한 용역인력과 반쪽 조직자원'들로 이루어진 것으로 읽혔다. 문학은 물적 자원이나 재원으로 하는 것이 아니라 사람이 하는 것이다. 또한 수많은 생활예술이 일상화된 우리의 문화예술생태계에서 같은 문인이라고 하더라도 '취미로, 재미로, 적당히 하는' 지역문인들이 파다한 상황이다.

따라서 제대로 된 문학자원은 전문 작가나 문인에 대한 세심한 파악이 필수적이다. 그 자체의 가치판단은 상황에 따라서 달리해야 하는 것이겠지만 전문적인 시각에 한정해서 논한다면, '하급의 문학예술자원'에 기초한 문학예술기반시설이나 정책은 '하급의 수준'을 유지하기 마련이다. 정책집행과정 역시 마찬가지다. 문학예술의 사회적 구현이라는 본질적인 목적보다는 여타의 부수적 수단이나 목적에 치중하기 때문에 혼란스럽고 '촌스러워지기' 마련이다. 수년전에 시작했다가 현재까지 파행을 겪으며 어렵게 진행되고 있는 '광주문학관 건립과정'이 이의 전형적인 사례로 여겨진다.

또한 그러다보니 남도문예르네상스 전체예산 2,900여원에서 겨우 12억여 원으로 잡힌 남도문학벨트 예산의 구성 역시 기존 문학관들을 내세운 전시성 소모 예산인데다, 그 집행마저도 전문 문학인들에게는 전혀 알려지지 않은 채 '깜깜이 예산'으로 집행되고 있는 상황이었다. 그래서 그냥 입수한 행정문건을 내보이는 것으로 충분히 공공문화정책에 대한 문제제기 및 평가가 될 것 같아서 그대로 발표하였다.

물론 이러한 행위들이 '소귀에 경 읽기'인 결과이면서 또한 전문 문학창작 활동에 전념해야할 필자나 소속 문인단체에서 어떤 정치나 사회적인 강압행위(?)로 연결시키기 어려운 상황이다. 그래서 그냥 '가이사의 것은 가이사에게'라는 심정으로 지나가는 형편이지만, 문학예술과 관련하여 문화산업 시대의 도래라는 환경 변화와 함께 지역주민들의 문화민주주의 구현이라는 사회적 변혁의 완성을 위하여, 이와 관련한 제언으로써 '전남문학관 또는 남도문학관의 건립'을 당부하고자 한다.

이는 사실 남도문학관광벨트의 완성을 단순히 '남도문학지도 제작' 등을 통해서 이룬다는 어설픈 정책수행과 더불어 여기에 투입될 예산을 수정하여, 실제로 광역 거점 문학공간으로서 전남문학관 건립을 위한 담론형성 및 설계작업 같은 밑그림이라도 그려보자는 얘기에 다름 아니다.

올해 6월에 지자체장 선거가 있다. 이에 나서는 선량 여러분께서는 부디 예향 남도민의 정체성을 새로이 확립하는 일이면서, 동시에 미래 4차산업시대의 기초 원료이자 문화산업의 먹거리인 문학예술 진흥의 기본 기제가 되는 '전남문학관' 건립에 나서 주시기를 간곡히 당부한다.

김현문학과 남도문학의 행복한 만남

- 2014년 제8회 김현문학축전기

'김현 선생의 글을 꼼꼼히 살피면 놀랍게도 진도와 목포 사이, 김현 선생의 두뇌가 아직 여물지 않았을 이 시간대에서 훗날 김현 비평의 근본 요소들이 생겨났다는 것을 깨달을 수 있습니다. 진도는 그이에게 쾌락원칙의 세계이고 목포는 현실원칙을 배우는 장소였습니다. 이 두 원칙의 간단한 대립이 무수히 반복되고 다양한 방식으로 조립되면서 우리가 열여섯 권의 방대한 분량으로 맞닥뜨리는 거대한 만화경으로서의 김현 비평이 이루어졌습니다.' (정과리, 인사말 '김현비평과 남도문학의 감각적 친화를 즐깁시다.' 중에서)

김현문학과 남도문학이 어떻게 행복한 만남에 이를 것인가를 고민하다가, 팸플릿에 담기위해 김현문학축전의 공동대표를 맡은 정과리 선생의 인사말을 받아들면서 슬며시 웃음이 나왔다. 행사기획을 맡은 입장에서 여간 골머리를 앓고 있었기 때문이다. 잘 알다시피 김현 선생은 생전에 로컬리즘 문학에 대하여 그리 큰 관심을 보이지 않았다. 큰 테두리에서의 한국문학을 운위했을망정 지역문학 그것도 남도문학을 특정하여 문학적 의제로 삼은 적은 거의 없는 것으로 알고 있다.

여기에서 난점이 도드라지는 것이었다. 그저 단순히 김현의 문학적 고향이 목포라고 해서 김현문학관이 들어서고 또 김현문학관이 있다고 해서 김현문학축전을 진행해야 하는 것인가? 이처럼 기계적으로 진행되는 문학축전이 평소 김현의 문학세계가 지닌 지향점과 들어맞는 것인가? 그건 아닐 것이다. 김현의 지적처럼 모든 문제는 그 중심에 있는 '핵심적 사유'를 '정직하게 볼 때' 제대로 풀릴 것이다. 김현문학관은 남도에 있고 앞으로 계속 김현문학축전은 진행될 것이다. 그렇다면 이러한 전제 위에 두 화소의 만남을 통하여 열리는 새로운 지평이 곧 김현문학축전이 나아갈 바가 된다.

따라서 이처럼 시간과 공간의 교직 위에서 이제껏 형성되어 왔고 앞으로 이룩되어갈 내용들에 대한 탐색과 제시가 곧 행사의 내용이 되어야할 터였다. 응당 김현문학관에 있는 텍스트와 각종 콘텐츠를 기반으로 삼되, 여기에서 그동안 제외되었거나 새로이 산출된 컨텍스트를 찾아 결합하는 방식으로 프로그램의 기본 골격이 짜여졌다.

물론 이러한 내용을 구현할 형식 역시 여기에 맞춰졌다. 행사 추진위원회의 위원장 역시 남도문학계의 지주라고 할 수 있는 한승원 선생님에게 부탁했고, 중앙문학 측에서는 정과리 문학평론가가 공동대표를 맡는 식으로 진행되었다. 물론 이를 추진할 집행위원회와 실행위원들 역시 이와 같은 구성비를 구현하는 방식으로 진행되었고, 응당 실제 행사의 진행프로그램 역시 최대한 이에 맞춰서 진행하였다.

하지만 이렇게 사사건건 의견과 조직 등을 맞추고 조절하고 합의해서 진행하다보니, 급박한 시일과 더불어 처음 구성해내야 하는 관계형성이 참 어렵게 진행되었다. 하지만 장기적인 행사의 틀을 구성하고 이를 뒷받침 할 수 있는 기본적인 신뢰감 형성을 위해서는 어차피 거쳐야할 일이었다. 눈에 드러나고 손에 잡히는 실제 행사의 모습이 최종 결과이기는 하겠지만, 그 역시 이러한 진행과정의 한 축일 뿐임을 잊지 말자고 서로를 격려했다.

또한 행사의 구성은 크게 김현선생 타계 24주기를 추모함과 동시에 행사의 개막을 알리는 개막식과 문학강연 그리고 김현과 관련한 글들에 곡을 붙여 창작한 시노래콘서트 등의 커뮤니티 프로그램을 전진배치 했다. 그리고 김현과 관련한 그동안의 자료들을 모은 아카이브 전시회와 김현문학관과 오거리와 생가 등, 김현이 목포라는 공간에 남긴 자취를 찾아가는 문학답사와 이를 모두 아우르는 김현문학까페 등으로 행사를 구성했다.

그리고 무엇보다 중요한 행사의 성격은 김현문학의 구현과 전국성의 확보에 있다고 보았다. 김현문학의 각종 텍스트를 배경에 깔고 이와 관련되었거나 관련될 수 있는 연관 인자들 그리고 전국성 구현을 위해 광역지자체를 대표하는 전국의 문인들을 시산문낭송 등으로 선정하여 초청하였다. 이렇게 상황이 진행되다보니 당연히 지자체로부터 받은 기백만 원의 보조금은 물론 회원들이 모아서 붙인 경비로도 부족하게 되었다. 하지만 다행히 목포기독병원 등에서의 후원 등으로 행사비를 맞춰 진행하였다.

행사 당일에 목포역에서 KTX를 타고 오신 김병익 선생님을 접견했다. 수년 전에 뵈었던 모습보다 훨씬 연로한 모습이어서 안타까웠다. 몇 년 만에 다시 만난 정과리 선생과 수많은 통화에도 불구하고 처음 만나는 주진우 대표의 털털한 모습이 반가웠다.

행사 당일 오후 2시부터 김현문학축전 개막식이 진행되었다. 목포는 물론 전국에서 참가한 문인들과 함께 지역의 국회의원을 비롯한 많은 인사들이 대거 참석하여 예상보다 훨씬 많은 약 200여명의 관객들과 함께 하였다. 김현 선생과 동창이었다는 박지원 의원을 비롯하여 축사와 격려사를 하는 대부분의 인사들이 김현선생과의 생전의 인연들을 소개하여 눈길을 끌었다. 김현문학관이 목포에 있고 또한 목포에서 김현문학축전이 진행되는 실제의 연유들이 드러나는 순간인 것 같았다.

> '이 시대의 병폐는 무엇인가? 무엇이 이 시대를 사는 한국인의 의식을 참담하게 만들고 있는가? 우리는 그것이 패배주의와 샤머니즘에서 연유하는 복합체라고 생각한다. 심리적 패배주의는 한국 현실의 후진성과 분단된 한국 현실의 기이성 때문에 얻어진 허무주의의 한 측면이다. 그것은 문화, 사회, 정치 전반에 걸쳐서 한국인을 억누르고 있는 억압체이다. 정신의 샤머니즘은 심리적 패배주의와 밀접한 관계를 맺고 있다. 그것은 현실을 객관적으로 정확히 파악하여 그것의 분석을 토대로 어떠한 결론을 도출해내는 것을 방해하는 모든 것을 말한다.'

사회를 맡았던 필자는《문학과지성》창간호의 서문을 낭독하는 것으로 제8회 김현문학축전의 서막을 열었다. 이로부터 진도 세월호 참사가 표상하듯이 사십여 년의 세월이 지났어도 여전히 우리 사회의 고질화된 병폐와 참담함 그리고 이에 포섭되어 심리적 패배주의에 빠져있는 우리의 모습을 그대로 드러내는 문맥들이 선연하였다.

공동대표인 한승원 소설가와 정과리 문학평론가의 인사말이 있었다. 여기에 더하여 김현과 함께 '산문시대'와 '문학과지성' 동인을 함께 했던 김병익 문학평론가의 격려사는 빛을 더하는 것이었다.

> 이 반가운 김현의 재확인에서 저는 그의 문학적 자산이 외면의 행사로 널리 확산되는 일에 멈추지 않고, 그의 번득이는 문장과 깊은 사유, 끊임없는 성찰과 따뜻한 격려가 우리 작가 시인 비평가들의 상상력과 의식 속으로 내면화되기를 바라고 있습니다. (김병익, 격려사에서)

이후 송태웅, 김명은, 고희림, 조성국, 김창규, 김해화, 김경윤, 성윤석 시인 등 서울, 경기, 인천, 경상도, 충청도와 전라도 등 전국 각지에서 모인 시인, 작가들의 시낭송과 추억담들이 넌출넌출 열린 행사는 시간 가는 줄 모르게 진행되었다. 행사 중간에 열악한 공연시설을 멋지게 넘어서는 한보리 싱어송라이터의 김현 시노래콘서트가 진행되었다.

그 마무리에 김현문학과 관련하여 총정리 하듯이 개괄한 광주여대 채희윤 교수의 문학강연이 진행되었다. '김현 문학의 안팎, 그 남도의 빛깔!'이라는 제목으로 진행된 문학강연은 김현문학이 지닌 총괄적인 모습과 성격을 '끈질긴 책읽기'를 통해 잘 드러내 주었다.

그리고 행사장을 벗어나 목포 시내로 나가서 김현을 만났다. 목포역미술관에서 열린 '호남선 100년의 시화전' 오픈식에 참석해서 호남선의 시종착역인 목포와 대전의 시인, 화가들이 참여하여 제작한 시화들을 관람한 후에 김현이 생전에 살았던 구세약국 등을 답사하였다.

그 맞은 편 식당에서 목포문학의 일세대인 김우진과 박화성 등에 대한 문단비화까지를 유감없이 휘날린 한승원 선생님의 입담과 함께한 저녁식사를 마치고, 자리를 옮겨 목포 오거리의 협동조합까페 함께평화에서 '김현문학까페'를 개최하였다. 평소 반포치킨에서 맥주와 치킨을 즐긴 김현 선생의 유지를 따르는 것이기도 하거니와, 이는 실은 지난 제3회 김현문학축전에서 정과리 선생이 향후 김현문학의 발전방향을 토론하는 자리에서 제안한 행사 콘텐츠이기도 했다.

벌써 대여섯 번에 걸쳐 진행된 내용이기도 해서 큰 무리 없이 진행되었다. 장흥 해산토굴까지 갈 길이 바쁜 한승원 선생님의 18번 선창으로 시작되어, 국도1호선 밴드가 준비한 호남선 100년의 만남 콘서트를 중심으로 문인들의 낭송과 김현에 대한 회억담들이 주옥처럼 펼쳐졌다.

무한정 제공되는 생맥주와 치킨을 주고받으며 깊어지는 문인들 간의 연대는 부수적인 것이 아니라 행사의 본질적인 목적일 수도 있다는 생각이 들었다. 경계를 넘어 이뤄지는 다양성의 충돌과 융합은 어쩌면 이 시대의 문학이 지향해야할 새로운 좌표가 아니겠는가! 물론 여기에는 우리가 아직도 도달하지 못한 지성적 태도와 정직성에 대한 반성이 뒤따라야 하리라. 그러한 의미에서 개막식을 마치면서 필자가 제안하여 모두가 선창했던 '목포의 다짐'을 떠올리며 졸렬한 행사기를 마치고자 한다.

> 그러기 위해서 우리는 한국 현실의 모순을 은폐하기 위한 어떠한 노력에도 휩쓸려 들어가지 아니할 것이다. 진정한 문화란 이러한 정직한 태도의 소산이라고 우리는 확신하고 있으며, 그런 의미에서 우리는 정신을 안일하게 하는 모든 힘에 대하여 성실하게 저항해나갈 것을 밝힌다. -《문학과지성》 창간호 서문에서)

몽골문학을 통한 남도문학의 활로 찾기

- ‘2018 한국-몽골 국제문학교류’에 붙여

남도문학이 몽골문학을 만나러 간다. 이번 2018년 7월 23일부터 5박 6일 동안 광주전남지역의 주요문인 12명이 몽골문학과의 국제문학교류를 하러갈 예정이다. 이는 지난 1월에 광주전남작가회의 소속 문인 10여명이 몽골을 방문하여 몽골작가협회와 상호협력을 위한 양해각서(MOU)를 체결한 이후 진행되는 최초의 상호교류인 셈이다.

따라서 문학인 상호 방문이나 답사 등의 일반적인 여행성격이 아니라 전남문화관광재단의 지원 아래 참여 문인들의 상호 번역작품집 발간, 한-몽 시화전, 시산문낭송회 등의 행사들이 진행된다. 또한 ‘칭기즈칸과 몽골문학’을 주제로 몽골문화예술대학에서 진행되는 몽골문학컨퍼런스에 발제를 맡아서 참여함은 물론 몽골문인들과 각종 문학세미나 및 워크숍 등 본격적인 국제문학교류로 진행된다.

이를 위해서 행사를 공동주관하고 있는 목포작가회의(지부장 유종)와 광주전남작가회의 국제교류위원회(위원장 강회진)에서는 몽골문학의 체계적인 이해와 학습 그리고 양국 문학작품 번역 등을 위한 사전 워크숍을 진행하고 있다. 다른 국가나 다른 문화와의 만남에 있어서도 마찬가지겠지만 특히 인간과 세계의 내면 층위를 다루는 문학의 경우에는 사전 학습과 이해의 정도가 만남 자체의 깊이를 결정하는 요인이 된다.

그렇듯이 우리가 누구를 만나러 가는 이유는 무엇을 주거나 받기 위해서이다. 이번 역시 응당 몽골문학을 만나러 가는 목적이겠지만 구체적인 세목을 점검할 필요가 있다. 국제문학교류에 있어 사전 학습의 중요성 못지않게 교류의 목적과 방식을 확실히 하는 것이 중요하다. 무엇보다 인간의 언어와 감성을 다루는 문학의 속성상 교류 기회가 별로 없는 문학 분야에서의 국제교류는, 제법 떠들썩한 이벤트 성격의 홍보실적 외에는 별다른 성과가 없이 끝나는 것이 보통이기 때문이다.

따라서 무엇보다 「몽골반점, 원형의 문학을 찾아서」라는 문학교류의 주제를 세밀히 점검해봐야 한다. 왜 이 시점에서 몽골문학이고 또한 원형의 문학을 찾아가야 하는가를 궁구해야 한다. 물론 광주의 입장에서는 작년부터 진행되고 있는 아시아문학페스티벌의 기반조성이라는 목적과 함께 전남에서는 남도르네상스 프로젝트의 하위과제인 남도문학벨트조성을 위한 국제문학으로의 확장이라는 행사의 목적은 충분히 이해가 간다.

하지만 그보다 중요한 것은 사실 문학계 내부 특히 지역문학 생태계 내에서의 필연적인 목적이 무엇이었던가를 새겨보는 일이라는 생각이 든다. 갈수록 멀어지는 노벨문학상은 물론 문단 내 성추행 사건을 비롯하여 이후 전개되는 미투운동 과정에서 보듯이 한국문학계는 침체의 늪에 빠져있다. 지난 촛불항쟁을 계기로 우리 사회 전반 각 분야별로 세밀화 되어가는 내적 민주화의 진전에 발맞추는 문화민주주의의 실현은커녕, 문학전문가들이 벌이는 '언어놀이와 개념작란'을 통한 문학권력과 계층의 생산과 유지라는 사회의 내적 인정투쟁 수준에서 여전히 머물고 있다.

물론 이러한 한국문학의 자장에서 크게 벗어나지 못하고 있는 광주전남지역의 문단 역시 마찬가지다. 다행히 민중, 민족문학의 시원을 이루는 5월항쟁의 정신에 기틀을 둔 오월문학이라는 문학적 전통과 나름대로 든든한 문학조직이라는 독립그라운드가 있다고는 하지만, 이 역시 작년 5.18문학상 사태에서 극명히 드러났듯이 '우리 안의 그들 또는 문학적 타자'들에게 항상적으로 침윤되고 있는 상황이다.

따라서 우리는 유목민문학이라는 문학의 원형과 소통의 힘을 강하게 지니고 있는 몽골문학에 주목하는 것이다. 무엇을 어떻게 해도 지워지지 않고 나타나는 우리들 엉덩이의 몽골반점처럼 국경과 문화와 세대와 사상을 뛰어넘는 문학의 본질로서의 원형과 유라시아로 대표되는 공간속에서 배태된 생태적 상상력을 찾아보고자 한다.

이를 통해, 국경과 인간의 본성까지를 넘나들면서 갈수록 강화되는 신자유주의가 초래하는 인간소외의 상황을 극복할 문학의 해방성은 물론, 우리가 지금까지 잊어버리고 있었던 '세계의 지역문학'으로 바로 설 수 있는 기본 토대인 남도의 로컬언어를 찾아서 새로운 문학적 가치로 내세워보고자 한다. 이는 곧바로 민족통합에 기여할 통일문학은 물론 문학의 전일성 회복이라는 문학의 근본명제에 다가서는 일에 다름 아닐 것이다.

2019 겨울, 이 계절의 남도문학 읽기

어느덧 새로운 한 해가 시작되어 첫 달이 거의 지나간다. 문득 지난 해 연말에 아시아문화전당의 전시장에서 읽었던 글귀가 떠오른다.

> '밤낮을 가리지 않고, 휴식도 모른 채, 하찮은 일을 위해 부를 쌓아 왔구나. 불현듯 죽음이 내게 다가오면, 나는 떠나야 한다. 다른 세상으로. 내 뒤에 아무런 말발굽도 남지 않는다면 이 많은 호사를 다 어찌하리.'

날카로운 판화로 인각된 삽화와 함께 보이던 우즈베키스탄의 서사시 '마나스'의 한 구절이다. 귓전을 스쳐가는 말발굽 소리와 함께 서늘하게 다가오는 삶의 의미가 겨울 찬바람보다 차갑다. 인간의 삶은 어떻게든 문화의 문맥으로 다시 읽혀져야 한다.

우리 지역에서 나온 시와 소설들이 다시 찾아 읽는 이유이기도 하다. 원래 문향의 고장인 남도에 삶의 뿌리를 박고 활동하는 토박이 작가들은 사실 그리 많지 않다. 잘 알다시피 문학이전에 한 작가로서 살아가는 삶의 배경 자체가 척박하기 그지없고, 그처럼 어려운 삶의 환경을 견디면서 창출되어 세상으로 나온 문학작품들이 받는 대접 역시 그와 비슷하다.

작년 연말에 전남도립도서관에서 시민들의 독서활동을 촉진하기 위해서 진행하는 올해의 책 선정 작업에 참여하였다. 먼저 순수문학 분야에서 올해 발표된 책들 중에서 미리 열권의 책이 선정되어 있었다. 이 중에서 한 권의 책을 선정하기 때문에 예심을 통과한 책들인 셈이었다.

그런데 모든 책이 소설집이었고 시집은 한 권도 없었다. 광주·전남 지역 작가들의 책도 보이지 않았다. 그 연유를 애써 알아봤더니, 도서관을 이용하는 시민들이 자유로운 투표과정을 통해 민주적이고 합리적으로 선정한 상황이었다.

우리 사회에서 다수결이라는 민주적 과정이 내보이는 중대한 결함들까지 따져볼 자리가 아니라서 그냥 넘어갔다. 하지만 그래도 공공도서관이라는 공공성의 중요한 한 측면이 시민들을 선도하는 입장이어야 하므로, 최소한 얼마만큼이라도 전문가들이 선정하는 영역을 남겨서 예비도서를 선정했으면 좋겠다는 입장을 피력하고 넘어갔다.

물론 작품 자체의 수월성이야 충분히 존중받아야 하지만 문제는 그 문학작품의 수월성이라는 것이 보는 이의 기호와 상황 또는 문학생태계의 환경에서 항상 새롭게 정의되는 것이다. 문학평론가 김현은 좋은 문학작품이란 당대의 문학적 기준에 맞서서 투쟁하는 작품이라고 말했다.

말이 길어졌지만, 그러함에도 이 계절에 우리 남도의 처처에서 문학적 투쟁을 진행하고 있는 작품들은 많다. 멀리 여수에서 활동하고 있는 강경아 시인의 시집 『푸른 독방』(시와에세이 간), 꿋꿋이 지역 출판사에서 새 시집을 상재한 순천의 송태웅 시집 『새로운 인생』(산지니 간)과 한 생애를 걸쳐서 노동 현장에서 일하면서 창작한 노동시를 고른 김해화 시선집 『나는 내 잔에 술을 따른다』는 물론, 농사 지으며 시를 쓰고 있는 화순의 김황흠 시화집 『드들강 편지』는 드들강 주변의 산뜻한 사진을 함께 보는 맛도 쏠쏠하다.

멀리 장흥의 이대흠 시집 『당신은 북천에서 온 사람』(창비 간)은 남도의 맛깔난 언어들이 잘 차려진 백반상을 받는 기분으로 읽혔다. 목포의 김경애 시집 『목포역 블루스』(천년의시작 간), 박미경 시집 『이별의 매뉴얼』(현대시 간), 김선태 시집 『햇살택배』(문학수첩 간)는 물론 나주의 오성인 시집 『푸른 눈의 목격자』(문학수첩 간)이 돋보인다. 광주에서는 최근 간행한 문귀숙 시집 『둥근 길』(문학들 간)이 눈에 띄지만 이외 많은 시집들은 지면관계상 생략한다.

이처럼 성찬인 우리 지역 시문학뿐이 아니라 소설 역시 풍부하다. 김다경 소설집 『아무도, 아무도 없이』(청어 간), 박이수 소설집 『혼자라면』(문학들 간), 김용매 소설집 『푸줏간 남자』(문학들 간), 장성에서 활동하고 있는 김해숙 소설집 『유리병이 그려진 4번 골목』(문학들 간) 등이 빛나는 작품들로 읽힌다.

그 중 노인들의 사랑과 애욕을 새로운 시선으로 포착해서 소설로 표현해 낸 박이수의 소설은 현재 요양병원에 누워 있는 노모를 단박에 떠올리게 했다. 김해숙의 소설은 표제인 '유리병'과 '4번 골목'이 상징하듯이 죽음에까지 이른 현대인들의 물욕을 투명하고 환상적인 작품으로 표현해서 인상적인 작품으로 읽혔다.

영호남문학인대회의 부활을 위한 제언

- 2016년 영호남문학인 교류 촉진을 위한 토론회 / 발제문

조용히 사라져버린 전설이 있다. 대낮에 나타났다 금세 사라진 귀신처럼 기억은 있으되 실체는 드러나지 않는 문학사가 있다. 그래, 민주사회의 꽃이라는 선거철이면 서로가 반대색으로 국토를 물들이는 경상도와 전라도의 쓰라린 모습을 볼 때마다 떠오르는 몸짓이 있다. 일 년에 한 번씩 만나는 견우와 직녀처럼 만나면 서로가 좋아서 '죽고 못 살던' 문인들의 이야기가 있다.

그 몸짓과 이야기로 '이제 우리는 하나'[1]가 되어 나누던 참된 문학적 실천과 담론들, 그리고 역사와 현실을 위해 함께 모으던 뜨거운 의제들은 어디로 갔는가? 어찌 보면 외세에 의해 그어진 남북문제보다 더욱 골 깊은 동서문제의 해결을 넘어 제대로 된 민족문학의 구현을 위해 결성되었던 '민족문학 지역연대'[2]의 정신은, 그 강령들은, 어디를

1) 1992년 제1회 영호남 젊은 시인대회(광주) / 영. 호남지역 5개 작가회의는 심화된 지역갈등을 해소하기 위해 `이제 우리는 하나다'를 주제로 문학인 대회를 가졌다. 이는 문학을 통한 상호이해 증진을 통해 지역갈등을 해소하고자 하는 문학적 실천으로서 매년 대회를 개최하기로 했다.(연합뉴스, 1998.12.13.)

2) '(사)광주전남 민족문학작가회의와 순천지부 주최, 주관으로 열리게 될 이번 제9회 영호남문학인대회(2000.12.2.-3)에서는 부산민족문학작가회의 등 11

어떻게 헤매고 있는가?

자꾸만 돋아나는 물음들을 덮으며 살펴본 영호남문학인대회 관련 자료와 기록들은 무던히도 찾기 힘들었다. 아니 누군가의 손에 의해 가려져 있다는 느낌이 들 정도였다. 그랬다. 그 누군가의 손, 문학조직 자체가 우리 사회체계의 하부단위라 여기는 행정단위별로 구분구분 잘려있어 구체적으로 연대 조직화하지 못하는 '우리들의 손'이 범인이었다.

물론 이를 아울러야 할 전국단위 조직인 '한국작가회의 본회'는 이러한 혐의에서 더욱 자유롭지 못한 우리들의 손일 것이다. 본부 홈페이지의 작가회의 연혁은 물론 어디에서도 한때 작가회의의 전국화를 이끌었던 영호남문학인대회 관련 기록은 찾아볼 수 없었고 행사 자체에 대한 언급도 없었다. 도리어 전국민족문학인대회로 확대 개편하는 과정에서 영호남문학인대회의 폐지를 본래 목적으로 하지 않았는가 하는 혐의로부터 자유롭지 못하다는 것만을 진하게 느꼈다. 이는 영호남문학인대회의 지나온 길을 살펴보는 과정에서 좀 더 명확히 짚어질 것이다.

물론 이러한 혐의는 제대로 된 주체성을 지니지 못한 지역문학의 성원인 우리 자신에게로 환원된다. 흔히 말하는 전국구 문인, 지역구 문인 또는 그 아래 지방문인 등으로 위계체제를 나누어 이를 분배하는 중앙문단 권력체계는 물론, 이의 기능적 체계로 작동하는 중앙 문학매체와 언론 등에 어떠한 형태로든 침윤되어 있는 우리 자신들의 허약한 문학적 정체성이 그 주범이리라.

개 지역 문학조직이 참여하는 지역문학 연대결성 및 선언문 채택을 통해 현 시국에 대한 입장을 밝힌다.'(조호진, 오마이뉴스, 2000,11,28.)

이는 영호남문학인 교류를 촉진하고자 진행하는 이번 토론회를 추진하는 과정에서도 극명하게 드러났다. 어차피 무엇보다 단단한 선후배라는 사회적 관계망을 뚫지 않고는 순연한 진행이 어려운 지역 형편상 중진 문인들의 흔쾌한 동참은 지역문학 연대사업의 필수적인 과정이다.

그러나 '의미에는 동감하나 실행은 앞으로 두고 보자!'는 관망의 태도는 무엇보다 힘을 빼는 요인이었다. 이는 심지어, 중앙의 문학권력을 배제하고 지역문학을 중심으로 참다운 민족문학을 발현시켜보자는 '민족문학 지역연대' 선언을 매개로 진행되어, 거의 마지막 영호남문학인대회가 되었던 지난 2000년 순천대회시 나타났던 중앙문학에 의한 '숨겨진 금기'로서의 배제성이 의심될 만큼 시종일관 불가근 불원근 하는 몇몇 중진문인들의 태도는 저해요인이 되었다.

여기에 더하여, 이를 주최할 영호남의 각 작가회의 광역지회와 또한 이를 실행 주관할 시군지부 간의 알력이라는 소지역주의가 일정부분 발호됨도 감지되었다. 여기에는 앞에서 언급한 하부 문학권력과 겹친 문인들 개개인 간의 호불호가 또한 부정적 요인으로 작동되었음은 물론이다.

작금의 우리 현실에서 최근에는 잘 거론조차 되지 않는 필요악의 얼굴로 우리 사회의 어둠을 양산하는 근본기제로 작동하고 있는 영호남지역갈등 해소를 위한 문학적 대응은 충분한 당위성을 지니는 것이라 여겨진다. 물론 그동안 진행된 영호남문학인대회의 역사와 내용 역시 문학사를 통해 충분히 복원되어 기록되어야할 시급한 과제일 것이다. 이에 동의하여 미력한 힘이나마 보태겠다고 나선 마당에 수 삼년을 그저 술판의 회고담이나 췌언 정도로 내돌려지며 기약 없이 지연되는 상황을 보며, 도저히, 누군가, '미친 척하고 펑크'를 내지 않고서는 뚫리지 않는 꽉 막힌 구멍처럼 답답한 상황이라는 것을 절감하였다.

그만큼 앞도 힘들었고 진행하는 지금도 답답하고 앞으로는 더 두려운 실정이다. 하지만 이는 모든 연대사업이 넘어야할 하나의 과정이면서 동시에 그만큼 내용의 충실성을 충분히 견인하는 외연으로 작동하기도 할 터이다.

우선 필자가 찾아낸 영호남문학인대회 관련 구체적인 연혁과 그 내용을 간략히 살펴보기로 한다. 이는 작가회의 각 지회지부 홈페이지와 언론방송 사이트 등에서 무차별적으로 찾아낸 자료로서 차후 좀 더 면밀한 수집 분류작업을 거쳐야할 것임을 전제로 한다.

1992. 제1회 영호남 젊은 시인대회(광주)
1993.10.23.-24. 제2회 호영남작가대회(부산 금강유스호스텔)
1994.12.10.-11. 제3회 영호남문학인대회(전북 남원 국민호텔)
1995.11. 제4회 영호남문학인대회(경북 고령)
1996.11.30-31 제5회 영호남문학인대회(전남 목포 남경회관)
1997.12. 제6회 영호남문학인대회(울산광역시 울산대 해송홀)
1998.12.5. 제7회 영호남문학인대회(전주 유스호스텔)
1999.11.13.-14. 제8회 호영남문학인대회(경북대 강당)
2000.12.2.-3. 제9회 영호남문학인대회(순천, 민족문학 지역연대 결성)
2001.6.23.-24 전국민족문학인대회(인천, 국제공항청사, 영종도 수련원)
2001.12.1.-2. 제10회 영호남문학인대회(경북 포항)
2002.11.9.-10 제11회 전국민족문학인대회(전주, 전주선언 채택)
2003.1.2.-3. 제12회 전국민족문학인대회(울산)

2004.11. 제13회 전국민족문학인대회(강원도 백담사)
2005. 7. (남북작가대회, 평양)
2005.12. 제14회 전국민족문학인대회(제주도, 4.3항쟁 57주년기념 겸)
2006.8,19-20. 제15회 전국민족문학인대회(거창, 거창평화인권문화제 겸)
2007.10. 제16회 전국민족문학인대회(충남 보령, 명천 이문구문학제 겸)
2008. 제17회 전국민족문학인대회(청주 괴산, 홍명희문학제 겸)
2009.7.25.-26. 전국민족문학인대회 취소(하계수련회, 신입회원 오리엔테이션)
2010.5.15. 제18회전국민족문학인대회(광주, 5.18문학제 겸)
2012.8,25-26. 2012한국작가대회(대전 만인산, 하계수련회 겸)
2013.8.24.-25 2013전국작가대회(인천 강화도, 하계수련회 겸)
2014.12.22. 전국문학인대회(창립40주년기념행사 겸)

필자가 거칠게 정리해본 연혁을 중심으로 각 내용들을 살펴보기로 한다. 하지만 우선 1992년 초기자료부터 1998년까지 진행된 영호남문학인대회의 행사기록을 찾을 수 없었다. 이는 당시 이를 주도했던 문인들의 구술과 기록물 등을 통해 채록하여 보강해야 할 터이다.[3)]

영호남문학인대회의 시발은 대선과정 등을 통해 갈수록 심화되는 지역갈등을 문학을 통해 상호 이해와 증진을 통해 해소하고자 하는 문학적 실천행위로 진행되었다. 이를 확인할 수 있는 공식적인 언론기사는 다음과 같다.

3) 추후 엄밀히 보강할 부분임. 예를 들어 "지난 1981년 엄혹했던 그 해 겨울 부산 해운대 성공회 회관에서 맨 처음 뜻을 모으기 시작했던 우리 영,호남 문학인들이 이제는 어엿하게 「영,호남 문학인대회」라는 이름으로 만나고 있으니 정말 감회가 클 수밖에 없습니다."(김준태, 2000년 순천영호남문학인대회 대회사 중 일부) 같은 기록들 참조.

영·호남지역 5개 작가회의는 지난 92년 대선직후 심화된 지역갈등을 해소하기 위해 광주에서 '이제 우리는 하나다'를 주제로 문학인대회를 가진 후 매년 대회를 갖고 문학을 통한 상호이해 증진에 힘쓰고 있다.' - 연합뉴스, 1998.12.13.

한국작가대회는 1992년 광주에서 열린 '제1회 영호남 젊은 시인대회'에서 비롯되었으며, 지난해 말 한국작가회의로 이름이 바뀌기 전 민족문학작가회의 시절에는 '전국민족문학인대회'라는 이름으로 이어져 왔다. - 한겨레신문, 2008.10.9.

필자가 확인 가능한 1998년과 10여년 후의 신문기사를 통해 유추해 보면, 영호남문학인대회는 1992년 광주에서 '제1회 영호남 젊은 시인대회'에서 비롯되었으며, 이는 추후 민족문학작가회의 영호남 5개 지회 중심으로 매년 순환 개최되었음을 알 수 있다.

하지만 대부분의 민족문학작가회의 계열의 광역단위 지회들이 2000년 초반에 사단법인으로 제도화하는 과정에서 창립을 통해 사단법인 민족문학작가회의로 전국 조직의 형태를 갖추었음을 감안할 때, 민족문학이라는 큰 테두리에서 영호남의 각 민족문학을 지향하는 자생문학단체 간의 연대행사였음을 알 수 있다.[4] 당시 광주전남의 경우

---

4) '제4회 湖嶺南문학인대회가 12월 2일과 3일 양일간 고령 대가야문화마당에서 열린다./ 대구민족문학회(회장 이하석)가 광주. 전남민족문학인협의회·전북민족문학인협의회·부산민족문학인협의회·부산. 경남젊은시인회의와 공동으로 주최하는 이 행사는 영호남 문인들이 한자리에 모여 지역갈등을 해소하고 지역문학의 활성화를 꾀할 수 있는 방안을 모색하기 위해 마련된

에도 '광주전남민족문학인협의회'라는 자생조직이었다.

1992년 시작되어 경상도에서 개최될 경우에는 호영남문학인대회로, 전라도에서 진행될 경우에는 영호남문학인대회로, 명칭부터 상호 우호적으로 진행되는 영호남문학인대회는 수많은 호응과 갈채를 받으며 진행되었다.

> 「화제」 시인.소설가들, 사투리와 욕설로 동서화합
>
> (전주=연합) 洪仁哲기자 = "글쟁이들의 걸쭉한 욕과 사투리로 지역감정의 갈등과 대립을 녹일랍니다" / 오는 5-6일 전북 전주유스호스텔에서 `마동과 선화공주는 결혼했다'로 열리는 제7회 영호남 문학인대회 참가자들은 한결같이 단순한 친목보다는 문학을 통해 지역감정의 벽을 무너뜨리겠다는 각오다. / 신경림 시인과 송기숙, 천이두, 문병란, 염무웅, 김용택, 안도현 씨 등 영호남 문학인 1백 20여명은 "정권은 바뀌었지만 여전히 두터운 영호남간 지역감정의 벽을 어떻게 허물어 가느냐가 이번 모임의 기본 화두이다"라고 말했다. / 이를 위해 이들은 `전라도 시인들의 시를 경상도 사투리로 읽는다'와 `경상도 시인들의 시를 전라도 사투리로 읽는다', `글마가 절마가(그 사람이 저 사람인가)?'등 양 지역 시인들의 시를 사투리로 낭송한다. - 연합뉴스, 1998.12.04.

참고로 경상도에서 태어나 전라도에서 성장하여 문학 활동을 하고 있는 안도현 시인이 초기의 영호남문학인대회를 일구는 숨은 일꾼의 한 명이었음을 짐작할 수 있어서 이채롭다.

> 경북 예천에서 태어나 전북 익산의 원광대를 다녔기 때문인지 그는

것. (연합뉴스, 1995. 11. 29.)

> 영호남 문제 해결에 누구보다 앞장서고 있다. 전주 우석대 정양 교수와 함께 7년 전부터 영호남 문학인대회를 주선해오면서 그 문학적 실천방안 모색에 노력하고 있는 것이다. / 그는 '부추와 솔과 정구지'라는 글에서 "우리는 좀 더 솔직해질 필요가 있다. 사람이 사람을 업신여기고 깔보며 이제까지 지역감정을 유발하고 심화시켜온 쪽은 누구인가"고 묻는다. 그리고 "그런 의미에서 이번 제15대 대통령 선거결과는 지역감정을 해소하는 한 줄기 희망의 신호탄처럼 여겨진다"며 "지역감정은 없애되 지방색은 장려해나가자"고 말한다. - 연합뉴스, 1998.12.11.

"지역감정은 없애되 지방색은 장려해나가자."는 시인의 말처럼 지역이나 지방을 뛰어넘는 문학의 본질적 요소로서의 지역문학의 재발견은 무척 매혹적이었다. 특히 지역을 삶과 문학의 실제적 근거로 삼는 지역문학인들에게 있어 이처럼 구체적 공간성의 확장을 통한 문학의 발현은 영호남지역에 국한될 리 만무했다.

따라서 영호남문학인대회는 영호남만이 아니라 전국의 지역문인들이 참여하는 전국대회의 형태로 발전해갔다. 물론 이는 2000년을 전후하여 전국 각 지역에서 우후죽순처럼 결성된 지역작가회의의 등장과 맞물리는 현상이기도 했다. 필자의 경우는 1996년 목포에서 개최된 영호남문학인대회에 참가하였다. 이제 막 등단한 신인이었던 필자의 입장에서 전국의 쟁쟁한 문인들을, 그것도 내가 사는 지역에서 만나 지역문학을 의제로 삼아 논의했던 감회어린 기억으로 남아있다.

이에 이러한 성과들을 전국작가회의 차원의 결실로 추수하여 새로운 문학적 상황으로 조직해야 한다는 다양한 견해들이 대두되었다. 특히 진보적 노동문학을 통해 주류문학으로 진입했던 박영근 시인은 이를 명확히 지적하였다.

> 그 동안 작가회의라는 범주에서 일어난 가장 주목할 만한 변화의 내용을 들라하면 많은 사람들은 서슴없이 지역작가회의의 등장이라고 말할 것이다. 지역 간의 상당한 정도의 불균등한 발전에도 불구하고 그것이 갖는 의미는 대단하다. 다른 무엇보다 그것이 중요한 까닭은 '주변'으로 소외되어 모습이 희미했던 문학을 우선 제대로 이해할 수 있는 길이 열렸을 뿐만 아니라, 그 가능성을 지역이라는 실체로 표현할 수 있는 새로운 '문학적 현실'이 태동했다는 데 있다. 다른 또 하나는 지역의 특수한 역사와 현실을 전문성에 의지하기보다는 지역적 '존재', 즉 지역적 삶의 눈으로 탐구할 수 있는 문학적 가능성이 생겼다는 것이다. 그리고 더 살펴야 할 것은 그것이 지역 간의 수평적 연대를 이룰 수 있는 틀로서 작용할 수 있다는 사실이다.
>
> - 박영근. 2001. 민족문학작가회의 수련회[5]

하지만 전국작가회의 차원에서 이를 추수할 충분한 기회나 여력이 미치지 않았던 것인지, 아니면 이를 기대하지 않은 지역작가회의의 성급한 발걸음 탓이었는지는 몰라도, 2000년경의 당시 민족문학작가

---

5) 박영근, 2001년 민족문학작가회의 회원 하계수련회 발제문.
시인은 여기에 더하여 지역작가회의 등장에 대한 구체적 의미를 설파하고 있다. "따지고 보면 작가회의를 일으켰던 큰 뼈대 중의 하나가 80년대의 상당한 기간 동안 각 지역에서 일어났던 문학소집단운동이 아니었던가. 당시 그 소집단운동을 돌아 보건대, 지금도 새롭게 살아나는 의미 중의 하나는 내용과 형식에 있어서의 진보적 대중성이다. 문단 추천이라는 글쓰기의 낡은 전문적 회로를 그것은 깨뜨리면서 문제의 핵심을 살고 있는 사람들을 자신의 주된 에너지로 전환시켰던 것이다."

회의 이사장의 조선일보 동인문학상 수상 및 친일문학 발언 등의 현안과 맞물려 순천에서 개최된 영호남문학인대회에서는 <민족문학지역연대>라는, 영호남을 뛰어넘어 전국의 민족문학세력이 결합된 독립된 조직의 결성을 선포하였다. 이는 강령과 깃발까지 마련한 아주 구체적인 형태로 진행되었다. 민족문학작가회의 현직 이사장의 퇴진을 주장하는 인터뷰[6]까지 진행되어 이의 긴장되었던 당시 상황을 잘 드러내준다.

하지만 연혁에서 볼 수 있듯이, 그 이듬해인 2001년 6월에 갑자기 인천 국제공항청사와 영종도수련원에서 전국민족문학인대회라는 새로운 명칭의 행사가 진행된다. 이 부분에서의 연혁을 자세히 살펴볼 필요가 있다.

2000.12.2.-3. 제9회 영호남문학인대회(순천, 민족문학 지역연대 결성)
2001.6.23.-24 전국민족문학인대회(인천, 국제공항청사, 영종도 수련원)
2001.12.1.-2. 제10회 영호남문학인대회(경북 포항)
2002.11.9.-10 제11회 전국민족문학인대회(전주, 전주선언 채택)
2003.1.2.-3. 제12회 전국민족문학인대회(울산)
2004.11. 제13회 전국민족문학인대회(강원도 백담사)
2005. 7. (남북작가대회, 평양)

인천에서의 급작스런 전국민족문학인대회 후에 동년 12월에 경북 포항에서 제10회 영호남문학인대회가 진행된다. 하지만 그 이듬해인

6) "이문구 이사장은 반드시 물러나야 한다" 「인터뷰」 영호남문학인대회 선언문 기초한 박영희(39) 시인. (조호진 기자, 오마이뉴스, 2000. 12. 04.)

2002년에 전주에서 진행된 제11회 전국민족문학인대회는 영호남문학인대회의 제11회라는 횟수까지 연계하면서 변신하고 있다. 더 흥미로운 것은 당시 채택한 전주선언의 내용에서 발견된다.

> '이번 전주대회는 작가회의의 역사성을 다시 확인하고, 작가회의의 정체성이 건강한 이념성의 회복에 있음을 분명히 하는 자리였다. 또한 이번 대회는 지난 10년 동안 진행되어 왔던 '영호남문학인대회'를 발전적으로 계승한 대회로서, 전국 12개 지회 소속 문학 동지들이 처음으로 한 자리에 모임으로써 우리들의 고민과 관심이 더 깊어지고 더 넓어지는 전기가 되었다고 평가한다. …중략… 우리 작가회의에서는 지난 1988년 남북작가회담을 이미 북측에 정식 제의한 바 있으며, 주지하다시피 영호남 지역 갈등을 극복하기 위해 다각적으로 노력해왔다. 우리의 이와 같은 노력은 여전히 유효하며 현재 진행형이다. 그런데 남북 문제나 지역 갈등이 그러하듯이, 우리 시대에 제기된 문제들은 그 표피적 현상만을 문제 삼는 자들에게 악용된 경우가 많았다. 우리는 이와 같은 일체의 정략적이고 반민족적인 의도가 다시는 준동하지 않기를 바라며, 동시에 갈등의 양상을 부풀리거나 미봉하는 일에도 반대함을 분명히 한다. 차이를 인정하자는 일과, 그 차이로 인한 소외와 차별에 반대하는 일은 서로 다른 일이 아닐 수 없다. 그러므로 추후로 우리 작가회의는 다양성이 존중되는 사회를 위해 작가적 양심을 걸고 노력할 것을 다짐한다. 갈등의 표출은 문제일 수 없으며, 문제는 그 갈등을 해결하는 방식일 것이다. - 제10회 전주선언문 중 일부

이러한 전주선언은 두 가지의 의미를 분명히 하고 있다. 첫째는 지난 10년 동안 진행된 '영호남문학인대회'를 발전적으로 계승한 대회가 곧 전국민족문학인대회 임을 밝혔으며, 둘째는 영호남 지역 갈등을

해소하기 위한 그 간의 방식을 반성하는 차원 곧 "갈등의 표출은 문제일 수 없으며, 문제는 그 갈등을 해결하는 방식"을 모색하고 있다.

이는 당시 성사된 6·15 남북정상회담의 분위기를 타고 곧바로 2년 후 남북작가대회로 발전하게 된다. 남북의 수많은 작가들이 평양과 백두산 등에 모여 민족문학의 기치를 세우고 새로운 작가모임을 결성하고 기관지 통일문학을 발간하기로 한다.

이는 곧 영호남 지역갈등을 해결하는 방식으로서 전국단위의 '민족문학대회'와 '남북작가대회'라는 거대서사를 들이대는 전략에 다름 아닌 셈이었다.

2005.12. 제14회 전국민족문학인대회(제주도, 4.3항쟁 57주년기념 겸)
2006.8,19-20. 제15회 전국민족문학인대회(거창, 거창평화인권문화제 겸)
2007.10. 제16회 전국민족문학인대회(충남 보령, 명천 이문구문학제 겸)
2008. 제17회 전국민족문학인대회(청주 괴산, 홍명희문학제 겸)
2009.7.25.-26. 전국민족문학인대회 취소(하계수련회, 신입회원 오리엔테이션)
2010.5.15. 제18회전국민족문학인대회(광주, 5.18문학제 겸)
2012.8,25-26. 2012한국작가대회(대전 만인산, 하계수련회 겸)
2013.8.24.-25 2013전국작가대회(인천 강화도, 하계수련회 겸)
2014.12.22. 전국문학인대회(창립40주년기념행사 겸)

그러나 이제 다시 영호남문학인대회의 연혁과 작금의 작가회의의 진행현황을 자세히 살펴보면서 명확히 판단하기로 하자. 남북작가대회는 정치적 상황에 막혀 운위조차 되지 못하고 있고, 전국민족문학인대회는 각 지역의 현안의제들과 결합한다는 명분을 들어 피상적으로 진행되더니, 최근에는 아예 회원수련회나 신입회원 오리엔테이션 수준의 내부행사로 치부되고 있다.

전국민족문학인대회는 92년, 망국적인 지역감정을 타파하기 위해 영호남의 문인들이 함께 모인 '영호남 젊은시인대회'가 그 모태이다. 제2회부터는 개최지역에 따라 '영호남문학인대회', '호영남 문학인대회'로 명칭을 번갈아가며, 그때마다 '민주화', '지역감정 해소', '통일', '환경' 등의 시대정신을 담아오다가 11회 때 '전국민족문학인대회'로 되고부터 슬로건이 매우 추상적이고 관념적으로 흘러 대회의 정체성에 대한 문제제기가 있어왔다. 그래서 이번 15회 대회에서는 명칭을 '2006 거창 평화인권문학제'로 해서 성격을 명료화하고 이 시점에서 가장 절실한 문제라 여겨지는 '평화, 인권, 그리고 아시아의 연대'로 슬로건을 구체화해서 모든 프로그램을 짰다.

- 오인태, 15회 거창 전국민족문학인대회를 마치고.[7]

청주에서 한국작가대회가 열렸다. 그런데 이상한 것은 제13회 벽초 홍명희 문학제 였는지 아니면 제 17회 한국작가대회인지 알 수 없는 그런 하루였다. 짬뽕 대회였다. 제목만 바꾸어 달은 이상한 한국작가대회였다. 이번 청주에서 열린 작가대회는 성공이라 보기보다는 정말 재미없는 대회였다. …중략… 이번 제17회 한국작가대회를 통해 민족문학정신도 이념도 떠났다는 것을 느끼는 것은 나만의 잘못된 생각일까? 한국작가대회는 정말 실망이다. 처음 1992년 영호남 젊은 시인대회, 영호남 문학인대회의 정신으로 돌아가야 한다. 또한 이번에 나는 다시금 결심한다. 민족문학의 깃발을 다시 들어야 살 것이라고 말이다.

- 김창규, '한국작가대회 짧은 단상', 2008.10.12.[8]

---

7) 오인태, 경남작가회의 회장, 인터뷰/ 경남일보 2006. 8. 23.

8) 블로그: 영원한 시인, http://blog.daum.net/gyu33/18217931

이러한 문제제기들은 한국작가회의 창립 40주년과 함께 진행된다는 금년의 전국문학인대회의 행사 프로그램에 그대로 담겨있다. 한마디로 십 수 년 전의 상태 그대로 뒤돌아간 느낌이다.

> 7개 지회 사무국장들의 한결 같은 의견이 지역의 많은 문인들이 가지고 있는 '중앙'에 대한 불만이었다. 그 불만은 여러 형태로 논의되었으며 하나의 예를 들면 (사)민족문학작가회의가 지역의 독자성을 담보하는 사업과 재정 등을 토대로 '연합체'적 성격으로 전환되어야 한다는 이야기…중략… 서울 중심의 사업(지방에서는 현실적으로 참여할 수 없음), 기관지 '작가'에 대한 이야기, 조직 대중에 대한 배려가 전무하며, 상층 단위의 일방적 조직 운영, 등등 많은 이야기가 나왔다.
>
> - 박두규, 아홉 번째 영호남대회를 기획하며, 2000. 12. 6.[9]

그 많은 이야기들은 지금도 현재진행형이다. 따라서 이제 '갈등의 표출이 아니라, 갈등을 해결하는 방식'의 전략이라며 채택되었던, 거대서사로 미시서사를 해결하려 했던 그 폭력적 방식에 대한 새로운 반성이 필요한 시점이라 생각된다. 좀 더 가혹하게는, 내부의 운영을 봉합하기 위하여 외부의 적을 발견하는 식의 로망스적 서사전략의 일환으로 '현실적 모순에 대한 상상적 해결책'에 지나지 않았는지를 다시 검토해봐야 할 시점이지 않은가 하는 것이다.

> 차원 높은 지역문학운동은 지역성으로부터 출발하여 그것의 한계를

9) 박두규, 순천작가회의 홈페이지, '사람의 깊이' 특집-영호남 문학인대회 원고.

> 넘어서는 것이다. 이러한 점에서 지역문학운동은 단순히 새로운 중심을 이루어보고자 하는 욕망의 산물이 아니다. 이것은 중심 없는 전체로서의 세계를 지향한다. 다시 말해서 현재의 우리의 삶이 중심과 주변의 불균등성이라는 모순적 국면에 처해 있다면, 지역문학운동은 중심과 주변의 경계를 해체하여 경계가 없는 탈중심의 세계를 삶의 미래적 내용으로 상정하고자 한다. 이러한 지향이 충분히 구체적인 것이 되기 위하여 현금의 지역문학운동은 배가의 노력을 경주하지 않으면 안된다
> - 구모룡, 「탈중심의 논리 - 부산경남지역의 지역문화운동」, 1996.[10]

이처럼 우리들이 다시 세우고자 하는 영호남문학인대회의 이력과 그 내력의 실제적인 복원은 올바로 다시 세워야할 한국문학의 방향성과 함께 현재의 지역문학의 지향점과도 맞닿아 있다. 물론 영호남지역갈등의 해결이라는 고유 목적과 함께 지역문학인으로서 당면한 미래 세계와 현재적 삶의 재구성을 위한 실천적 문학운동의 일환이기도 하다. 이에 대하여 평소 생각해 둔 몇 가지 대안들이 있으나, 이는 차후 진행될 토론회의 몫으로 남겨두고자 한다.

10) 구모룡, '한국문학작품 속의 지역성 문제' 1996년 영호남문학인대회 토론회 발제문.

로컬문학의 안부를 묻다

- 2019년 문예지 『신생』 쟁점詩평

'만약 당신의 사진이 만족스럽지 않다면 그것은 너무 멀리서 찍었기 때문이다.' - 사진작가 Rohert Kapa

지역문학에 대한 담론들은 끊임없이 펼쳐져 왔다. 필자 역시 지역에 몸담고 있는 상황이어서 이에 특히 관심을 두어왔다. 특히 광주와 전남을 아우르는 호남문학 또는 남도문학은 물론 각 지역의 문학에 관하여 그 본질과 지향점을 예의 주시하고 있다. 아무래도 용렬하고 졸박한 문학이 그나마 제 모습을 꾸려가는 일은 지역문학에 뿌리를 박고 나아가는 일이라 여겨지기 때문이다. 물론 여기에서 말하는 지역문학은 그저 지역이라는 지리적 공간개념이나 중앙문학에 반하는 변방의 문학을 뜻하는 것이 아님은 물론이다.

최근 펼쳐진 지역문학에 대한 담론의 장은 올해 창간 25주년을 맞은 『사람의 문학』 토론회를 통하여 세세하게 진행되었다. 여기에서 '지역문학의 현 단계'[1]라는 주제로 총론을 담당했던 구모룡은 지역문학 담론과 관련하여 오랫동안 천착해왔던 내용을 발표하였다. 필자 역시 이에 참석하여 광주전남작가회의를 중심으로 광주전남지역문학

1) 구모룡, 「지역문학의 현 단계」, 『사람의 문학』, 2019 봄.

의 현황과 전망에 대하여 졸고를 더한 바 있다.

기왕의 지역문학에 대한 논의는 "으레 또는 거의" 중앙문학과의 대칭되는 층위에서의 이루어져 왔다. 이는 물론 우리 사회의 근대화 자체가 급격한 중앙중심적 가치생산 방식으로 이루어진데다 그 결과치로서 지역문학 생태계가 처한 위급함 때문이었다. 하지만 한국문학이라는 일국의 문학 역시 "탈취든 수혈이든" 결국 전국 각 지역과의 연결망을 통해서 유지되기 마련이다. 여기로부터 유리될 때 한국문학은 세계문학 단위에서의 변방성을 크게 벗어나지 못할 것이다.

따라서 본 고에서는 지역문학에 대한 미래 담론으로서 로컬문학이라는 용어와 개념을 채용하였다. 이에 의하면 주로 국가 단위의 개념으로 적용되는 지역이나 지방과 달리 지리학에서 세계를 보는 한 층위로 운위되는 로컬의 개념은 몸body, 가족family, 사회community 등의 차원에 해당된다. 물론 로컬은 지방/ 지역에 상응하면서 동시에 일국적인 중심-주변의 관계에의 치우침을 넘어 로컬-내셔널-리저널-글로벌을 연동시킴으로써 새로운 시각을 형성하게 된다. 이처럼 로컬의 관점을 통해 자신의 존재 위치를 매우 구체적으로 지각하는 과정을 통하여 문학적 사유의 전개가 이루어질 때, 요즘 들어 커뮤니케이션학이나 마을생태학 같은 관련 분야에서 자주 운위되는 '지구적 사고와 지역적 실천'이라는 테제가 지역문학의 맥락에서 이루어질 수 있다.[2)]

이와 같은 로컬문학의 관점에서 현재의 지역문학을 배경으로 일정한 성과를 거두고 있는 문학텍스트들을 거칠게나마 살펴보았다. 물론 그 성과는 문학작품 중에서 허용된 지면관계상 시문학에 한정하여 지

2) 구모룡, 앞의 글, p31-33.

역성이 가미된 작품들을 대상으로 하였다. 이는 거칠게 말하면 지역문학 곧 로컬문학의 현재적 가치와 성과를 통해서 미래의 안부를 묻고자 한 셈이다.

언어유희 또는 골개미의 가능성

주로 서구의 근대 문예미학과 문학제도의 수용을 통해서 소멸된 우리의 전통적인 시적 언어와 사라진 정서중의 하나가 언어유희와 골계미(滑稽美)이다. 특히 서정시의 영역에서 지역별, 계층별, 연령별 등 상이한 언어적 습속을 활용한 언어유희는 표준어로 표상되는 표준화와 중앙화를 통해서 거의 사라졌다.

하지만 지역문학을 통해서 찾아본 언어유희의 시들은 충분히 차고 넘쳤다. 눈으로 읽으면서 이마로 이해하는 시가 아니라 입으로 읽으면서 온몸으로 느끼는 시들이었다.

> 젤 먼저 국밥집 들러 막걸리 두되 마시고 현찰로 쥐불고 / 밀린 술값까지 탈탈 털어 쥐알려불고 / 내친 짐에 옆자리에 앉아 있던 종재기골 양반네 막걸리값까지 개러불고 / 종묘상 들러 고추 모종값 갚어불고 / 지물포에 가서 지난저슬에 샀던 창호지값 백지값 지와불고 / 지전머리 단골 점방에 가서 묵은 외상값 죽에불고 / ……중략…… 쐬주 두벵 사 엄버줌서 괴춤 또 풀어불고 / 슈퍼에 들러 음료수 두벵 삼서 조마니돈 털어불고 / 풍로 바람에 검불 날리대끼 다 까묵어불고 / 마침내 차표 한 장 딸랑 바까서는 / 빙골로 / 빙골로 돌아가는 저 늦가을 들녘
>
> \- 이대흠, 시 「늦가을 저녁」 부분.[3]

3) 이대흠 시집 『당신은 북천에서 온 사람』, 창비, 2017.

'골계미(滑稽美)는 위대한 것을 헐뜯고 우세한 것을 깔아뭉개고 우아한 것을 실추시키려는 인간의 요구에 대응하는 미의식이다. 처음부터 이상적인 것을 추구하지 않으며 오히려 현실적 가치를 통해 그것을 부정함으로써 발생하는 미의식의 범주로써 일종의 모순에서 나온 대조적 감정이라 할 수 있다. 골계미는 비장하고 숭고하며 우아한 장면에서 이루어지는 환상을 비하시키고 우스꽝스럽게 만들어 대상을 조롱하고 비하하는 것이다.'[4]

이러한 골계미의 재생이나 복원은 새로운 로컬문학의 구현을 위하여 필요한 지향점의 한 방향을 이룰 수 있다는 과문한 생각이 든다. 물론 자신의 존재를 국가적인 거대담론 등을 매개로 인식하는 관념론적 태도를 벗어나서 구체적으로 인지하는 로컬적 관점의 확보를 위해서도 골계미의 확보는 한 범주를 이룰 수 있을 것이다. 세월호를 비롯하여 이제까지 우리 사회의 주체를 이루어왔던 거대주체들은 충분히 더 깊고 세밀하게 파헤쳐서 자유롭게 드러내는 고발과 조롱의 문예적 방식을 통해서 재설정 되어야 할 것이다.

> 복숭아 값 좋아 잘만 하믄 빚 싹 다 갚겠다캤드만 자식놈 사고 쳐가 말아 묵고, 집 나간 큰년 돌아오이 마 셋째년 나가삐고, 천 날 만 날 소 새깨맨키로 일만 하던 마누라는 수술도 몬하고 죽어   는데 뒷산 텃밭은 와 인자사 저래 값이 오리노 말이다.
>
> \- 권선희, 시 「팔자」 전문.[5]

4) Daum 백과. 골계미(滑稽美).

5) 권선희, 시집 『꽃마차는 울며 간다』, 애지, 2017.

아이고, 선생님양, 요 노릇을 어떵허코양, 어디 학생덜이 담 넘어 댕기멍 이 깨밭 몬　아부런, 경 안해도 보름 탕탕 쳐부난 깨가 누원 속상헌디, 아 요놈이 애기덜이 넘어간다 넘어온다 허멍 몬　아부런, 그뿐이우꽈, 혼번은 남학생 서너이가 담 넘엉왕, 저 밭담에 곱안 담배 피왐십디다게 / 우리 집안에도 선생이 다섯이고 가네덜도 다 부모이신 아이덜인디, 영도 못 허고 정도 못 허고, 이걸로 참기름이나 뽑앙 아덜네 주카 허여신디, 이래 왕 봅서게, 이거 누게 코에 부치쿠과, 몬 쓰러젠게, 요 노릇을 어떵허코양

- 김수열, 「깨밭」 전문.[6]

전라도 남녘뿐만이 아니라 제주도와 경상도를 아우르는 각 지역 언어들의 찰진 맛이 그대로 살아서 빛나는 시들이다. 하지만 시골에서도 사라져가는 이러한 지역 언어들을 찾아서 시문학의 형식으로 남기는 일은 지난한 일이다. 사실 현재의 문학시스템에서는 거의 평가의 기준에도 들지 못하는 항목들이다. 따라서 누가 알아봐주는 일도 아니면서 또한 부박하고 조잡스런 말장난에 머무르기 십상이다.

순분이 해복 구완할라구 / 떡하구 괴기 좀 샀어 / 동세나 하니께 이런 소리하지 / 우세스러워서 / 기여 그 지랄을 하구 나가더니 / 이 꼴 뵈일라구 몸써리야 / 아새끼라구 하나 내질렀는디 / 꼬라지두 뵈기 싫더니 / 그래두 핏줄이라구 자꾸 밟힌다야 / 핏덩이를 떼놓구 오는디 참말루 / 맨날 질질 짜는디 / 집구석에 있을라니 속이 뒤집혀서 / 너 죽구나 죽자 해놓구 나왔는디 / 어짜던지 맘 독하게 먹구 살으야지 / 딸년은 에미 팔자 따라간다더니

6) 김수열, 시집 『생각을 훔치다』, 삶창, 2009.

- 송진곤, 시 「들깨밭 2」 전문.[7]

하지만 말이라는 것이 언어라는 기호로 특히 시적 언어로 남으면서 갖는 '완전한 정서전달'과 시공간을 넘나들면서 '문화생태계를 저장하고 보존하는 기능'을 염두에 둔다면 이는 소중한 작업임에 틀림없다. 우리의 시문학 내부에서 희곡이나 드라마 등에 넘겨준 서사성을 복원하는 일이기도 하다. 또한 이처럼 맨살로 드러내는 지역 언어를 통해서 지역에 거주하는 사람들의 현재적인 상황과 서정은 물론 근원적인 문제점들을 고발하는 일이기도 함은 물론이다.

역사적 상상력의 전개

금릉을 디낼 무렵 / 중대장의 다급한 뙤티는 고래기 // 띨짱구 있는 신작로 따라 / 몰방질을 하며 / 조종사 낯이 테다 보일 정도로 / 가틱가틱한 미군 폭격기 / 두째 오래비 얼결수로 / 길 오른켄 돌챙이로 뛰어든다 // 누월 더우에 / 허북이 부풀어 오른 / 시체들 둥둥 떠 있는 / 퀴퀴한 식궁챙이에 고개 쳐 박는다 // 물큰물큰한 시체 밑으로 / 몸대기를 숭기는 순간 / 딕발 떨어지는 턴알 / 퍽! 시체의 고무풍선 같은 / 허북이 터디고 밸이 튄다 // 놀라 벌어진 아가리 속 / 고여 드는 배캐젖 같이 집찝한 물 // 그날 중대원 서이 / 비행기 공습으로 뻐두룩했다

- 정춘근, 「황해-24」 전문.[8]

강원도 철원에 살면서 지리적으로 철원이라는 공간이 지니고 있는

7) 송진곤, 시집 『거기 그런 사람이 살았다고』, 걷는사람, 2018.
8) 정춘근, 시집 『장시집-황해』, 작가마을, 2012.

분단 상황에 대하여 문학적으로 천착하고 있는 정춘근의 장시집『황해』는 매우 특이하고 흥미로운 문학적 기획이었다. 그의 자서에 의하면 6·25 전쟁의 상황에서 평안도 정주에서 피난 나왔던 어머니와 외삼촌의 북한에서 겪은 이야기를 문학적으로 형상화하기 위해 각고의 노력을 다했다고 한다. 상세한 구술채록은 물론 알아보기도 힘들고 이에 대한 자료도 없는 상황에서 10년 동안 평안도 언어조사 등을 통해서 단어 하나하나를 찾아서 사투리로 바꾸었다고 한다.

그동안 진행된 우리의 근대사에서 가려지고 지워졌던 지역의 역사는 특히 문학을 통해서 최근 복원의 움직임을 보이고 있다. 이에 대해서는 최근 제주 4·3항쟁을 추동해온 제주의 지역문학을 중점적으로 문학 담론화한 김동현의 평론집[9]이 돋보인다.

사실 로컬문학의 관점에서 지역의 역사에 관심을 갖는 일은 단순한 역사적 사실의 발굴이나 재현의 목적만은 아니다. 지역문학의 역사적 상상력의 추동을 통하여 근대성의 기본 성격을 "지배와 저항, 주권과 해방을 위한 투쟁으로 이해"[10]함은 물론 우리의 근대국민국가 형성과정에서 드러난 반근대적 저항 내지는 "악을 생산해내는 근대적 구조를 지역의 주체성으로 넘어서려 했던 운동"으로 파악하고 있다.

> 깨진 솥 하나 있었네 / 누군가는 버렸다고 하고, 누군가는 / 떠나며 남겨두었다고 하네 // 어느 겨울 / 솥을 가득 채운 눈을 보았네, 문득 / 갓 이은 보리밥이 수북한 외할머니 부엌의 저녁이 떠올랐네 / 山田의

9) 김동현,『욕망의 섬, 비통의 언어』, 한그루, 2018.

10) 안토니오 네그리, 마이클 하트 저, 정남영, 윤영광 옮기,『공동체』, 사월의 책, 2014. 김동현, 위의 책에서 재인용.

> 깨진 솥은, 그해 / 뜨거운 김을 몇 번 내뿜었을까 / 달그락거리며 솥바닥을 긁던 숟가락은 몇이었을까 // 겨울이 수십 번 다녀가고 / 수천 번 눈이 내리고, 얼고, 녹아 흘렀어도 / 그날의 허기가 가시지 않았네 // 아직 식지 않았네
>
> - 이종형, 「山田」 전문[11].

불행한 역사에서 배태되어 현실적으로 묻혀 있는 제주 4·3 희생자들의 이야기를 제주언어를 통해 감성적으로 토로한다. "수천 번 눈이 내리고, 얼고, 녹아 흘렀어도" 가시지 않는 "그날의 허기'를 말이다.

이처럼 진행된 역사적 사실임에도 불구하고 가려져 있는 현지의 역사와 상황을 다시 묻고 밝히는 로컬문학의 시도와 발현은 사실 광주의 5·18민중항쟁에 대한 줄기찬 문학적 항쟁 이후로 전국 곳곳에서 전개되고 있다. 이미 충분한 가치체계의 정립을 선도하고 있는 제주 4.3문학은 물론 대구 10월항쟁, 여순항쟁 등 각 지역에서 진행되고 있다.

이는 물론 앞에서 언급한 것처럼 역사적 상상력의 추동을 통해서 현재적으로 유효한 이념과 정신을 산출해내려는 노력에 다름 아니다. "중앙과 지역으로 근대가 만들어 놓은 지역의 지리학을 새롭게 편성"하고자 하는 노력이면서 동시에 갈수록 심화되어가는 "자본주의적 근대의 내부에 있는 저항의 지대를 발견"하여 "야만의 일상이 지배하는 세상에 대한 저항"[12]으로서의 문학을 지향하고자 하는 것일 터이다.

---

11) 이종형, 시집 『꽃보다 먼저 다녀간 이름들』, 삶창, 2017.

12) 김동현, 위의 책, p156 인용.

신화성과 원형서사의 구현

작년에 진행된 전남지역순회 남도문학포럼에서, 전남권 다도해 지역을 배경으로 태동한 문학작품이 지닌 의미와 성격에 대한 발제를 통해 한승원 소설가는 "바다는 인류 미래의 블랙박스, 혹은 우주적인 자궁이다. 그리하여 다도해권 문학의 육지의 문학과 차별성을 가진다." 면서 "바다는 신비한 서정성의 시공이다. 바다와 사귀는 작가는 신화성을 띤 작품을 쓴다."[13]고 설파했다.

그렇듯이 지역공간에는 현대 문명이 잃어버린 토속성, 전통성, 자연성, 한계성 등에 기초한 신화성이 아직 남아있다. 이러한 신화성은 우리가 잃어버린 문학 언어[14]와 자기 신화를 복원[15]할 수 있는 구체적인 자연성과 원형서사[16]의 형태로 살아있다.

> 저무는 저수지 톰방톰방 별빛 떨어진 저수지 / 풍덩 달 떨어진 저수지엔 말풀 같은 머리카락 늘이고 / 물귀신들이 죽은 화야 누나며 또 몇몇 죽은 이들이며 / 달을 칭칭 감은 물뱀들과 함께 살고 있었습니다 /……중략…… 그 물뱀들이야 물결인 듯 꿈틀거리며 / 혀를 날름대며 여자들을 핥았을 것이지요만 / 그 여자들이 다들 그 달빛 일렁임 속을 걸어 또다른 / 자궁 속으로 당도했을지 어땠을지

13) 한승원, 「다도해권 문학, 신화 혹은 역사적인 참사를 앓는 문학의 현장 다도해」, 2018 남도문학벨트 구성을 위한 전남순회문학포럼 『다도해권문학포럼 팜플렛』, 광주전남작가회의, 2018. pp4-5.

14) 이에 대해서는 김준오, 「비유의 시대와 신화적 마술성」, 「시어와 모순」 등, 『시론』, 문장, 1984. pp 62-69 참조.

15) 오타베 다네히사, 이혜진 옮김, 『상징의 미학』, 돌베개, 2015. p271 참조.

16) C.G 융 외, 설영환 옮김. 『융 심리학 해설』, 선영사, 1986. pp340-349 참조.

- 송진곤, 「물뱀」 부분[17]

'물뱀'으로 치환된 시적 표상은 그대로 현대 문명이 잃거나 지워버리고 있는 신체성과 여성성의 문학적 구현이다. 이를 통해서 우리는 정신성과 신체성, 남성성과 여성성, 의식과 무의식, 신과 인간이라고 하는 대립항들을 다시 떠올린다. 그리고 이러한 양자의 통합이나 조화를 통해서 '자기의 상징'[18]으로 나타낼 수 있다.

이처럼 문학적 표현양식으로서만이 아니라 개인 삶의 구원을 위한 수행과 해방이라는 실존행위에 적합한 환경을 제공하고 있기도 하다. 극단적인 개인화를 통하여 현대인이 잃어버린 인간의 원형서사로서의 심적 에너지의 발현을 무난하게 또는 원활하게 체현할 수 있는 환경은 '시간도 마음도 놓아 버리고 웅크려 앉아'[19]있는 곳에서만 배태할 수 있는 것이다. 이를 화두로 역시 같은 지리적 공간인 남도 해남에서 활동하고 있는 김경윤 시인은 다음과 같이 문학적 전거를 이어간다.

> 시간도 마음도 놓아 버리고 웅크려 앉아 // 손바닥만 한 텃밭에 기대어 한 철을 살았다 / 상추며 쑥갓이며 고추 같은 풋것들 ……중략…… 몸뚱이로 만卍자 한 자 써 주고는 / 오체투지로 축축한 흙바닥 기어간다 / 절집에 손님 많은 날이면 / 늙은 몸으로 가파른 산길 새벽같이 올라와 / 밥하고 설거지하느라 밤늦게 캄캄한 산문을 나서던 / 미황사 아랫마을 산다는 공양주보살을 닮았다 / 토굴 속에서 묵언정진 하는 수행승처럼 / 어두운 이토泥土에서 알몸으로 한 생을 산 지렁이 보살님 /

17) 송진곤 위의 시집.

18) C.G 융 외, 설영환 옮김. 위의 책,p344.

19) 김태정, 시 「달마의 뒤란」, 『물푸레나무를 생각하는 저녁』, 창비, 2004.

지상의 푸것들에게 자신의 똥까지 다 내주고 / 오늘은 한없이 낮고 느린 만행卍行의 길을 떠나신다

- 김경윤, 「지렁이 보살」 부분.[20]

물론 지역이 지닌 풍부한 신화와 전설은 그 자체로 문학적 자영분이 되기도 한다. 문학을 단위별로 나누어 상위문학인 문명권문학과 세계문학, 중위문학인 민족국가문학 그리고 소수민족문학, 지방문학, 특수집단문학을 하위문학으로 분류하여 변하는 시대에 맞춰서 문학적 중요성이 새롭게 논구되어야 함을 설파[21]한 조동일은 특히 육지와 분리되어 자체의 창세신화까지 갖춘 제주지역에 주목하였다.

메역밭으로 새벽일 나간 할망이 / 해 뜨는 수평선 등에 지고 돌아온다 / 테왁보다 작은 할망이 / 은빛 물살에 밀려오고 있다 // 때를 맞춰 하르방은 / 빈 비료 포대 실은 경운기 탈탈탈 끌고 와 / 망사리 끈 풀어 메역을 담을 것이고 / 바다보다 싱싱한 고마운 것들을 / 해안가 볕바른 데 가지런히 널 것이다 // 메역귀 뜯어 허기 달랜 할망은 / 한라산 등에 지고 다시 메역밭을 찾아 / 한 번도 건넌 적 없는 수평선을 향해 / 하올락 하올락 나아갈 것이다 // 메역 널기를 마친 하르방은 / 숭숭 구멍 뚫린 돌담에 걸터앉아 / 점점이 멀어져가는 할망의 발길질을 / 가만히 바라볼 것이고

- 김수열, 「할망 하르방」 전문[22]

"한 번도 건넌 적 없는 수평선을" "가만히 바라보는" 시인의 시선은

20) 김경윤, 시집 『바람의 사원』, 문학들, 2015.
21) 조동일, 『지방문학사-연구의 방향과 과제』, 서울대학교출판부, 2003.
22) 김수열 시집, 『생각을 훔치다』, 삶창, 2009.

이미, 땅에서 태어난 인간의 본질을 되새기면서, 무쇠상자에 담겨 멀리 떠나보내졌으나 다시 돌아와서 나라를 일군 「할망본풀이」라는 지역의 여성영웅서사시를 그대로 받아 안아서 문학적 표현과 서정적 해방을 온전히 이룬 상황을 그대로 드러내 보인다.

세계와 삶의 근본성 탐구

물론 이처럼 농어촌지역에 급격히 불어나는(?) 노인층을 대상으로 한 문학적 형상화를 그대로 신화성이나 인간의 무의식에 기초한 원형서사로만 해석할 수는 없는 노릇이다. 죽음이라는 시간성에 노출된 인간의 삶이 지닌 근본구조로서의 근심(sorge)을 포함한 정서구조로서의 정서의식(radical emotional consciousness)을 체현하는 지역에서의 인간과 삶은 그대로 문학적 실행태로 드러난다. 곧 근심과 정조라는 정서의식의 행위를 언어화하는 문학행위로 이어지면서 인간실존과 그를 에워싼 세계를 해명하는 단서가 된다.[23]

> 할매들이 바다를 나간다 / 새벽을 틈타 발간 고무다라이를 타고 / 정박 중인 남해의 큰 항구를 조업 중이다 // ……중략…… 소금기 선명한 유전자가 / 다음 생의 준비를 위해 서둘러 분류되고 / 깊은 물길을 따라 떼지어 유영한 푸른 꿈들이 / 낡은 도마 위에서 파닥거린다 // 쉿대 묻어나는 목소리에 / 비늘처럼 떨어지는 환한 햇살이 / 오늘을 또 비춘다 // 스무 해 전 이모할머니가 그 자리에 / 떡하니 앉아 있다
>
> \- 김요아킴, 시 「어시장을 말하다」 부분.[24]

---

23) 김준오, 위의 책, p66-67.

24) 김요아킴, 시집 『그녀의 시모노세키항』, 황금알, 2017.

바다라는 지역의 변두리 공간을 매개로 단독적인 삶이 아니라 부부 간에 또는 세대 간으로 이어지는 삶의 보편적 진실을 진진하게 표현하고 있다. 인간과 세계를 용(用)과 불용(不用)으로 구별하여 차별하고 소외시킨 서구식 근대화의 역사는 사실 일천한 것이다. 용과 불용의 상호 길항 작용을 설파한 장자의 남화경은 물론, "독한 누룩"이 있어야 "비늘처럼 떨어지는 환한 햇살이 오늘을 또 비추"는 법은 바닷가에서 평생 살아온 "스무 해 전 이모할머니"도 아는 사실인 것이다.

> 바람이 읽어 내리는 경전 소리인 듯 / 촌스러운 얼룩무늬 차양 펄럭이는 / 그 집 추녀 끝으로 / 막 점등한 알전구 불빛 같은 노을이 / 깃드는 저녁 / 듣는 이 없는 늙은 중의 염불처럼 / 혼자 웅얼대는 텔레비전 소리 등지고 앉아 / 조림반찬 몇 가지와 장국 한 그릇 놓고 / 오랜 중독처럼 혼자 먹는 밥 / 미명을 허물 듯 밥을 허물면 / 바닥을 드러내며 점점 가벼워지는 밥그릇 / 종점이란 말도 이곳으로 오는 모든 길 위에 / 제 몸을 다 비우고 마침내 본산에 오르는 / 순례의 다른 말인 듯 하여 / 여기서 몸 수그리며 밥 먹는 일은 / 길 나서는 세상 모든 허물어지는 것들에게 / 뼈마디처럼 단단한 마음을 다해 / 간절한 / 아주 간-절한 경배를 올리는 일
>
> \- 김명기, 시 「종점식당」 전문.[25]

물이 차면 넘치고 종점에 이르면 돌아가야 하는 법이다. 비록 "듣는 이 없는 늙은 중의 염불처럼" 소외되고 쇄락한 지역과 지역민의 삶이지만 "제 몸을 다 비우고 마침내 본산에 오르는/ 순례의 다른 말인 듯" 하다. 그리하여 "뼈마디처럼 단단한 마음을 다해/ 간절한/ 아주 간-절

25) 김명기, 시집 『종점식당』, 애지, 2017.

한 경배를 올리는 일"임을 깨닫는 것이다. 시공간을 벗어나는 것이 아니라 시공간과의 통합을 통해서 삶의 구경에 이르는 것이다.

이처럼 로컬리즘의 문학적 구현을 통해서 개인 삶의 의미와 본질을 추구하는 방식은 특히, 근대적 방식으로 형성되어 여러 가지 폐해를 낳고 있는 문학생태계에서 문인 자신들의 문학과 삶의 해방성 구현을 위해서도 중요한 의미를 지니고 있다.

참다운 로컬문학의 전진을 위하여

수년전 안상학 시인은 지역문학을 논하던 중에 "어느 사이에 나도 모르게 잘 보이려는 시를 쓰고 있는 나를 발견했다."면서 "시를 쓰는 근본적인 욕망이 무엇인지에 대한 진지한 성찰이 앞서야 할 것이다. 자신과 자신의 삶이 존재하는 지역에 대한 정성된 접근과 해석, 지역 공동체의 건강한 힘의 발견과 공유, 나아가서는 문학과 인생의 상화합일적 실천과 더 나은 방향으로 진일보하려는 동력을 재생산하는 노력으로 중심을 잡아가야 한다."[26]고 강조했다.

이처럼 지역문학이 가져야 하는 운동성은 결국 지역의 다양한 문화 일반과 함께 나아가야 함을 말한다. 문학 내적인 측면에서의 노력만이 아니라 지역의 각종 현상들과 어울리면서 진전해야 한다. 이를 통해서 지역문화의 특성과 고유성이 세계문화의 보편성으로 어우러지는 내용들을 문학을 통해서 담아내어야 하는 셈이다.

그리하여 지역문학의 활성화 또는 재생을 위해서는 중앙문학을 아예 염두에 두지 않는 독자적인 그라운드의 구성이 무엇보다 필요하다

26) 안상학, 「지역문학을 생각하는 몇 가지 문제」, 『실천문학 84』, 2006 겨울호.

고 하겠다. 하지만 그전에 문학과 예술의 기본정신으로 상상력의 발현을 염두에 두어야 한다. '불온한 그 무엇'이 자유롭게 뛰어노는 상상력의 공간인 지역문학 생태계의 구성을 통해서 인간의 정신적 생산과정에 참여하는 시공간의 장으로 만들어야 한다.

인간의 자유를 억압하는 정치적, 윤리적 터부들과 싸우면서 자신의 영역을 만들어가는 힘으로서의 상상력과 거기에서 오는 긴장감 곧 '불온한 그 무엇'을 예술창작의 원동력으로 삼아야 한다. 이를 현재 우리의 지역문학 입장에서 보면 소외된 정치사회적 공간으로서의 '촌놈' 또는 '무식'이라는 정치사회적 터부와 '방언' 또는 '사투리'라는 문화예술적 터부와 싸우는 상상력과 불온성이 필요하다고 할 수 있겠다.

그렇듯이 로컬문학은 무엇보다도 먼저 주어진 지역공간을 예술창작의 원동력이 되는 상상력의 장으로 만드는 일이 시급하다. 예술이란 결국 이와 같은 자유와 창의의 장 또는 공간을 넓히려는 인간의 정신적 생산과정 일반[27]에 다름 아닌 입장에서 말이다.

참고문헌

김경윤, 시집 『바람의 사원』, 문학들, 2015.
김동현, 『욕망의 섬, 비통의 언어』, 한그루, 2018.
김명기, 시집 『종점식당』, 애지, 2017.
김수열, 시집 『생각을 훔치다』, 삶창, 2009.
김요아킴, 시집 『그녀의 시모노세키항』, 황금알, 2017.

27) 에른스트 피셔(Ernst Fischer), 『예술이란 무엇인가』, 돌베개, 1984, p17.

김준오, 『시론』, 문장, 1984.
김태정, 시집 『물푸레나무를 생각하는 저녁』, 창비, 2004.
『다도해권문학포럼 팜플렛』, 광주전남작가회의, 2018.
『사람의 문학』, 도서출판 사람, 2019 봄.
『실천문학 84』, 실천문학사, 2006 겨울호.
권선희, 시집 『꽃마차는 울며 간다』, 애지, 2017.
송진곤, 시집 『거기 그런 사람이 살았다고』, 걷는사람, 2018.
이대흠, 시집 『당신은 북천에서 온 사람』, 창비, 2017.
이종형, 시집 『꽃보다 먼저 다녀간 이름들』, 삶창, 2017.
정춘근, 시집 『장시집-황해』, 작가마을, 2012.
조동일, 『지방문학사-연구의 방향과 과제』, 서울대학교출판부, 2003.
오타베 다네히사, 이혜진 옮김, 『상징의 미학』, 돌베개, 2015.
C.G 융 외, 설영환 옮김. 『융 심리학 해설』, 선영사, 1986.
에른스트 피셔, 『예술이란 무엇인가』, 돌베개. 1984.

남도문학을 읽는 마음

PART + 02

광주문학에 스미다

다시 5·18, 문학의 힘으로

'사람은 업신여기는 동안에는 증오하지 않는다. 타인이 나와 동등하거나 더 우월하다고 여겨질 때만 증오한다.'

다시 5·18을 맞는다. 올해는 특히 5·18의 원흉인 독재자가 세상을 뜨고 나서 맞는 첫해이어서인지 여러 가지 생각이 하 수상하게 스쳐간다. 그래, 증오하던 적이 사라진다는 것이 무엇을 뜻하는 것일까? 그처럼 명쾌한 응답을 찾지 못하고 있는 의문에 대한 실체적 응답인 듯 최근 들어 5·18을 직접적으로 그리고 집중적으로 다루고 있는 문학작품들이 우리 지역에서 거의 쏟아지고 있다.

올해 우리 광주전남지역에서 활동하고 있는 시인으로서는 최초로 5·18문학상을 수상한 고영서 시집 『연어가 돌아오는 계절』(천년의 시작, 2021)을 필두로, 조성국 시집 『귀 기울여 들어줘서 고맙다』(문학들, 2022), 박몽구 시집 『5월, 눌린 기억을 펴다』(시와문화, 2022), 강대선 시집 『가슴에서 핏빛 꽃이』(상상인, 2022), 그리고 필자의 졸시집 『광주의 푸가』(삶창, 2022) 등이다.

물론 이외에도 우리 지역에서 활동하고 있는 작가들의 소설집과 동화 및 청소년 소설 등 다양한 문학의 영역에서 5·18이 호출되고 있다. 역시 이처럼 독재자의 사후에 남도의 지역문학이 꿈틀거리는 이유는 무엇인지 궁금하다.

지난 신군부 독재의 폭압적인 5·18민중항쟁의 발발 후 한 달도 되지 못한 1980년 6월 2일에 김준태 시인의 시「아아 광주여, 우리나라의 십자가여」를 필두로 광주전남문학은 직접적인 문학적 대응에 나선다. 김남주 시인은 물론「오월시동인」과 수많은 시인, 작가들이 나서서 온갖 탄압에도 짓눌리지 않고 5·18의 참상과 이에 맞선 민중들의 저항과 그 정신의 실체를 문학작품으로 끈질기게 형상화한다.

그러한 결과 아무래도 지식인문학에서 벗어나지 못하던 한국문학의 내용과 주체가 노동자, 농민을 중심으로 기층 민중이 문학의 중심으로 하방 되어 일어서게 되는 계기가 된다. 5·18을 매개로 촉발된 우리 지역문학이 바로 80년대와 90년대의 한국문학을 휩쓴 민족민중문학의 시대를 열어젖힌 것이다.

문학의 내용과 역사적인 측면에서 여러 가지 평가가 있을 수 있겠지만, 한국의 문학에서 계층과 계급을 가리지 않고 문학의 주체이자 객체로서 참여한 열린 문학의 시대가 당시의 민중문학이었음은 부인할 수 없다.

하지만, 사회주의의 몰락과 함께 한국문학에서도 '잔치가 끝나고' 또한 5·18 역시 국가에서 인정한 제도와 형식으로 안착함과 동시에 추모와 기억의 틀 안에 갇히면서, 특히 지역문학은 제대로 된 5·18문학으로부터 멀어졌다. 아니 사실, '집안 이야기이기도 하고 너무 뻔한 이야기'이기도 해서 멀리할 수밖에 없었다.

하지만 이제 그러하다. 끝내 진실을 부인하면서 한 생을 마친 독재자를 보내고서 드는 하 수상한 생각과 문득 작가들이 5·18을 문학으로 호명하기 시작하는 이유가 선명해진다. 증오를 잊지 말고 또한 경멸의 영역으로 치부하지 말라는 것이다.

글의 서두에서 인용한 프리드리히 니체의 『선악의 저편』에 나오는 경구는 곧바로 이어진다. '경멸이 아니라 증오의 대상인 적에게는 감사하라. 경멸은 저급한 감정의 소비로 사라지고 말지만, 증오는 적과의 싸움을 통해서 자기 삶의 의지와 철학 그리고 정신을 더욱 확고히 할 수 있기 때문이다.'

우리가 5·18을 통해서 얻은 증오의 대상이 단순히 몇몇 독재자 개인일 수 없다. 더구나 그의 육체적 생애의 시 말로서 휘발되는 것은 더욱 아니다. 어떤 민주주의 사회에서도 그렇듯이 동전의 양면처럼 따라붙는 독재와 파시즘의 현상과 흐름을 경고하는 신호이자 기제이어야 한다.

그렇듯이, 시경(詩經)에 '백 년의 고민을 삼켜서 한 마디로 내뱉는 것이 시'여야 하는 문학의 영역에서도 이제 다시 5·18이 시작이어야 한다. 문학의 힘이 다시 발휘되어서, 지나간 백 년의 역사와 다가올 백 년의 미래 위에 5 · 18문학의 정신과 내용을 올곧게 새겨나가야 할 때이다.

광주청년작가문학포럼으로 보는 미래문학
-2023년 제9회 세계한글작가대회 라운드 문학포럼을 마치고

지난달 14일부터 17일까지 광주에서 제9회 세계한글작가대회가 성황리에 개최되었다. 그동안 주로 서울과 경주를 오가며 열리던 세계한글작가대회는 이번에 최초로 광주에서 개최되었다. '한글, 세계와 화합하다'를 주제로 열린 대회에서는 맨부커상에 이어 메디치상을 수상한 한강 작가와 우리나라 최초의 밀리언셀러가 된 장편소설 '인간시장'의 김홍신 작가, 그리고 최근 '제주도우다'를 펴낸 현기영 작가, 몽골의 볼강타미링 바트체첵 작가를 비롯해 한국의 대표 문인과 주요 문학단체 관계자 등이 참석하여 특별강연 및 주제발표를 통한 토론 등이 펼쳐졌다.

특히 김대중컨벤션센터에서 막을 올린 개막식에는 국내외 문인, 학자 등 약 800여 명의 인파가 몰려서 문학행사의 새로운 이정표를 세웠다. 이는 '한글을 통한 세계와의 화합'이라는 행사주제를 그대로 구현한 셈이었다. 한글이 단순히 문자로서의 기호를 넘어서 문학과 언어 그리고 한민족과 세계라는 경계와 장벽을 넘어서는 매개체로 구현된 셈이었다.

그렇듯이 이번 광주에서 진행된 세계한글작가대회는 기존의 국제문학행사의 성격을 넘어 "한글의 우수성을 홍보함은 물론 광주의 청년작가들이 세계와 교류함으로써 광주문학이 한 단계 발돋움할 수 있는 계기를 만들어보고자" 하는 목적으로 진행되었다. 따라서 청년작가와 미래문학에 대한 주제를 분명히 하였고 또한 기존의 세계한글작가대회 프로그램에 더하여 '광주 청년작가 문학포럼'이라는 라운드 문학포럼을 따로 진행하였다.

하지만, 총괄 프로듀서를 맡아서 이를 진행한 필자의 입장에서는 우선 청년작가를 찾는 일이 쉽지 않았다. 최근 늘어난 법정 청년 나이를 19세에서 39세까지로 감안 하더라도 이 나이 때의 문학작가 자체가 별로 없었다. 아니 사실 거의 희박한 것이 지역 문학계의 현실이다. 물론 이는 문학만이 아니라 학습과 첫걸음을 떼는 직장생활 적령기에 필요한 사회체계 자체가 부족한 지역의 전반적인 현실 상황인 것이다.

따라서 이번 광주청년작가문학포럼은 지역 문학생태계와 관련한 청년작가의 상황 점검과 함께 이를 통해서 미래문학을 전망해보고자 하는 세부목표를 정했다. 이처럼 '문학 너머의 문학'을 전망하고자 하는 목표를 통하여 청년 참여작가 40여 명을 모집하여 그들이 쓴 작품집을 간행함은 물론 문학포럼 등의 행사를 통해 우선 지역의 청년작가를 종횡으로 그룹화할 수 있도록 진행되었다.

이에 최근에 개관한 광주문학관에서 진행된 광주청년작가문학포럼에는 약 100여 명을 웃도는 지역의 청년작가들이 모여서 시간이 부족할 정도로 열띤 문학토론의 장을 연출하였다. '제1주제, 광주문학의 현재와 미래를 말하다'는 우리 지역의 원로작가인 문순태 소설가가 '5 · 18 소설, 내일의 과제' 기조강연을 하였고 소설가인 이기호 광주대 교수가 '광주 옆자리'라는 기조발제를 하였다. 이에 더하여 해외 유학생 관리시스템(전남대학교 강단비 교수), 광주에서 평론가로 살기(조선대 김주선 문학평론가), 세계 청년 대상으로 하는 한국문학교육(동신대 박경자 교수) 등의 발제를 중심으로 문학포럼이 진행되었다.

또한, 주제발표 2에서는 '광주청년작가포럼 - 문학으로 무엇을 할 것인가?'를 주제로 '독립책방, 마주침의 공간' 송기역(시인, 기억책방 대표), '2023 문학은 어디로 가는가' 이민우(문학신문 뉴스페이퍼 대표), '로컬문학장의 재구성에 대한 소고' 박일우 소설가(광주전남작가회의 젊은작가포럼 대표), '국제PEN과 번역사업' 이성환(시인, 광주펜 세계한글작가대회 사무처장), '놀이로 세상을 바꾸는 사람들' 문은희(시낭송가, 놀이세상 시옷 협동조합 대표), '축제로서의 아시아 문학과 새로운 전망' 김호균(시인, 전 아시아문학페스티벌 집행위원장), '전업작가의 삶' 임지형(동화, 청소년소설 전업작가), '광주 스토리 산업' 이상용(스토리산업, 광주문화산업정보진흥원 문화콘텐츠 팀장) 등의 발제로 뜨거운 토론이 이어졌다.

이외에도 본행사를 통하여 '인공지능(AI)과 문학산업', '한국 문학과 청년, 미래 문학을 말한다' 등의 주제로 진행된 이번 행사는 우리 지역의 청년작가와 미래문학의 향방에 대하여 충분한 점검과 전망을 짚어본 것으로 자평된다.

개와 늑대의 시간을 넘어서는 새로운 깃발의 시간
-『광주전남작가』(2018, 24호) 권두언

한 해를 넘기고 새로 받는 일이 갈수록 힘들어 집니다. 마음을 비우고 가볍게 해서 흐르는 물처럼 풀어놓아야 한다고 다짐을 하면서도 쉽지 않습니다. 누구나 마찬가지일 것입니다. 결국은 내 마음의 일이라는 다짐을 하면서도, 더불어 살아가면서 마주하는 세상의 일에 결국 마음을 내어주고 맙니다. 그러면서 부끄러움에 빠져듭니다. 더구나 명색이 시를 쓰거나 문학을 한다는 입장에서는 그 부끄러움마저 함부로 다루기가 쉽지 않습니다. 그런 점에서 기관지 원고를 훑어보는데 언뜻 눈에 들어오는 글귀가 또한 가슴을 칩니다.

> '시를 쓰는 자의 말이 우리에게 의미 있는 것은 그의 말이 자신의 말이면서 동시에 모두의 말일 수 있을 때이다. 시를 쓰는 자의 고난이 의미 있는 것은 그의 삶이 자신의 삶이면서 모두의 삶일 때이다. 그 시대의 어둠을 명명하도록 부름을 받아 그 순수한 고독을 기꺼이 받아들일 때 비로소 시를 쓰는 자는 진정한 시인일 수 있다.'

오월문학포럼 특집원고에 재수록 되어 인용된 「5월시」 동인지 제3집에 실린 김진경 선생의 평론 「제3문학론」에 나오는 글귀입니다만,

참으로 그렇습니다. 자신의 말이면서 모두의 말이고 또한 자신의 삶이면서 모두의 삶일 때 시인이 되는 것이고, 또한 이를 위해 그 시대의 어둠을 명명하라는 부름을 받아들이면서 함께 안겨오는 순수한 고독을 기꺼이 받아들일 때 진정한 시인이 되는 것이겠지요.

그리하여 내 마음의 일마저도 쉽지 않아 오고가는 한 해가 어렵기만 합니다. 역시 누구나 그러합니다. 잠시 마음을 멈추고 바라보는 창밖에는 이미 깊어진 어둠이 무겁습니다. 무겁다 못해 낭창낭창한 심연으로 가라앉아 있습니다. 선악과 미추가 구분되지 않는 그런, 밤은 깊을 대로 깊었는데 새벽은 아직 오지 않는 시간입니다.

지난 해 언젠가 우리 문인들 몇몇이 뭉쳐 남광주시장 어귀에서 막걸리를 마시며 단정했던 한국문학의 상황 역시 이와 비슷하지 않은가 합니다. 그러합니다. 깊어지다 못해 익숙해진 어둠 속에서 개인지 늑대인지 피아가 구별되지 않는 '개와 늑대의 시간'인지도 모릅니다. 개인적인 욕망인지 소망인지, 희망인지 환상인지 구별되지 않는 시공간 속에서 우리들은 읽고 씁니다.

더하여 책에 수록된 김완 시인의 시 「인연」에서처럼 손에는 '깃발을 들고' 있기도 합니다. 깃발은 그것이 현재 어디에 있든 미래의 새벽을 지향합니다. 그리하여 우리들은 다시 우리들이 들고 있는 깃발을 펼쳐봅니다. 광주전남작가회의라는 깃발에는 이렇게 선명히 새겨져 있습니다.

> '우리들이 이 고장에서 겪었던 일들은 반드시 문학으로 정리되어야 하고 이 일을 위한 문학적 주체가 존재해야 함은 너무나 당연하다.'

'이제 작품을 통해서 말할 때가 되었다. 작품을 통해서 한국의 문학적 시선을 광주로 끌어오자!'

위의 화두는 우리 광주전남작가회의 전신이었던 광주전남민족문학인협의회의 출범시기에 초대회장이었던 이명한 선생님이 내걸었던 깃발이었고, 아래 글은 광주전남민족문학작가회의가 사단법인으로 출범하면서 회장이었던 문순태 선생에 의해 문학적인 가치가 새로이 더 보강된 우리의 지향점이었습니다.

우리는 다시 이러한 초발심을 되새겨봅니다. 당시 오월의 실상과 정신을 문학으로 형상화하고 이를 통해 한국문학을 견인하고자 했던, 그 지향점과 의욕이 과연 현재의 우리에게 어떤 형태로나마 남아있는 것인가를 돌아보게 합니다. 물론 있었던 그대로라는 것이 아니라, 어떤 형태로든 지켜져야 할 가치로서의 정신과 더불어 변하는 시대상에 걸맞은 문학적 언어와 방식으로서의 성찰과 태도이어야 할 것입니다.

그러한 점에서, 잘 눈에 띄지는 않지만 우리는 여러 가지 지향과 시도를 했습니다. 무엇보다도 우리는 그동안 우리가 추구했던 오월정신을 제대로 지켜내는 일과 또는 시대적 상황에 따라서 변하기 마련인 현실에서 우리가 놓쳤던 오월문학에 대한 재해석의 부분에 대하여 주목했습니다.

'그럼에도 분명한 것은 5·18이라는 정치적 사건을 직간접적으로 경험한 순수 개인들의 상처와 후유증에 대해 민중, 민족문학 담론이 놀랄 만큼 무감각하다는 점이다. 민중, 민족문학론을 앞세운 리얼리즘문학의 총체성에 대한 추구와 민중적 시각이라는 담론이 1980년대 문학의 해

> 석에 기여한 바를 무시하고 싶지는 않다. 그러나 타자에 대한 윤리적 관점에서 볼 때 당시의 논의는 개인의 후유증이 민중의 폭발성을 은폐시켰다는 백낙청의 말과 달리 오히려 '민중'이라는 언어가 자기 몫을 가지지 못하고 현실의 셈법에서 제외된 사람들의 순수한 목소리를 은폐시킨 꼴이 되어버렸다.'

이는 본 책의 특집 「오월문학사 정립을 위한 문학포럼」에서 김영삼 평론가가 자신의 글 말미에서 지적한 내용입니다. 물론 이러한 학술적 입장에서 직접적으로 비롯된 것은 아닙니다만, 이러한 견해에 입각해서 우리는 미시적 오월 또는 오월인문학이라고 명명하여 지역의 시민은 물론 문인작가들을 대상으로 오월의 정신과 형태를 인문학적 방식으로 풀어낸 문화예술교육을 진행했습니다. 앞으로도 계속 진행할 것입니다.

또한, 명실공이 광주와 전남의 문화공동체적인 관점에서 남도문학벨트 구현을 위한 남도문학포럼을 진행했습니다. 이를 통해 우리 호남문학의 연원과 정체성이 조선시대를 주름잡았던 가사와 시조 등의 중세문학으로부터 비롯되었으며, 이의 중심에는 의리와 호국정신이 올곧게 자리해있음을 밝히기도 했습니다. 또한 우리 문학의 주체가 민중이면서, 남도의 문화 환경이 지닌 토속성이 세계문학으로 연결되기 위해서는 무엇보다도 소외되고 단절된 자연현실에 직접적으로 접촉하여, 여기에서 우러나는 인간과 세계의 근본적인 만남에 관여하는 신화성에 주목해야함을 확인하기도 했습니다.

그리고 지역문학이 변두리라는 시공간에 한정된 문학이 아님을 직접적으로 확인하기 위해 아시아문학페스티벌에 적극적으로 참여했습니다. 또한 그 성과를 체계적으로 쌓아서 장기적인 기틀을 마련할 목적으로, 아직 서정과 서사가 분리되지 않은 문학적 원형이 남아있는 몽골문학과의 만남을 시도하기도 했습니다. 이 역시 계속 지속되었으면 하는 마음 간절합니다.

그리고 이만 각설합니다. 막상 펼치고 보니 한 해를 돌아보는 기억들이 주마등처럼 줄줄 이어집니다만, 정해진 분량이 짐작되어 이만 멈추기로 합니다. 기관지에 수록된 원고들을 대강 훑어보면서 확인하는 것은, 누군가 새로운 깃발을 내세우지는 않았지만 오월정신과 광주전남문학의 뿌리와 지향점이 어떠한 것인가는 금세 눈에 들어옵니다. 우리 모두의 손에 들린 깃발이 펄럭입니다. 모두 함께 더욱 분발하시기를 기원합니다.

광주문학관 건립의 당위성*

얼마 전에 광주문학관 건립을 위한 결의대회를 진행하였다. 필자 역시 광주전남작가회의 대표로서 참석하였다. 하지만 여기에 참석하는 자체가 논란의 중심에 놓이게 되는 것 같아서 불편하고 불안하였다. 밖의 여론이나 상황을 떠나서 우리 작가회의 내부 회원들부터 여러 가지 의견으로 갈리는 데다, 이미 한번 '엎어 먹은' 전례에 더하여 듣기도 민망한 추문마저 딸린 터여서 괜히 되지도 않을 일에 벌집을 일구는 것이 아니냐는 우려가 그 근원으로 느껴졌다.

그래서 곰곰이 되짚어 보았다. 공공적인 일에는 무엇보다도 객관적인 당위성이 필요하다. 우선 먼저 '광주'라는 우리 지역에 지명을 앞세운 '문학관'이 들어설 당위성은 무엇인가를 따져보았다.

이는 첫째, 남도의 유구한 문학적 전통에 더하여 동학항쟁과 5.18 민중항쟁으로부터 비롯된 민중성과 민주적 가치를 담아내고 있는 광주전남지역 문학의 대표성을 지닌 문학공간의 필요성이다. 이미 대전문학관, 대구문학관을 비롯하여 가까이는 목포문학관, 순천문학관 등 지역을 대표하는 지역 단위의 문학관들이 개관되고 있다. 그 효율성

---

* 빛고을문학관 건립의 파행 이후 십여 년이 흘러도 광주문학관 건립 자체가 무망하던 2017년에 광주전남작가회의 회장으로 광주문학관건립추진위원회 공동대표를 맡아서 이의 당위성을 주장한 졸고임.

여부는 꼼꼼히 따져보아야겠지만 우선은 지역문학의 활성화라는 정량적 효과는 충분히 지닌 것으로 여겨진다.

둘째, 앞에서 언급한 것처럼 이미 수년 전에 빛고을문학관 건립이 구체적으로 진행되다가 석연치 않은 사안으로 중단되어, 지역 문학인의 처지에서 자존심에 상처로 남았다는 것이다. 역사적 전통으로든 당당한 문학적 정신으로든 한국 문학의 중심인자 중의 하나인 광주전남의 문학인들로서는 충분한 '오기'의 발현 내지는 '성찰'의 과정을 거쳐서 기필코 복구해야 할 자존의 의미가 담긴 일이 되었다. 시작하지 않았으면 모르되 충분한 당위와 형체를 드러낸 바에야 분명한 결말을 보는 일은 어찌 보면 문학인 이전에 남도민으로서의 자긍에도 충분히 값하는 일이라는 생각이다.

셋째, 광주전남지역에는 찬란한 문학적 전통과 역사에 걸맞게 수많은 문학 관련한 현창사업과 행사들이 진행되고 있음은 물론 각종 문학관과 문학기반시설들이 생겨나고 있다. 얼마 전에 개관한 용아박용철문학관, 범대순시문학관은 물론 현재 준비 중인 문병란문학관을 비롯한 개인 문학관들은 곳곳에 숨어있다시피 해서 찾아가는 것 자체가 어려운 상태이다.

또한, 목포, 강진, 장흥, 순천, 곡성 등 각 지역에 있는 문학관이나 이를 중심으로 진행되는 각종 문학행사들은 지자체별로 분절되어서 진행되고 있다. 광주전남지역 단위의 남도문학콘텐츠로 충분히 기능할 수 있는 가능성 자체가 막혀있는 셈이다.

따라서 광주문학관을 통하여 지역문학을 엮어서 통괄함은 물론 광주문학관을 거쳐서 각 지역의 문학관으로 이어지는 인포메이션 기능을 수행하는 거점 공간이자 클러스터 역할을 할 수 있는 공간으로서의 필요성이다.

넷째, 지난 촛불혁명을 거치면서 더욱 공고해진 문화민주주의를 활성화하고 더불어 코앞으로 다가와서 운위되고 있는 4차 산업혁명시대에 걸맞은 기능성을 확보하는 일이다. 이는 기초예술의 중심인 문학의 대중화와 함께 문화콘텐츠로서의 역할과 기능을 살리기 위해서이다. 작금의 한국문학은 갈수록 인간의 저급한 욕망을 자극하는 TV 드라마 수준으로 하락해가고 있는 상업문학과 함께 일반인들이 알아보기 어려운 지식인 중심의 유한성을 지닌 순수문학으로 특정되어 가고 있다.

따라서 이러한 문학적 상황과 달리 우리 지역에서 함께 살아가며 창작을 하고 있는 지역문학을 구분하여, 알기 쉽게 해석하고 갈래지어 일반 시민들이 즐기면서 익히고 활용할 수 있도록 문화콘텐츠로 개발하는 일은 무엇보다 중요하다고 판단된다. 또한, 이는 우리 지역의 풍부한 문학적 자산을 관광문화콘텐츠로써 활용하는 일의 미래가능성과도 연결되는 일이다.

단순히 보고 먹고 즐기는 소비관광에서 느끼고 생각하고 공감하는 생산적인 문화관광으로 옮기지 않고서는 관광산업의 미래는 없다고 생각된다. 물론 이는 우리 지역만의 문제는 아니다.

또한, 우리 삶의 패턴 역시 마찬가지라고 여겨진다. 단순히 일해서 벌어먹고 사고 살고 즐기기 위해서만 살아가던 삶의 방식에서, 삶의 근원을 생각하면서 자연과 예술을 느끼고 세계와 공감하면서 살아가는 인문학적 방식의 삶으로 바뀌어야 하는 것이다. 그러한 점에서 광주문학관 건립은 우리들 삶의 미래적 선택과도 긴밀한 관계를 맺고 있다고 할 수 있겠다.

5·18문학상 유감

'최근 5·18 문학상 수상자와 심사위원회를 향한 진보(?) 문단 일각의 상투적 비난논리를 보면서, 존재에 대한 깊은 사랑과 이해가 결여된 정의·역사의 명분이란 이념지형과 상관없이 얼마나 투박하고 허약한 것인가를 역으로 새삼스레 확인하는 계기였다.'

며칠 전 중앙지에 한 문학평론가가 게재한 5·18문학상 관련한 기사의 한 구절이다. 금년 5·18문학상 본상 수상자의 결정과정에서 일어난 혼란스런 진행과정을 개탄하는 글이다. 하지만 '진보 문단 일각의 상투적 비난논리'라느니, '정의, 역사의 명분이란 이념지형과 상관없이 얼마나 투박하고 허약한 것인가'를 확인하는 계기였다는 대목에서 심한 모욕감은 물론 깊은 문학적 허기를 느낀다.

심지어 한국문학에서 오래된 의제인 친일문학상 문제로 옮겨 붙어 담론의 현장에서 거론되고 있는 5·18문학상 논란의 모습은 더욱 가관이다. 대표적인 친일 작가인 미당 서정주 문학을 전공하고 이를 토대로 학계로 진출하여 활동하고 있는 한 문인의 SNS에 올라있는 글이다.

"5·18문학상 운영위원회는, 그 '미당'과의 연관을 미리 잘 살펴야 했지 않을까. (미당문학상을 수상하거나 심사한 심사위원 및 수상자들이)

친일파인가, 자유당인가… 욕 먹일 일 있으면 미연에 점검해서, 운영이란 걸 했어야지. 미당이 전두환 찬양한 것… 누가 모르나. 아는 이들은 뭐했나. 가리늦게… 상 따위 갖고, 뭐 하는 짓이냐고…"

물론 위 글의 필자가 미당문학상을 수상한 데 더하여 심사위원까지 수행한 당사자로서의 심정적 고충과 주관적 반응의 쏠림을 일정부분 인정한다고 하더라도, "욕 먹일 일 미연에 점검" 못한 죄와 전두환을 알고도 5·18문학상과 연관 시킨 "아는 이들"로서 "상 따위 갖고, 뭐하는 짓"을 한 잘못을 이렇게 비아냥대야 하는 것인지 모르겠다. 그것도 문학인의 목소리로 말이다.

그리하여 다시 문학인의 목소리로 말한다면, 금년 5·18문학상의 진행과정은 일상적 혼돈과 증폭된 논란에 대하여 차분한 내파의 과정을 거쳐서 논의되고 정리되어 차후의 지향을 다시 세웠다는 점에서 충분한 문학적 실천에 값했다고 응답한다. 문학은 전위적이고 전복적이어야 한다. 그리고 그 전위나 전복은 사실 정해진 결과치를 목적으로 하는 것이 아니라 과정에의 몰입과 지향을 중심으로 한다. 문학에 있어서 끊임없는 자아성찰과 변동하는 세계와의 교호와 소통이 필연적이어야 할 이유이다.

오월문학축전의 식전행사로 진행된 오월문학포럼의 주제는 '촛불항쟁 이후의 문학'이었다. 일본 천황의 문화훈장을 거부한 오에 겐자부로의 원전투쟁, 4·19혁명, 4·3항쟁, 5·18 광주항쟁과 촛불항쟁을 관통하는 사회적, 문학적 실천의 주제는 혁명이었다. 그 혁명이란 '여전히 도래하지 않는 것'으로서 완성된 실체가 아니라 우리들의 각 영역과 일상에서 계속 성찰하고 반성되어야 하는 것임을 확인했다.

또한 그런 점에서, 얼마 전 한국문인협회 등에서 제정하려다 무산된 춘원, 육당문학상 등으로 해서 차츰 논란이 확산되고 있는 친일문학상 관련한 논의 과정에서, 이와 관련된 문인들은 좀 자제할 필요가 있음을 부기한다. 의도적이든 비의도적이든 자본과 명예를 근간으로 한 보상과 인정투쟁을 통해서 수여되는 문학상이라는 사회적 거름망에 포섭된 결과치가 무엇이 그리 자랑스러우며, 더하여 반사회적이고 반윤리적인 지탄을 감수하고 진입한 문단 주류의 길이 그리 달콤하냐는 것이다.

문학이 지닌 자기해방성에 착근하지 못하고 떠도는 한국문학의 비극으로 읽히기도 하지만 사회적인 세목으로서의 결론은 결국 문학인 자신이라 여겨진다. 친일문학상을 제정하고 운영하는 사회적 구조의 책임이 크다고 하더라도, 또한 이의 근본적인 문제 역시 여기에서 찾고 개선되어야 한다고 하더라도, 그렇다고 이를 문제없이 수상하고 심사하고 관련하는 문인들 개개인의 책임이나 최소한의 문인 된 염치로부터 전혀 자유롭다고는 할 수 없다.

그래 거창한 "정의·역사의 명분이란 이념지형과 상관 없"다고 하더라도, 자본취득과 출세욕망 같은 사회일반 민중들이 지닌 욕망의 범주를 크게 넘어서지 못하는 한국문학의 왜소화된 기형성을 확인하는 일이 어찌 끔찍하지 아니한가 말이다.

아시아문학페스티벌에 보내는 고언

- 2020년 제3회 아시아문학페스티벌에 대한 칼럼

'국립 5·18 민주묘지 방문'

며칠 전 몇몇 문인들이 모여서 올 10월에 진행될 제3회 아시아문학페스티벌에 대한 논의를 하다가 현재 논의되고 있는 진행자료에서 유일하게 눈길을 끈 5·18 민중항쟁 관련한 문구였다.

주지하다시피 올해는 오월민중항쟁 40주년이 되는 해이다. 이에, 같은 형식으로 진행되는 광주비엔날레는 오월정신의 전국화와 세계화를 위하여 광주비엔날레와 서울시립미술관에서 5·18 특별전을 진행한다. 이외에도 광주전남지역은 물론 전국에서 5·18 민중항쟁을 기념하면서 이를 기억하고 그 정신과 의미 가치를 확산하고자 하는 다양한 문화예술행사들이 이어진다.

올해 광주의 옛 전남도청이 있던 자리에 설립된 국립아시아문화전당에서 세 번째 진행되는 아시아문학페스티벌 역시 마찬가지다.

> '광주는 정의를 지키다 죽은 자들의 미래를 향해 촛불을 들고 있는 빛의 도시입니다. 아시아문화전당은 목숨을 던져 항거하고 '대동세상'을 구현했던 5·18정신을 담아, 평화의 문화를 가꾸기 위해 설립된 열린 공간입니다.'

제1회 아시아문학페시티벌의 취지문의 서두에 나오는 내용이다. 이러한 취지는 그동안 진행된 행사를 통하여 계속 발현되었다. 제2회 백낙청 조직위원장은 "그 뜻을 이어받아 이번 아시아문학축제 조직위원회를 다양성에 기반한 아시아문학인의 연대를 추구하는 한편 각자 자신이 처한 현장에서 민주, 평화, 인권을 중시하는 문학활동을 해온 인사들을 모신 것"이라고 설명하였다.

작년 아시아문학포럼에서도 '5월 광주의 정신과 맞닿을 '인권, 평화, 치유, 연대'의 가치와 의미를 재구성하고 문학적 실천의 방향'을 찾겠다는 취지와 함께, 한승원 조직위원장도 "「아시아의 혹독한 엄동설한의 피비린내 나는 밤」에 대한 치유와 구원의 모색"을 위하여 행사를 진행함을 밝혔다.

이처럼 지나온 궤적을 자꾸 되씹는 이유는 명확하다. 풍경 밖에서 보이는 풍경으로 풍경을 보는 차경의 시각에서만 보이는 고언을 드리기 위해서이다.

무엇보다도 먼저, 행사의 주제인 「아시아의 달 - 아시아문학 100년 : 신화와 여성」, 또는 「여성과 문학」을 풀어가는 방식이 보이지 않는다. 재작년 팔레스타인에서 참여한 여성작가 자카리아 무함마드의 속울음을 기억한다. 오월민중항쟁을 비롯하여 아시아의 투쟁현장에서 직간접으로 관계되는 여성이나 여성성의 구현 등에 대한 직접적인 실천영역의 수용작업이 결여된 주제의 구현은 말 그대로 문학적 수사에 그치기 마련이다.

또한, 참여작가 선정에 있어 해외초청 작가는 물론, 앞으로 확정되는 과정을 거쳐야 할 일이기는 하지만 현재 운위되고 있는 국내 작가들을 보면서, 요즘 들어 출판산업활성화나 도서문화콘텐츠 확산 등의 목적으로 국내외에서 흔히 진행되는 도서출판행사나 국내외 유명작가 초청교류행사 같은 이벤트 성격의 냄새가 그대로 묻어나는 느낌을 감출 수 없다.

하지만 이는 '문학 언어'라는 동일성 말고는 '싸우는 전쟁 목적이 다른 군인'들을 한군데로 모아서 벌이는 인위적인 전투훈련과 같아질 우려가 크다. 유행하는 문화적 트렌드와 함께 앞서거니 뒤서거니 하면서 결국은 경제와 자본을 필두로 한 서구문화적 프로세스의 일환으로 소구 되는 방식의 문학이 결코, 인간의 자유와 생명 그리고 평화를 위하여 발원하는 5 · 18문학이나 대개의 경우 아직도 투쟁의 현장에서 크게 벗어나지 못하고 있는 아시아문학의 영역과 같이 갈 수는 없는 일이다.

따라서 결론적으로 드리는 고언은 두 가지이다. 행사의 장소성과 초발심을 잊지 않았으면 한다. 올해가 5 · 18 민중항쟁 40주년이라는 역사적 의미와 광주라는 장소성의 구현은 무엇을 어떻게 해도 지워지지 않는다. 인간의 영혼 그리고 참다운 문학의 정체성은 역사 및 장소성과 크게 결부되어 있다. 얼마 전 오월항쟁 참여경험을 소설로 간행한 전용호 작가의 소설집「오리발 참전기」출간기념회에서 황석영 작가가 "요즘은 순전히 거짓말 잘하는 것이 소설을 잘 쓰는 것으로 여겨져서 난감하다."고 말한 소이가 여기에 있다.

또한, 여기에 개인적인 주문을 더한다면, 한국 문학에 있어서 민족단위의 염원과 기층 민중들이 문학의 중심에 서서 창조적 주체로 나섰던 70-80년대의 민중문학을 기폭하고 견인했던 '오월문학'을 호출하는 일이다. 네 살이면 갓난아이가 언어를 배우고 자기 성격을 형성할 나이다. 4회를 맞는 아시아문학페스티벌이 오월문학이라는 자기 언어와 광주전남의 남도문화적 성격을 충분히 드러내도 좋을 시기라는 생각이다.

그리고 끝으로, 최소한 5·18민중항쟁 40주년을 맞는 올해에 광주에서, 5·18의 기억이 환기되지 않고, 5·18의 의미와 가치를 계승하고 확장하려는 목적이 표방되지 않는 행사가 어떻게 용납될 수 있을지, 아득한 느낌을 감출 수 없다. 어쩌면 우리 지역에서 유일하게 진행되는 국제문학행사가 자꾸 구름 위로 올라가고 있다는 안타까운 우려와 함께 말이다.

오월인문학, 새로운 출발을 위한 모색

지난 일 년 동안 필자가 속한 광주전남작가회의에서는 오월인문학을 통하여 지역특성화문화예술교육과 평생학습특화프로그램을 진행하였다. 오월인문학은 5·18민주화운동의 의의를 살리는 기억투쟁이다. 그러면서 동시에 변하는 시대상황에 맞추어 인문학적 관점에서 그 가치와 의미를 새롭게 재해석하여 시민들에게 소통시키고자 하는 목적으로 진행되었다.

따라서 오월인문학은 우리 지역만의 특성이 반영된 일종의 특화된 인문학운동이라고 할 수 있겠다. 인문학은 사람에 대한 학문을 말하는 것으로, 문사철(文史哲) 곧 문학과 역사와 철학을 함께 다루는 것이면서 동시에 이를 공부하는 것을 뜻한다. 인문학에 대한 공부 또는 인문학적 교양을 통하여 우리는 끊임없이 변하면서 흘러가는 현실에서, 인간으로서 꼭 지켜야할 것과 변화시켜야할 것을 구분할 수 있다.

또한, 사회와 자본이 발달하면서 개인성의 추구가 극대화되고 이에 따라 누구나 쉽게 자기만의 극단적인 편견이나 독단에 빠지기 쉬운 오늘날의 현실에서, 온건하고 지혜로운 삶의 태도와 내용을 지닐 수 있다. 곧 많이 배웠다거나 많이 지녔다거나 또한 나이를 많이 먹었다고 그냥 지혜로워지는 것이 아닌 것과 마찬가지다.

이러한 인문학 중에서 특히 중요한 것이 문학이다. 18세기 이전까지만 해도 '한 덩어리'로 뭉쳐있던 학문이 장르별로 나누어지면서 인간을 이루는 세 가지 분야인 인문학도 갈라지게 되었다. 따라서 인문학을 공부하는 방법 역시 어느 정도 논의되고 있는데, 그 내용은 문학, 역사, 철학을 순서대로 해야 한다는 것이다. 약간 주관적인 면이 있기는 하지만 이 순서대로 인문학공부를 하지 않을 때 광신이 생겨난다는 주장도 있다.

문학이 인문학공부의 선두주자 역할을 하는 이유는 간명하다. 문학이 감수성(感受性, sensitivity)의 영역에 있기 때문이다. 철학이나 역사가 냉철한 이성이나 탐구의 영역인데 반하여 문학은 인간의 감성을 통해서 받아들이는 영혼의 영역에 있기 때문이다. 특히 문학작품을 통한 미적경험은 파괴적 충동이나 욕망을 잠재우고, 사회적으로 생겨나기 마련인 갈등상황 등을 내면으로 끌어들여 심리적으로 조화로운 통합을 이루는 계기를 마련한다. 또한 개인의 지각과 식별력을 세련되게 하면서 상상력을 고양하여, 타인과의 소통을 통해 인간적인 동질감의 확산은 물론 세계와 삶에 대한 고양된 가치관을 지니게 한다.

오월인문학에서는 이러한 맥락을 고려하여 5·18민주화운동을 매개로 문학작품을 통하여 인문학적인 접근을 시도하였다. '오월인문학-예술이 된 오월'은 시, 소설, 동화 등 문학작품을 중심으로 여기에서 파생되거나 연관된 미술, 음악, 연극, 영상 등 다양한 예술작품을 통한 문화예술교육으로 시행하였다. 예술작품의 감상뿐만이 아니라 이를 통해 생성된 개인들의 미적체험을 바탕으로 다양한 문화예술 창작체험과 함께 진행되었다.

또한 '한 편의 소설과 서른 편의 시로 읽는 오월이야기'는 광주형 평생학습 특화프로그램으로, 오월을 노래한 문학작품을 통해 5·18민주화운동이 지닌 의미와 가치의 재인식은 물론 자기 성찰과 자긍심의 증대를 꾀하는 인문학프로그램이었다. 이는 특히 광주광역시 서구청 및 남구청자활센터 등과 연계하여 일시적 소외인들을 대상으로 한 평생학습프로그램으로 진행하였다.

올해 진행된 오월인문학에 대한 구체적인 평가에 대한 논의는 향후 진행될 예정이지만 무엇보다도 이를 진행한 필자의 입장에서는 뿌듯함과 아쉬움이 교차한다. 뿌듯함은 오월인문학이 지닌 의미와 가치 그리고 이를 받아들이는 지역민들의 열망을 확인할 수 있었다는 점이다. 여러 가지 말들이 많지만 5·18민주화운동의 역사와 기억은 우리 지역의 중요한 장소성(場所性, placeness)을 구성하고 있으며, 또한 그 공간에서 몸담고 살아가는 이들의 정체성과 자긍심의 주요 구성인자로 작용하고 있었다.

하지만 이러한 열망과 지향점에 부응하는 오월인문학 곧 구체적인 문화예술교육프로그램으로서의 내용과 프로세스가 아직은 불완전하다는 점은 아쉬운 점이다. 또한 장르별, 작품별 그리고 강의 내용별로 구성되어 투입되는 문화예술교육 강사들 간의 오월인문학에 대한 정립된 인식과 통합된 의견수렴이라는 내부 절차가 무엇보다도 필요하다는 생각이 들었음을 부기한다.

영화 '택시운전사'와 공무원

영화 '택시운전사'를 보았다. 광주민중항쟁을 최초로 외부에 알린 독일기자 위르겐 힌츠페터(1937~2016)를 우연히 택시에 태우고 광주항쟁의 현장에 동행했던 택시운전사(실존인물 김사복)의 실화를 바탕으로 했기에 더욱 관심이 깊었다.

따라서 영화를 보는 내내 이와 같은 역사적 실화가 어떻게 펼쳐지는 가와 함께 각종 언론에서 보였던 영화평들을 염두에 두고 보았다. 몇몇 주류언론들에서 보이는 날카로운 비평적 시각은 영화 '택시운전사'가 5.18광주민주항쟁이 지닌 총체적인 상황과 역사의 본질적인 의미를 제대로 반영하지 못하고, 단순한 일상적 욕망의 변화를 보이는 택시운전사와 표피적 상황파악에 머무는 외국인 기자의 단순한 캐릭터를 스케치하듯이 영상에 담았다는 비판이었다.

필자 역시 이러한 지적들이 충분히 눈에 들어왔다. 과문하지만, 힌츠펜터의 '두 번째 광주행'이 누락됨으로써 광주민중항쟁이 지닌 시민자위권 차원의 저항과 항쟁의 과정이 드러나지 않고 단순히 희생적 차원의 내용만이 부각된 점이다. 또한 이왕 택시운전사를 소재로 한 영화이면서 1980년 5월 20일 오후의 무등경기장 앞 200여대의 영업용 택시시위가 집결해 금남로까지 전조등을 켜고 경적을 울리면서 진격하는 본격적인 차량시위를 통해, 주춤했던 광주항쟁의 동력을 다시 살려냈던 중요한 역사적 사실이 빠진 것이 아쉬웠다.

하지만 영화를 만든 장훈 감독의 데뷔작 <영화는 영화이다>처럼 영화는 영화인 것이다. 사적인 욕망을 중심으로 살아가는 택시운전사의 심리적 변화와 순전히 기자적 목표와 행동방식을 보이는 외국인 기자의 단순한 시각에 몰두하여, 도리어 실제적 사실을 축소함으로써 형성되는 예술적 은유는 상업영화로서의 목적을 달성함과 동시에 교훈적으로 단순하고 뭉뚱그려지기 쉬운 역사적 진실을 더 큰 내용과 영역으로 확장해가는 것으로 읽혔다. 넘칠 정도로 일상화된 현대인의 문화적 감성을 두드려서 일깨워 역사적 진실을 매개로 소통하고 공감하는 일은 이처럼 어느 정도 왜곡되거나 조작된 예술적 진실이 아니면 불가능해진 현실인지 모른다.

그리하여 영화가 추구하는 진실의 가닥은 우리의 일상에 항상적으로 작용하는 '공공성에 대한 성찰'이라는 생각이 들었다. 무표정한 표정으로 시민들을 향하여 조준사격을 하는 군인들과 광분한 태도로 시민들을 쫓아가 살상을 일삼는 계엄군들 그리고 친일경찰이나 독일 게쉬타포 보다 더 차갑고 집요하게 시민들을 쫓는 사복형사들의 모습은 끔찍해보였다.

현재 60대 후반에서 70대 어름의 연배에 이르는 '우리 안의 저네들'은 이와 같은 국가폭력 행위를, 자신들 개인의 의도가 아니라 국가가 시킨 일이라고 스스로 자위를 하며 태극기로 몸을 가리고 있을 것이다. 한나 아렌트(Hannah Arendt)가 말한 바, 수백만 유태인을 죽이면서도 단지 누구를 미워하거나 사랑하지도 않았으며 그저 '자신의 임무를 수행한' 아이히만(Adolf Eichmann)처럼 저들 역시 주어지는 명령과 규칙에만 충실했을 뿐이다. 촛불혁명으로 간신히 막을 내린 지난 정부의 모습에서 보듯이 이처럼 특히 공무원들이나 전문가들의 '생각하지 않는 죄'는 우리 사회를 금세 전체주의 사회로 몰고 간다.

자신에게 주어진 책임과 기술적인 일만 성실히 수행하는 '아이히만들'에 대하여 닐 포스트먼(Neil Postman)은 "아이히만의 대답이 하루에 미국에서만도 5천 번 이상 나오고 있을 것이다. 즉 그 결정의 인간적인 결과에 대해서는 아무런 책임도 없으며, 담당자는 관료주의의 효율성을 위해 맡은 역할에 대해서만 책임을 진다. 그리고 이는 어떠한 희생을 치르더라도 계속되는 것"이라고 말한다.

이처럼 모범적 시민이 희대의 살인마가 될 수 있는 '악(惡)의 평범성'의 근거가 된 '권위에 대한 복종'은 우리 사회에서 현재 운위되고 있는 적폐청산의 중심과제가 되어야 할 것이다. 온갖 갑질이 팽배하는 우리 사회의 현재 모습도 그렇거니와, 영화에서도 '택시 트렁크 안에 있던 서울 번호판을 보고 몰래 통과'시켜준 현역병의 시민적 양심의 우선 선택이 없었으면 실은 무엇이 이뤄졌겠는가 하는 생각이 드는 사유이기도 하다.

시 한 편, 이야기 한 구절

꽃잎단장(斷章)

박 관 서

나도 이제 그댈 말하지 않겠어 루루
왜그리 난들 (아)아픈 데를 만지고 싶겠어
루루 (지 진정이야) 진정으로 그냥 이리
걸어가겠어 루루 노래하면서 속눈썹 날리면서
길을 가겠어 내 길 루루 내 앞으로 놓인
나만의 길을 (따 따라) 물처럼 끄덕이며
흘러갈 거야 루루 귀기울여 봐 작크를 풀고
빛깔 고운 가래침을 뱉을게 루루 루루루
(여 영화) 꽃잎처럼 나도 이제 그댈
풀어주겠어 (지 진짜) 그대 쪽으론 루루
오줌도 누(지 않)겠어 루 루 루루루 아 아
아아아 저 어둔 밤하늘에 팔매질 해 둔
별들이여 가래침이여 루루 나도 이제
그댈 말하(지 않)겠어 루 루 루루루
아아 생각하(지도 않)겠어 (그)그댈.

영화 '꽃잎'*을 보았다. 이미 영화에 대하여는 사전에 이것저것 듣고 있었기에 다시 오월을 맞으면서 그와 관련한 영화를 본 것이었다.

하지만 영화를 본 후, 상당히 많은 시간이 흐른 지금까지도 마치 뱉지 못한 가래처럼 의식 속에 남아있는 불쾌감이 있다. 그것은 영화의 시작 부분에, 남자주인공인 막노동꾼이 여자주인공인 거지 소녀를 이상한 포즈(?)로 범하는 장면이었다.

하지만 실은, 한 편의 긴 영화를 보면서도 또 보고난 후에도 끝내 뇌리에 남아 잊혀지지 않는 그 불쾌감은 실은 무엇보다도 영화미학의 측면에서 이해되어야 할 일인지도 모른다.

그랬다. 그 첫장면으로 하여, 막 비디오의 리모트 단추를 누르면서 기대됐던 무엇이(어떤 신화적인 또는 교조적인) 무너지고 도리어 더욱 진한 현실감 속으로 단숨에 영화의 내용 속으로 성큼 다가갈 수 있었던 것도 사실이었다. 그리고 그것은 또한 작금의 대한민국의 현실에서 운위되는 기념일 제정이니 무어니 하면서 제한적으로 또는 지역적으로 이해되는 광주의 오월에 대한, 어쩌면 적확한 표현임을 내 인정하지 못하는 것도 아니다.

그렇다면 무엇일까? 내 정작 불만인 것은, 뭐랄까? 내 탓하고자 하는 것은 실은 내 숨쉬며 섞이어 살아가는 세태에 대한 불만이랄까. 그런 것이다. 그래 그것이 슬픈 것이다. 비정상적인 섹스의 이미지로써만 취득될 수 있는 리얼리즘의 미학이라니, 내 직접 같은 하늘 아래 숨을 쉬던 이들의 고귀한 생명을 거두어간 역사의 의미가 고작 비틀린

---

* 영화 '꽃잎'은 1996년에 장선우 감독으로 만들어졌다. 최윤의 소설 「저기 소리없이 한 점 꽃잎이 지고」가 원작이다.

성적 욕망을 매개로 하여 그 의미를 취득하는 것이라니… 어쩌면 그토록 가혹하단 말인가, 살아있는 우리들의 모든 욕망이란 것은 결국 모두가 지옥으로만 향하는 것인가. 진실한 역사의 의미란 것은 결국 어두운 밤하늘에만 존재하는 것인가.

위의 시는 그러한 세태 비판적인 의미로 써 본 것이다. 약간의 형식에 대한 비틀림이 있으나 이는 어쩔 수 없는 것이었다. 그것은 또한 영화에서도 추구했던 예술 형식적 포즈랄까. 이 시를 쓰던 당시 나는 록그룹 '구피'의 리듬에 따라 발장단을 맞추고 있었다.

천천히 따라 노래하듯 소리내어 읽어 볼 일이다. 괄호 안은 소리내어 읽어도 좋고 읽지 않아도 좋다. 어차피 억누르기 힘 든 내 더러운 현실적 욕망을 나타낸 것이니까.

다시 오월이 오고 다시 오월은 갈 것이다. 그 세월의 물결 속에서 꽃잎들은 다시 작크를 풀고 빛깔 고운 가래침을 뱉으며 밤하늘 쪽으로 밤하늘 쪽으로 발길을 향할 것이다. 뒤에 남는 허망한 우리들의 맹세들을 남기고…

볼을 적시는 따스한 오월의 선물

- 연극 「고백」*을 보고

서울에서 만난 5·18은 무척 신선했다. 시절이 하 수상함을 넘어서서 한참 뒤로 돌아가는 듯한 어두운 그림자 때문에 더욱 그러했을 것이다. 대학로의 후암시어터에서 만난, 5·18광주민중항쟁을 기림과 동시에 일깨우는 연극 「고백」은 충분히 그 역할을 하고 있는 것으로 읽혔다.

국가기념일로 제정되었음과 아울러 원흉인 독재자도 죽었다. 밝혀야 할 진상은 물론 그 의미와 가치가 제도화되면서 인간의 기억에서 국가의 행사와 역사의 기록으로 넘어간다. 사람들은 애써 가슴을 울리지 않고, 달력에 기재된 붉은 글씨로 그날에 그 의미를 되새기고 넘어갈 뿐이다. 그렇듯이 5·18은 지금 기로에 서 있다.

그 기로의 선상을 거친 몸짓과 험한 숨결로 연극의 서막을 열어젖힌 배우의 인상이 뜻밖에 낯익어서 반가웠다. 하지만 그 반가움은 사실 연극의 주인공들이 알코올중독에 빠진 늙은 사내 만호와 정신병 걸린 그의 딸과 버스 안내양 민정, 구두닦이 영수, 중국식당 철가방 봉

* 광주의 극단 〈씨어터 연바람〉에서 5·18민중항쟁 43주기 추념공연으로 광주는 물론 서울에서도 원정공연을 하였다.

식 등 흔히 말하는 최하층 민중들의 모습과 정서가 벅차게 다가왔기 때문이다.

지금은 누구의 마음이나 행동에서도 사라진 밑바닥 민중들의 생동감 있는 삶의 환희와 열정이 그대로 아름답게 느껴져 전해왔다. 모두가 부자가 되고 부자가 될 수 있으나, 아무도 부자가 되지 못하고 지옥과 같은 불행감이 일상화된 오늘의 우리 사회에서 모처럼 만나는 건강함이었다.

과연 그러하였다. 5·18광주민중항쟁에 저처럼 풀뿌리 민중들의 기운생동이 원동력으로 작동하지 않았다면, 이 지독한 분단상황과 강대국들이 조장한 좌우 이데올로기 등의 벽을 제대로 뛰어넘을 수 있었을까 하는 생각이 들었다.

그러한 점에서 우리는 지금 5·18을 어떻게 매만져서 어떻게 전해주어야 하는 가를 고민해야 하는 시점이다. 숭고한 이념이나 건전한 국가기념일의 그것만이 아니라, 기회만 되면 뚫고 나와서 민주공화국의 시민들을 괴롭히거나 파괴하는 우리 안의 파시즘에 맞서는 항체로서의 일상의 5·18을 고민해야 한다.

그리고 고백해야 한다. 독재자와 그 독재에 부역한 이들의 고백만이 아니라, 그 독재자들을 민주주의라는 이름으로 자꾸 선택하여 재생산함으로써 우리 사회와 우리들의 삶을 답보시키거나 퇴보시키는 우리들의 욕망과 손길을 고백하도록 해야 한다.

그것이 현재를 살아가는 수많은 당시의 가해자들의 입을 여는 첩경이기도 하면서, 동시에 5·18을 단순히 한반도라는 지정학적 공간에서 일어난 아픈 역사적인 사실관계로 가두려하거나 박제화시키는 상황을 넘어서서 인간으로서 우리가 지향해야 할 의미와 가치로 승화시켜내는 일일 것이다. 물론 그러한 일상의 5·18은 연극과 문학, 미술 등을 비롯한 문화예술의 몫이다.

제 아비의 고백을 끌어낸 젊은 연극학도의 시선을 주제 구현의 주요 동선으로 삼은 연극 「고백」은, 아직도 푸른 눈의 외국인 시각을 편히 받아들이는 우리들의 고백을 아프게 기다리고 있는 것이 아닌가 하는 미안함으로 이어졌다.

새날이 올 때까지 흔들리지 않는 것이 아니라, 새날이 거짓말처럼 왔다가도 흔들리지 않아야 하는 요즈음, 모처럼 볼을 적시는 따스한 눈물과 함께 오월의 선물을 받았다.

광주문학관의 개관을 축하하며

'무등산은 광주의 진산으로, 광주는 전라도의 큰 고을이다. 이 산에 성을 쌓았더니 백성들이 그 덕으로 편안하게 살며 즐거이 노래를 불렀다.(無等山 光州之鎭山. 州在全羅道巨邑. 城此山 民東負以安樂而歌之)'라는 《고려사악지》에 기록된 고대가요 '무등산가(無等山歌)'의 기록이 드디어 쉬이 변하지도 감춰지지도 않을 문화기반시설이라는 옷을 입고 우리 앞에 나타난다.

며칠 후면 광주문학관이 개관한다. 필자 역시 지역문단의 말석에서나마 문인으로서의 활동을 하고 있음과 더불어 광주문학관 건립 초기부터 지난한 과정에 이르기까지 직간접적으로 관여했던 터라 더욱 감회가 깊다.

광주문학관 건립은 단순한 지역문학의 거점공간이 아니라, 명실공히 광주정신은 물론 전라도문학의 중심적 내용이 담겨있는 공간이면서 동시에 시민들이 문학을 향유할 수 있는 콘텐츠 실현의 장으로 방향을 잡았었다.

그러다 보니 광주문학이란 무엇인가로부터 그동안 제대로 쓰인 적이 없었던 광주문학사의 기술로까지 이어져서 이를 정리하는 일에 매진하기도 하였다. 고려시대 김황원, 전녹생, 탁광무와 같은 한시인으로부터 1980년대까지 활동한 주요작가들의 기초자료를 조사함은 물론, 광주문학 약사를 통하여 광주 신창동 유적인 청동방울과 현악기, 북 등의 유물을 매개로 마한시대의 집단가무와 노래, 사설 등을 광주 문학의 시원으로 추정하였다.

그렇듯이 광주문학관은 무엇보다도 5·18광주민중항쟁의 정신과 내용을 시민들에게 배양함과 아울러 항상 새로움으로 일신하는 문학의 정신과 태도를 매개로 당대를 넘어서서 미래로 이어지는 정신적 가치를 모색해야 할 것이다.

또한, 이미 선뜻 우리 곁으로 다가선 미래사회에 걸맞은 삶의 가치와 문화적 패턴을 선도하는 문학의 역할과 기능을 시민들과 함께 나누도록 해야 한다.

그렇듯이 좀 더 구체적인 주문으로는 박제화되고 관료화된 공공기관이나 공간으로서의 문학관이 아니라, 문학인과 시민 그리고 이를 운영하는 공공기관이 서로 어울려 지속적인 콘텐츠 개발은 물론 내실 있는 운영체계를 구현할 수 있는 거버넌스를 구축하도록 해야 한다. 광주문학관 건립과정에서 콘텐츠 연구를 위하여 전국의 주요문학관 현장답사를 해봤으나 사실 이처럼 지속 가능한 운영체계를 구축한 사례가 별로 많지 않았었다는 점에서 이는 시급한 요소라고 하겠다.

어느 한 공간에서 살아가는 공동체의 정신과 또한 개개인의 정체성은 오랜 역사와 문화에서 배태되기 마련이다. 찾기 어렵고 이해하기 어려운 서적이나 문헌에 있었던 위의 '무등산가'와 같은 역사와 문화를 언제나 찾아가서 쉽게 접하고 이해하며, 더구나 문학작품으로 쉬이 느낄 수 있는 문화공간이자 콘텐츠로서의 광주문학관은 그러므로 우리 정신과 정체성을 구현하는 것일 터이다.

오래전에 우리 지역의 조상들이 무등산에 큰 성을 쌓았던 것처럼 이제는 광주문학관을 지어서 우리들이 그 덕으로 행복하게 살며 즐거이 노래를 불렀으면 한다.

세월호와 광주 5·18

- 아아, 세월호여! 우리들의 십자가여![1]

잠수부가 되었던 80년 그때,
눈앞에 있는 광주에 다가가지 못하고
사람들이 죽어가는 광주를 말하지 못하고
다만, 물안경을 쓰고 깊은 바다에 잠겨서야
바라보던 광주를, 이제 다시 진도에서 본다
"얘들아 올라가자, 올라가자. 이렇게 말하면
선체에 끼어 있던 아이들이 거짓말처럼
선체 밖으로 나와요. 부모 품에
안기고 싶어 하는 듯이"* 한 점 죄 없는
폭도들이 보이고 유언비어가 된 TV와 신문이
보이고, 화려한 휴가를 나온 군인과 경찰들도
보인다 아마 그럴 것이다 그러므로
슬퍼하자고 성금을 모으자고 애국하자고
하얀 국화꽃을 총부리처럼 들이대며
명령 없는 총탄과 죽음의 기억을 우리 몸에
아로새기며 너희들의 나라를 세울 것이다
그리하여 우리는 너희들의 국민이 될 것이다
일을 하라면 일을 하고, 그만두라면 그만두고

---

1) 『작가마당, 25호』(2014 하반기, 대전작가회의 간)의 특집 〈세월호 참사와 한국사회〉에 '아아, 세월호여! 우리들의 십자가여!'로 발표했던 글을 수정 보강했음.

말하지 마라면 말하지 않고, 믿으라면 믿고
죽으라면 죽는 양순한 국민이 되어
짱돌 하나 화염병 하나 들 힘이 없는
흰 손목으로 흔들리는 촛불을 지키며
흐르는 눈물을 닦을 것이다 이것이
나라냐고 정말 우리가 사람이냐고
묻고, 묻고, 또 물어, 우리의 심장 속에
우리의 똥구멍 속에 파묻던 그 광주를,
이제는 이유 없이 뱃머리를 돌려 침몰한
세월호 안에 앉아서 본다 살도 털고
뼈도 풀어버린 진도에서 광주를 본다

* 세월호 구조작업에 참여하고 있는 민간잠수부 이상진(49)씨가 문화일보(2014.4.30)와 가진 전화인터뷰 내용에서 인용했음.

- 박관서 졸시「진도에서 광주를 보았다」전문

광주 5.18 민중항쟁과 세월호 참사는 무섭도록 닮아있다. 민주주의를 탈각한 국가권력의 폭력이라는 점에서 거의 비슷하다. 국가폭력의 무서운 점은 개별적 악의 현상과 달리 공식적인 국가시스템이 작동한다는 데 있다. 선악의 진실 여부를 따지기도 힘들고 때로는 아예 묻혀버리는 경우가 태반이기 마련이다.

따라서 독재국가나 전제국가를 막론하고 또는 민주국가라 할지라도 독재의 욕망을 떨치지 못한 권력과 결탁한 정보정치의 소산으로 줄곧 나타난다. 특히 이러한 국가폭력이 개인이나 소수의 대상을 표적으로 작동되면 거의 속수무책으로 당할 수밖에 없다. 물론 이는 이를 견제하기 위한 삼권분립체제와 언론방송 같은 민주적인 사회체제가 일정 부분 무너지거나 무력화되어 있는 경우이기 마련이다.

지난 1980년 광주 5.18항쟁의 경우도 마찬가지였다. 불법적으로 동원된 군부에 의한 군사쿠데타를 통하여 국가권력을 획득한 신군부에 의한 폭압 속에 국가의 삼권은 물론 사이비의 길로 앞장선 언론방송에 의하여 민주적인 사회기제 자체가 무너져 있었다.

현재의 세월호 특별법에 있어서도 기소권과 수사권 문제가 이리 첨예하게 다루어지는 소이도 이미 우리 사회의 입법이나 사법권 자체가 최소한 어느 정도 제 역할을 못하고 있음을 반증하는 것이라 여겨진다. 물론 그동안 '기레기'로 불릴 정도의 조롱 속에서도 제 밥그릇을 지키며 한 줌의 반성도 하지 않고 요란스레 나발수의 역할을 다하고 있는 주류언론의 행태는 거론할 필요도 없다.

이렇게 공적인 사회시스템이 무덤에 묻혀 있을 때 양심적인 지식인과 더불어 문학예술이 눈을 뜨고 목소리를 높이는 것은 예나 지금이나 마찬가지다. 당시 불법적인 무력으로 국가권력을 장악했던 신군부에 의해 감히 언급하기도 힘들었던 광주항쟁의 희생과 진실을 처음 폭로했던 김준태 시인의 시 「아아 광주여! 우리나라의 십자가여!」는 그런 의미를 증언하는 작품이다. (5.18기념재단 편,『5월문학총서-시』, p18-23 참조, 이하 같음)

우리들의 아버지는 어디로 갔나
우리들의 어머니는 어디서 쓰러졌나
우리들의 아들은
어디에서 죽어 어디에 파묻혔나

우리들의 귀여운 딸은
또 어디에서 입을 벌린 채 누워 있나
우리들의 혼백은 또 어디에서
찢어져 산산이 조각나 버렸나

- 위의 시, 2절.

계엄군에게 죽거나 잡혀가서 생사조차 알 수 없던 아들 딸들에 대한 부모들의 피맺힌 절규가 어찌 진도의 맹골수도에서 수몰된 아이들의 부모의 심정과 같지 않으랴. 일반적인 사고나 참사와 달리 국가폭력에 의한 개인들의 희생은 황당함과 억울함이 어우러진 형태로 남아 도저히 지울 수 없는 트라우마로 남기 마련이다.

5·18 광주항쟁 의 직접적인 원인이 되었던 초기의 시위진압은 가장 전형적인 국가폭력의 형태였음은 주지의 사실이다. 당시 시위진압 방식 자체가 일반적인 시위진압과는 질적으로 달랐다. 물론 추후 진상규명 과정에서 국가를 장악한 신군부 세력에 의해 구체적으로 기획된 형태의 국가폭력이었음이 드러났지만, 일반적으로 민주국가에서 헌법으로 공인된 시민의 시위에 대하여 일반 경찰이 빠지고 중무장한 특수부대가 배치되어 대검은 물론 실제 총격까지 동원된 매우 공격적이고 잔혹한 방식의 진압이 광주항쟁의 단초가 되었다.

진도 세월호 역시 마찬가지다. 군대라는 직접적인 국가폭력이 아니었을 뿐이지, 국가시스템이 가진 온갖 폭력들이 다 동원되었다. 연령이 넘은 배를 수입하여 국회에서 연장하는 법안이 마련되었고, 또한 국가정보기관이 이를 위장된 교묘한 방식으로 관리한 정황이 환히 드러나고 있다. 주로 사회적 약자인 서민과 청소년들의 공공 교통수단으로 제공되었음에 더하여 원인도 모르는 변침의 사유로 침몰원인을 내세우고 있으나 이 역시 오리무중의 원인으로 판명 나고 있으며, 이를 구조해야할 해양경찰의 임무는 또 합법적인 절차를 통해 민간영역으로 넘어갔으나 이 역시 조난이 아닌 인양이 주목적이어서 조난업무 자체가 누락된 상태로 보인다.

또한, 이의 진상을 밝히고 책임을 물어야할 사법과 입법기관은 국민의 불신 속에 제 역할을 다하지 못하고 있으며, 이에 따라 제 기능을 다해야할 주류 언론방송들은 앞장서서 '기레기'를 넘어 나발수의 역할을 다하고 있다. 심지어 진도 세월호 참사 당일에는 도저히 이해되지 않는 이상한(?) 오보 과정을 통해 구조상황 자체를 더욱 악화시킴과 더불어 이를 온 국민에게 중계방송 하였다. 수백명의 아이들이 갇혀 죽어가는 배의 침몰 상황을 전원구조 되었다는 안도감과 함께 흥미롭게 바라보았다니, 치가 떨린다. 도대체 이런 오보로 위장된 찌라시 전략은 누구에 의하여 어떤 목적으로 진행되었는가? 온 국민의 눈과 귀를 가리는 정도가 아니라 '찢어 발기는' 행위의 이면에 담겨있는 그 어두운 모략이 궁금하다.

잘 알다시피 국가는 공적시스템만으로 이뤄지지 않는다. 특히 민주국가는 그 주인인 민주시민의 살아있는 의식이 그 시작이자 끝이다. 그리고 이런 의식과 의식들이 서로 소통하고 뭉쳐서 공동체의 큰 틀을 이루는 매개체의 하나가 바로 언론방송이다.

그러므로 민주사회의 혼백이란 좁혀서 말하면 언론방송을 그 몸체로 한다. 그런데 이러한 언론방송이 사이비화 하여 반민주적인 행태를 보이는 상황은 곧바로 그 민주사회의 혼백이 갈갈이 찢기는 상황에 다름 아닌 것이다. 광주항쟁 당시 시민들에 의한 첫 번째 타겟이

방송국이었음은 이를 증명한다.

시인 역시 노래한다. '우리들의 혼백은 또 어디에서 찢어져 산산이 조각나 버렸나' 는 탄식은 진도 맹골수도의 거센 물살 탓이기도 하겠지만, 그보다는 기레기로 날아다니며 제 먹이나 탐내고 있는 이 나라의 주류 언론과 그에 속한 지식인들 개개인임을 잊지 않아야 할 것이다.

아아 광주여, 우리나라의 십자가여

김준태

아아, 광주여 무등산이여
죽음과 죽음 사이에
피눈물을 흘리는
우리들의 영원한 청춘의 도시여

우리들의 아버지는 어디로 갔나
우리들의 어머니는 어디서 쓰러졌나
우리들의 아들은
어디에서 죽어서 어디에 파묻혔나
우리들의 귀여운 딸은
또 어디에서 입을 벌린 채 누워 있나
우리들의 혼백은 또 어디에서
찢어져 산산이 조각나 버렸나

하느님도 새떼들도
떠나가 버린 광주여
그러나 사람다운 사람들만이
아침저녁으로 살아남아
쓰러지고, 엎어지고, 다시 일어서는
우리들의 피투성이 도시여
죽음으로써 죽음을 물리치고
죽음으로써 삶을 찾으려 했던
아아, 통곡뿐인 남도의
불사조여, 불사조여, 불사조여

해와 달이 곤두박질치고
이 시대의 모든 산맥들이
엉터리로 우뚝 솟아 있을 때
그러나 그 누구도 찢을 수 없고
빼앗을 수 없는
아아, 자유의 깃발이여
살과 뼈로 응어리진 깃발이여

아아, 우리들의 도시
우리들의 노래와 꿈과 사랑이
때로는 파도처럼 밀리고
때로는 무덤만 뒤집어쓸망정
아아, 광주여 광주여
이 나라의 십자가를 짊어지고
무등산을 넘어

골고다 언덕을 넘어가는
아아, 온몸에 상처뿐인
죽음뿐인 하느님의 아들이여

정말 우리는 죽어 버렸나
더 이상 이 나라를 사랑할 수 없이
더 이상 우리들의 아이들을
사랑할 수 없어 죽어 버렸나
정말 우리들은 아주 죽어 버렸나

충장로에서 금남로에서
화정동에서 산수동에서 용봉동에서
지산동에서 양동에서 계림동에서
그리고 그리고 그리고……
아아, 우리들의 피와 살덩이를
삼키고 불어오는 바람이여
속절없는 세월의 흐름이여

아아, 살아남은 사람들은
모두가 죄인처럼 고개를 숙이고 있구나
살아남은 사람들은 모두가
넋을 잃고 밥그릇조차 대하기
어렵구나 무섭구나
무서워 어쩌지도 못하는구나

(여보 당신을 기다리다가

문밖에 나가 당신을 기다리다가
나는 죽었어요…… 그들은
왜 나의 목숨을 빼앗아 갔을까요
셋방살이 신세였지만
얼마나 우린 행복했어요
난 당신에게 잘해 주고 싶었어요
아아, 여보!
그런데 난 아이를 밴 몸으로
이렇게 죽은 거예요, 여보!
미안해요, 여보!
그들은 나에게서 나의 목숨을 빼앗아가고
나는 또 당신의 전부를
당신의 젊음 당신의 사랑
당신의 아들 당신의
아아, 여보! 내가 결국
당신을 죽인 것인가요?)

아아, 광주여 무등산이여
죽음과 죽음을 뚫고 나가
백의의 옷자락을 펄럭이는
우리들의 영원한 청춘의 도시여
불사조여 불사조여 불사조여
이 나라의 십자가를 짊어지고
골고다 언덕을 다시 넘어오는
이 나라의 하느님 아들이여

예수는 한 번 죽고
한 번 부활하여
오늘까지 아니 언제까지 산다던가
그러나 우리들은 몇 백 번을 죽고도
몇 백 번을 부활할 우리들의 참사랑이여
우리들의 빛이여, 영광이여, 아픔이여
지금 우리들은 더욱 살아나는구나
지금 우리들은 더욱 튼튼하구나
지금 우리들은 더욱
아아, 지금 우리들은
어깨와 어깨, 뼈와 뼈를 맞대고
이 나라의 무등산을 오르는구나
아아, 미치도록 푸르른 하늘을 올라
해와 달을 입 맞추는구나

광주여 무등산이여
아아 우리들의 영원한 깃발이여
꿈이여 십자가여
세월이 흐르면 흐를수록
더욱 젊어져 갈 청춘의 도시여
지금 우리들은 확실히
굳게 뭉쳐 있다 확실히
굳게 손잡고 일어선다.

당시 이 시는 '광주의 참상과 진실, 광주항쟁의 모든 과정을 압축적으로 형상화하면서 광주가 죽음의 통곡 속에서도 끝내 다시 불사조처럼 일어날 수 있다는, 죽음으로써 죽음을 물리치고 죽음으로써 삶을 찾으려 했던, 부활과 청춘의 도시로서의 광주를 형상화했다. 그러고 나서 이 시편의 마지막에 이르러서는 모든 상처와 죽음을 딛고 광주시민이 반드시 다시 일어날 수 있다는, 신생(新生)의 희망과 용기를 노래했다.'(이승철,「광주의 문학정신과 그 뿌리를 찾아서」,『문학들』 2014. 여름호, 참조, 이하 같음)

예상대로 이 시가 발표된 후 신문사는 폐간되고 김준태 시인은 교사직에서 강제로 해임을 당하게 된다. 하지만 이를 통해 1980년대 한국문학의 새로운 출발점이자 장차 다가올 '5월문학'의 신호탄이 되었다. 또한, 그때까지 '광주사태'였던 '광주항쟁과 그 희생'이 드디어 문학텍스트를 통한 진실찾기와 사회적 기억투쟁을 위한 오랜 여정을 시작한 셈이었다.

따라서 이 시에는 광주민중항쟁이라는 구체적 사실을 배경으로 국가폭력이 자행한 자국민에 대한 횡포의 내용이 적나라하게 드러나 있다. 그러므로 삼십여 년 전 광주항쟁을 노래한 이 시에서 현재의 세월호 참상의 모습을 살펴보는 일은 그리 어려운 일이 아니다. 아니 도리어 적나라하게 그 진실들이 드러난다.

따라서 광주5.18민중항쟁이라는 거울을 통해 세월호 참상과 희생의 진면목을 들여다보고자 하는 본고의 목적에 따라, 이 시의 내용을 중심으로 국가폭력의 실상과 그 극복을 위한 단초를 찾아보고자 한다. 먼저 무엇보다도 희생 당사자와 가족들 그리고 이를 지켜보는 동시대 민중들의 참담한 상황을 나타낸 앞부분의 구절을 보자.

우리들의 아버지는 어디로 갔나

우리들의 어머니는 어디서 쓰러졌나
우리들의 아들은
어디에서 죽어 어디에 파묻혔나
우리들의 귀여운 딸은
또 어디에서 입을 벌린 채 누워 있나
우리들의 혼백은 또 어디에서
찢어져 산산이 조각나 버렸나

- 위의 시, 2절.

당시 계엄군에게 죽거나 잡혀가서 생사조차 알 수 없던 아들딸들에 대한 부모들의 피맺힌 절규가 어찌 진도의 맹골수도에서 수몰된 아이들의 부모의 심정과 같지 않으랴. 일반적인 사고나 참사와 달리 국가폭력에 의한 개인들의 희생은 황당함과 억울함이 어우러진 형태로 남아 도저히 지울 수 없는 내적 상처 곧 트라우마로 남기 마련이다.

5.18 광주항쟁의 직접적인 원인이 되었던 초기의 시위진압은 전형적인 국가폭력의 무자비한 형태였다. 시위진압 방식 자체가 일반적인 시위진압과는 질적으로 달랐다. 물론 추후 진상규명 과정에서 국가를 장악한 신군부 세력에 의해 구체적으로 기획된 형태의 국가폭력이었음이 드러났지만, 일반적으로 민주국가에서 헌법으로 인정된 시위에 대하여 일반 경찰이 빠지고 중무장한 특수부대가 배치되어 대검은 물론 실제 총격까지 난사된 매우 공격적이고 잔혹한 방식이었다.

세월호 참사 역시 마찬가지다. 군대라는 직접적인 국가폭력이 아니었을 뿐이지 국가시스템이 가진 온갖 폭력들이 다 동원되었다. 운행연령이 지난 배를 수입하여 국회에서 연장하는 법안이 마련되었고,

국가정보기관이 이를 위장된 교묘한 방식으로 관리한 정황이 환히 드러나고 있다. 주로 사회적 약자인 서민과 청소년들의 공공 교통수단으로 제공되었음에 더하여 원인 모르는 변침의 사유를 침몰원인으로 내세우고 있으나, 이 역시 점차 오리무중의 원인으로 판명 나고 있다. 어디 이뿐인가, 구조 의무를 지닌 해양경찰의 임무가 합법적인 절차를 통해 민간영역으로 넘어갔으나, 이 역시 조난이 아닌 인양이 주목적이어서 조난업무 자체가 누락 된 것으로 보인다.

또한, 이의 진상을 밝히고 책임을 물어야 할 사법과 입법기관은 국민의 불신 속에 제 역할을 다하지 못하고 있으며, 이에 제 기능을 해야 할 주류 언론방송들은 입을 다물고 있다. 심지어 세월호 참사 당일에는 도저히 이해되지 않는 이상한(?) 오보 과정을 통해 구조상황 자체를 더욱 악화시킴과 아울러 이를 온 국민에게 중계방송하였다. 수백명의 아이가 갇혀 죽어가는 배의 침몰 상황을 전원구조 되었다는 안도감과 함께 흥미롭게 바라보게 하였다니, 치가 떨린다. 온 국민의 눈과 귀를 가리는 정도가 아니라 아예 함께 나누는 독배를 통해 암묵적 공범자 내지는 내적 체념자로 만들어 우민화하고자 하는 어두운 모략의 실체는 무엇인지 모르겠다.

잘 알다시피 국가는 공적시스템만으로 이뤄지지 않는다. 특히 민주국가는 그 주인인 민주시민의 살아있는 의식이 그 시작이자 끝이다. 그리고 이런 의식과 의식들이 서로 소통하고 뭉쳐서 공동체의 큰 틀을 이루는 매개체의 하나가 바로 언론방송이다. 그러므로 민주사회의 혼백이란 좁혀서 말하면 언론방송을 그 몸체로 한다. 그런데 이러한 언론방송이 사이비화 하여 반민주적인 행태를 보이는 상황은 곧바로 그 민주사회의 혼백이 갈가리 찢겨있는 상황에 다름없을 것이다. 광주민중항쟁 당시 시민들에 의한 첫 번째 공격 표적이 방송국이었음은 이를 증명한다.

시인 역시 노래한다. '우리들의 혼백은 또 어디에서 찢어져 산산이 조각나 버렸나'라는 탄식은 그대로 진도 맹골수도의 거센 물살 탓이기도 하겠지만, 그보다는 기레기로 날아다니며 제 먹이나 탐내고 있는 이 나라의 주류언론과 그에 속한 지식인들 때문임을 잊지 않아야 할 것이다.

> 정말 우리는 죽어 버렸나
> 더 이상 이 나라를 사랑할 수 없이
> 더 이상 우리들의 아이들을
> 사랑할 수 없이 죽어 버렸나
> 정말 우리들은 아주 죽어 버렸나
>
> \- 위의 시, 7절.

정말 그러하다. 지금 여기가 나라가 맞기는 한가? 어떤 나라가 이러한가? 국민의 안녕과 평화를 지키라는 군대가 국민을 살상하고 범죄자로 몰아대던 80년의 광주에서 그랬듯이, 우리는 지금 진도 세월호 참사에서 국민의 생명을 지켜야할 국가가 도리어 국민의 생명을 위해하는 상황을 지켜보고 있다.

세월호 희생에 대하여 자신이 국정 최고책임자로서 이를 온당히 책임지고 마무리 하겠다는 대통령의 눈물 어린 공언은 어디에 있는가? 도대체 무엇이 무서워서 온당한 기소권과 수사권을 지닌 특별법으로 시행하자는 유족들과 시민사회단체의 의견을 이리 뭉개고 있는지 모르겠다. 아니 도리어 사이비 언론과 일부 어용단체를 내세워 도리어 세월호 유족들을 고액의 보상이나 바라는 파렴치범으로 몰아가고 있는 연유는 무엇인가?

자꾸만 세월호 '사태'라는데, 사태라면 응당 드러나야 할 원인은 무엇이며 책임은 누가 어떻게 지는 것인가? 이상한 죽음을 통해 실체를 드러낸 '유 아무개'가 원흉이라는데, 그가 세월호와 관련하여 저지른 직접적인 불법의 내용 자체가 이해되지 않으며, 그렇다고 또한 스스로 자신의 목숨을 버릴 정도인지는 더욱 실감 나지 않는다. 그리고 무엇보다도 진행과정 자체에서 이와 관련된 각 정부기관들이 보이는 온갖 비밀스런 행태들은 거대한 음모의 냄새로만 느껴질 뿐이다.

그런데도 이 느낌을 그냥 덮으라는 것이다. 이 대명천지에, OECD 선진국이라는 나라에서 사건 발생 6개월째 아직도 바닷속에 갇혀 있어야 하는 아이들처럼 눈과 귀와 마음을 덮고 그냥 죽은 듯 있으라는 것이다. 정말 그러하다. 지금 우리는 아이들의 죽음에서 우리 공동체의 죽음을 보고 있다. '정말 우리들은 아주 죽어 버렸나'라는 질문을 우리들의 몸과 마음에 칭칭 둘러 감고 깊은 바다로 잠수하고 있다.

> 아아, 살아남은 사람들은
> 모두가 죄인처럼 고개를 숙이고 있구나
> 살아남은 사람들은 모두가
> 넋을 잃고, 밥그릇조차 대하기
> 어렵구나 무섭구나
> 무서워서 어쩌지도 못하는구나
>
> \- 위의 시, 8절.

1980년 당시 우리들은 무서워서 아무 '말'도 못했다. 저네들이 광주 5.18의 희생 위에 자신들의 불법적인 국가권력 장악을 정당화하고 이후 가혹한 공포정치를 전국적으로 실시하는 기반으로 삼았을 때, 정말 무서워서 아무도 어쩌지 못했다.

그리하여 당사자인 유족들과 양심적인 사람들이 목숨을 걸고 고립적인 투쟁을 해나갔다. 폭력을 앞세운 독재 권력과 이의 시녀가 된 언론방송을 비롯한 사회의 제반 시스템들은 이를 불법이라 했고 불순한 행동이라고 매도했다. 물론 이에 감염 내지는 우민화된 기층 국민들 역시 이에 동참하거나 최소한 침묵했다.

지금 역시 마찬가지다. 거의 전 국민을 아우르는 추모행사와 촛불시위가 이어지고 이름 없는 민중들의 무수한 릴레이 단식과 진도 팽목항을 목적으로 한 전국적인 걷기행사가 끊임없이 펼쳐져도, 주류언론은 국민들의 눈길을 돌리기 위한 단세포적 종북팔이와 함께 기득권층과 영합하여 끝없는 프로파간다 전술만 펼치기에 여념이 없다. 겨우 외국의 보수우익 신문기자 한 명 만큼의 목소리도 내지 못하고 있다.

그러하다. 지금 우리들은 말해봐야 말이 되지 않는 상황에 있다. 우리들의 눈이 되고 우리들의 입이 되어야할 언론도 국가시스템도 남의 것이 되어버린 상황이다. 그리하여 단지 아웃사이더 커뮤니티인 SNS 등을 통해서나 겨우 숨죽인 말들을 나눌 뿐이다. 이마저도 상시 검열을 하겠다고 하여 외국 업체로 사이버 망명을 나서는 상황이다. 민주적 가치도 인권도 권력의 그늘에 처참히 버려지는 '어쩌지도 못하는' 기막힌 상황에 부닥쳐있는 것이다.

......전략
미안해요. 여보
나에게서 나의 목숨을 빼앗아가고
나는 또 당신의 전부를
당신의 젊음 당신의 사랑
당신의 아들 당신의
아아, 여보! 내가 결국
당신을 죽인 것인가요?)

- 위의 시, 9절 뒷부분.

그리하여 우리들의 출발은 우리가 느끼는 무서움으로부터 시작해야 한다. 그 무서운 실감을 받아들이고 내 안의 부풀린 욕구로 구성된 자본적 욕망이 근본적 원인임을 또한 자인해야 한다. 소수의 자본권력과 결탁하여 독재의 길을 걷고 있는 국가권력은 어디에서 나왔나? 맨날 방송되는 막장연속극이나 스포츠 중계에 열광하면서 뻔한 '대한뉴스'식의 어용언론으로 세상을 보는 이는 누구인가? 나만 아니면 나만 편하면 괜찮다는 이기심의 실체인 내 자신이, 실은 세월호의 희생뿐만이 아니라 우리 사회의 민주주의를 죽이는 사회적 퇴행의 공동정범임을 느끼는 데서부터 시작해야 한다.

그리고 그 무서운 실감을 넘어 어두운 얼굴로 자리해 있는 문제의 구체적인 실체를 두려움 없는 민주시민의 얼굴로 마주해야 한다. 잘 알다시피 민주시민이란 민주사회의 구성원 그 자체만을 말하는 것은 아니다. 사회공동체의 정점에 필연적으로 부여하게 마련인 위임권력에 비하여 자신이 주인으로서의 자세와 태도를 끊임없이 성찰하고 구사해 나가는 과정으로서의 주인 됨을 말하는 것일 터이다.

세월호 희생 역시 이러한 민주시민적 관점에서 풀어나가야 한다. 일부에서 운위되는 자본적 보상이나 단순한 추모와 기념행사 정도로 넘어가서는 안 된다. 광주항쟁은 단순히 군부의 학살이나 시민의 희생과 같은 현행법이나 윤리적 차원의 문제로 한정되어 해결되지 않았다. 물론 어떤 형태로든 권력을 지닌 저네들은 초기에는 사태해결의 수준으로, 뒤에는 민주화운동의 보상으로, 이를 끝내려고 끝없이 시도했다.

물론 현재 진행되고 있는 진도 세월호 희생 역시 이와 같은 수순을 밟으려는 온갖 불순한 출구전략들이 만연하고 있다. 여기에서 무서운 것은, 아직까지 구해내지 않고 있는 바다 속 세월호에 갇힌 십여 명의 아이들 역시 이러한 전략의 일부이지 않은가 하는 것이다. 천벌을 무서워하지 않는 반민주적 반생명적 정치행위는 이제 우리 사회에서 사라져야 하지만, 이는 결국 우리들의 손으로 이뤄내야 할 일이기도 하다.

그런 점에서 이번 세월호 참사를 중심으로 얽혀있는 우리 사회의 구조적 요인을 과문하나마 살펴볼 필요가 있다. 큰 전쟁이든 작은 분란이든 사회적 갈등의 이면에는 구조적 동인이 있게 마련이다. 이를 광주 5.18민중항쟁의 경우와 비교하여 살펴보기로 하자.

광주항쟁 역시 그랬다. 1970년대 말에 급격히 무너진 군사독재의 잔해를 딛고 다시 일어서려는 신군부에 의한 공포와 독재의 억압체제에 맞서 폭발적으로 일어서던 민주주의에 대한 국민들의 열망이라는 정치적 배경이 있었다. 또한, 이와 더불어 1960년 이후 4차에 걸친 경제개발 5개년 계획을 통한 개발과 성장 위주의 정책으로 일반 대다수 국민들의 기초적인 생존권과 저임금 및 실업 그리고 부익부 빈익빈에 의한 소득 불평등이라는 경제적 배경이 구조적 요인으로 자리하고 있었다.

이에 비해 세월호 참사 이면에 자리해 있는 사회구조적 요인은 세계화라는 이름으로 시작된 신자유주의의 연장선에 있는 것으로 읽힌다. 거듭 과문한 상태나마 거칠게 짚어보자면, 김영삼 정부의 무분별한 세계화를 통해 초래된 IMF 사태와 이를 극복하기 위한 김대중, 노무현 정부 산하의 친재벌적 신자유주의 각료들에 의해서 시작되었다. 이들이 주창하여 대기업 연구소들과 함께 은밀하고 깊게 뿌려놓은 자본의 세계화 그리고 시장을 통한 경쟁과 성장이라는 이데올로기는 우리 사회를 소수의 부자와 다수의 자발적 빈자들로 이뤄진 과두사회로 바꿔가고 있다. 자신의 내부에 자본적 욕망만을 잔뜩 부풀려 담은 시민들은 이의 충실한 구성원이 되어 국가권력을 저들에게 내주었고, 그렇게 선출된 권력은 거대한 토목사업 등을 통하여 국가의 각종 재부들을 털어갔다. 국가의 권력을 장악한 이들은 구체적인 자본만의 형식만이 아니라, 우리 사회의 각종 공공프로세스까지 민영화라는 미명을 내세워 영원한 자본의 수단으로 삼으려 하고 있다. 이는 천박하고 반생명적인 자본독재의 산물인 이명박 정부에 이르러 정점에 이른 것으로 보인다.

이처럼 소수 재벌 및 권력자들에 의한 국가자본의 사유화를 통하여 선진국의 문턱에서 다시 후진국의 나락으로 떨어진 아르헨티나, 필리핀, 멕시코 등 많은 제3세계 국가들을 우리는 얼마든지 목격하고 있다. 또한, 패권적 국가주의를 내세워 소수의 금권과 정치가 결탁한 과두적 선진국으로 나아간다 한들, 미국이나 영국 또는 일본처럼 보수양당으로 제한된 민도와 심화된 빈부격차가 구조화된 '그들만의 선진국'으로 갈 뿐인 것이다. 그리고 또한 우리가 처한 분단 상황과 전시대의 양극체제 아래서 쇼윈도효과로 성장한 경제사회적 구조를 크게 벗어나지 못한 우리의 상황에서는, 이와 같은 1세계 선진국으로의 진입 역시 낙타가 바늘귀를 통과하는 것보다 어려운 일임은 불문가지의 상황이지 않은가!

따라서 지난 대선의 상황은 온당한 민주적인 사회공동체라면 어떻게든 수정의 기회를 갖아야 할 정치적 흐름이었으나, 이를 역행하여 창출된 정치권력은 그 과정이나 이후에 정치적 혼돈과 사회적 위기를 필수적으로 가져올 수밖에 없는 상황이었지 않은가 하는 것이다.

그에 따라 이명박 정부에서 추구하던 공공부문의 민영화로 포장된 독점재벌의 사유화는 아무런 정치사회적 반성 없이 그대로 진행되고 있고, 이에 반해 선거과정에서 내세웠던 국민통합, 사회복지, 경제민주화 같은 공약들은 말 그대로 공약(空約)이 되어 흔적도 없이 사라졌다. 개인적으로 너무도 무섭게 진행되는 사회 공공성의 자본 사유화 현상에 놀라 박정희 정부가 추구했던 국가사회주의적 상황에의 전개를 그나마 기대했었으나, 너무도 허망한 꿈이었음을 허탈하게 느껴야 했던 소회를 밝힌다.

우리는 이 지점에서 다시 무서움을 실감한다. 국가를 위임받은 정권이 추구해야 할 올바른 국가적 비전과 정책을 상실한 이후에 나타나는 비상식적인 정치공학적 행태들을 때로는 목격하며, 때로는 상상하며, 극도의 두려움을 느낀다. 오직 내국민을 상대로 진행되는 선전·선동과 분열 책동 그리고 대내외적으로 충격적인 사건·사고의 도발을 통한 억압적인 정치적 안정의 추구는, 이미 전제국가가 되어버린 북한을 비롯한 몇몇 독재국가만의 전유물이지는 않은가 말이다. 불과 수십 년 전에 우리가 처했고 또한 우리가 어쩔 수 없이 수용했다가, 수많은 이들의 민주화를 위한 희생으로 어렵게 뚫고 나온 정치적 상황이라는 데서 그 두려움은 실제적인 악몽으로 겹친다. 그리하여 불과 삼십여 년 전에 발발했던 광주 5.18민중항쟁과의 비교에서 그 실제적인 참사의 배경과 희생의 의미를 찾고자 하는 행위 역시 참담하기 그지없다.

하지만 분명한 것은 반성하지 않는 역사는 반복된다는 사실이다. 우리가 이 자리에서 광주를 통해 세월호를 바라보고자 하지만, 또한 세월호를 통해 광주를 다시 바라봐야 하는 이유이기도 하다. 사실 실제적인 발포책임자와 국가권력을 등에 업고 민간인을 살상한 구체적 개인들에 대한 법적 처벌과 원인 그리고 결과들이 아직도 제대로 밝혀지지 않고, 오직 역사적 진실관계에 한정하여 계속 규명해나가고 있는 '현재 진행형의 광주'가 이러한 세월호 참사를 불러온 것인지도 모른다.

어찌 역사뿐이랴. 김수영의 말처럼 반성은 스스로를 반성하지 않듯이, 반성과 성찰이 빠진 민주주의는 애초부터 불가능하다. 그리고 그 반성과 성찰은 개인적인 죽음과 공포를 넘어서야 하는 것이다. 칼레의 시민들처럼 공동체의 역사와 가치를 개인적으로 구체화하지 않은 민주국가는 허상의 전제국가일 뿐이며 파시즘 사회의 전조일 뿐이리라.

그러한 의미에서 우리들은 지금 내 안과 밖의 무서움을 그대로 느껴야 한다. 우리들의 공동체가 맞닥뜨린 죽음과 이에서 비롯된 공포의 실체를 정직하게 받아들여야 한다. 그 공포의 실체는 남으로부터 오는 것이 아니다. 잘못된 국가나 사회로부터 오는 것도 아니다. 이에 맞서 벽에 침이라도 뱉어야 하는, 그러한 나로부터 오는 것이다. 나만 아니면 된다는 나의 이기심과 안온함이 만들어낸 실상인 것이다. 그리하여 '당신의 젊음 당신의 사랑/ 당신의 아들 당신의/ 아아, 여보! 내가 결국/ 당신을 죽인 것'이다.

> 예수는 한 번 죽고
> 한 번 부활하여
> 오늘까지 아니 언제까지 산다던가
> 그러나 우리들은 몇 백 번을 죽고도
> 몇 백 번을 부활한 우리들의 참사랑이여
> 우리들의 빛이여, 영광이여, 아픔이여
> 지금 우리들은 더욱 살아나는 구나
> 지금 우리들은 더욱 튼튼하구나
> 지금 우리들은 더욱
> 아아, 지금 우리들은
> 어깨와 어깨, 뼈와 뼈를 맞대고
> 이 나라의 무등산을 오르는구나
> 아아, 미치도록 푸르른 하늘을 올라
> 해와 달을 입맞추는구나
>
> \- 위의 시, 11절.

시인은 몸으로 예감하고 이를 언어로 예언하는 자이다. 그것이 눈에 보이지 않고 손에 잡히지 않을지라도, 이를 몸으로 느껴 세상에 토하는 자이다. 시인은 말한다. 광주의 희생이 자신의 목숨을 대속으로 삼아 세상을 구원했던 예수와 같은 것이라고. '몇 백 번을 죽고도 몇 백 번을 부활한 우리들의 참사랑'이라고 예언한다. 그리고 그것은 겨우 삼십여 년의 세월을 건너 진실이 되었다.

광주 5.18항쟁이 1980년 5월 27일에 종료된 것이 아니고 그 이후부터 지속적인 운동과 투쟁을 통해 역사와 현실 속에서 복원되고 규명되어 자리매김했듯이, 세월호 참사와 희생 역시 이제부터 역사와 현실 속에서 끊임없는 기억투쟁과 의미가치를 찾는 일에 주력해야 할 것이다.

또한, 5.18이 진상규명과 책임자 처벌 등 직접적인 문제해결을 위한 노력 외에도 5.18의 사회구조적 원인이었던 당대 사회의 구조적 문제들을 해결하고, 이를 통해 규명된 5월 광주정신을 계승하기 위한 국민적 저항을 줄기차게 전개해 왔듯이, 세월호 역시 직접적인 문제해결을 위한 노력은 물론 세월호 참사의 원인이 된 오늘날 우리 사회의 구조적 문제와 이를 극복하기 위한 노력을 계속해야 하리라 생각된다.

아, 참으로 그러하다. 광주사태는 광주항쟁이 되었고 광주민주화운동이 되었을 뿐만 아니라, 오랜 세월 강압적인 권력과 비민주적인 사회였던 우리 사회에 민주적인 사회체제를 가져오는 기폭제가 되었으며, 아직까지도 우리 사회에 평화와 인권 그리고 사회적 약자들을 위한 생명평화라는 대안적 투쟁을 계속 이어오고 있다.

그러한 의미에서 세월호 참사와 희생의 해결은 오직 엄정한 진상규명과 책임자 처벌 그리고 피해배상은 물론이다. 그러나 여기에서 그치면 안 된다. 이의 사회구조적 원인과 요인에 대한 분석과 성찰을 통해, 현재 독점자본을 중심으로 급속히 진행되고 있는 반생명적이고 비민주적인 우리 사회의 근본적인 혁신운동으로 나아가야 한다. 그것이 세월호 희생이 지닌 정신성을 살리는 일이 될 것이다.

우리의 눈앞에 아무리 극악하게 펼쳐지는 공포나 요설일지라도 진실은 '사라지거나 부서지'지 않는다. 다만 '다른 모양으로 보일 뿐이다'. 우리가 슬퍼하고 절망하고 좌절하여 '악마나 돼지가 되어 버리지' 않는 한 말이다. 역시 김준태 시인의 시가 전하는 전언이자, 광주 5.18이 세월호에게 전하는 이야기이기도 하다.

사라진다는 것 부서진다는 것
구멍이 뚫리거나 쭈그러진다는 것
그것은 단지 우리에게서
다른 모양으로 보일 뿐
그것은 깊은 바다 속의 물고기처럼
지느러미 하나라도 잃지 않고
이 세상 구석구석을 살아가며
때로는 파아란 불꽃을 튕긴다

오늘 슬퍼하지 마라
오늘 절망하지 마라
오늘 좌절하지 마라
펼쳐진 하늘을 바라보면서도
주룩주룩 슬퍼하는 자는
벼락을 맞아 죽으리라
하늘과 땅을 보면서도
절망하는, 좌절하는 자는
악마와 돼지가 돼버리리라

- 김준태 시 「이 세상에서 사라지는 것은 하나도 없다」 중에서

광주전남지역문학의 현황과 전망

- 「사람의 문학, 2019 봄」 창간기념세미나 주제발표문

1.

공교롭게도 광주전남지역의 문학 곧 지역문학을 주제로 세 꼭지 정도의 글과 사유를 같이할 기회를 한 달여 동안 가졌다. 한국작가회의 회보에 광주전남작가회의를 소개하는 글과 본고의 글 그리고 회장을 맡았던 필자가 임기를 마치면서 돌아보는 사유가 그것이었다. 물론 앞장서서 광주전남작가회의 일을 보는 이년여의 기간 동안 내내 염두에 두었던 것이 지역문학이라는 화두였다.

지역문학에 대하여 기왕에 논의되었던 수많은 담론들은 물론 지역문학을 주제로 삼아서 진행되는 본 특집의 특성상 원론적인 이야기는 충분히 따로 진행될 것이라 여겨진다. 따라서 본고에서는 광주전남지역의 문학적 연원과 특성 그리고 현황과 미래 등에 대한 논의를 개론적인 입장에서 미력하나마 펼쳐보고자 한다.

물론 광주전남지역의 문학이라고는 하지만 충분히 문학적인 전문성이나 자질 또는 그 지향점과 사회적인 역할의 측면에서 광주전남지역의 대표적인 문학단체로 활동하고 있는 광주전남작가회의를 중심으로 진행하고자 한다.

2.

광주전남작가회의는 1987년 6월 19일에 '광주전남민족문학인협의회'라는 진보적인 의제를 표방하면서 독자적인 지역문학단체로 출발하였다. 이는 5·18민중항쟁의 정신과 함께 독재에 항거하면서 민주화를 추구했던 자유실천문인협의회의 지향점을 포괄하여 지닌 진보문인들의 결합체였다.

하지만 현재와 같이 독자적인 지역문학단체이면서도 동시에 한국작가회의 산하 지회의 역할을 같이 하는 형태가 아니었다. 1980년 5월민중항쟁의 희생과 의미를 되살리고자 끊임없이 앞장서서 노력하던 진보 문학인들이 결집된 힘을 모아 지역의 자생적인 문학조직으로 출발한 것이었다. 당시 박종철 고문치사 사건(1987. 1), 이한열 최루탄사망 사건(1987. 6) 등을 거치면서 치열하게 전개된 6.10민주항쟁을 계기로, 지역의 문제를 스스로 풀어내기 위해 1987년 5월 30일과 31일에 걸쳐서 광주에서 진행된 문학인 대토론회를 계기로 탄생되었다는 점이 이를 밑받침한다.

지난 광주전남작가회의 30년사 정립을 위한 문학포럼에서 이진 작가는 이를 태동기(1980~1987)로 분류했다. 이후 진행된 광주전남민족문학인협의회 시기(1987~1997)는 '우리들이 이 고장에서 겪었던 일들은 반드시 문학으로 정리되어야 하고 이 일을 위한 문학적 주체가 존재해야 함은 너무나 당연하다.'(초대 공동회장 이명한 일기)라고 명명한 것처럼, 이명한, 송기숙, 문병란, 김준태, 곽재구, 임철우, 박혜강(사무국장) 등 약 50여명으로 모인 광주전남민족문학인협의회는 재출범한 중앙의 민족문학작가회의와 긴밀한 유대를 가지면서도, 광주5월민중항쟁에 대한 적극적인 진실규명과 문학적 가치구현에 앞장서기 위해서 철저하게 지역문학단체로서의 특성을 유지하고 있었다.

태동기를 포함하여 이 때 약 20여 년 동안 중앙문학에 예속되지 않고 평등관계를 유지하면서 오월민중항쟁이라는 지역사회의 현안을 적극적으로 반영해내는 문학적 실천을 견지해낸 이 시기는, 특히 지역문학의 관점에서 상당히 귀중한 시사점을 내포하고 있다. 물론 우리 사회의 독재와 저항을 통한 민주사회의 형성 시기라는 시대적 상황을 충분히 고려한다고 하더라도, 흔히 말하는 70년대와 80년대에 걸친 민중문학과 민족문학의 발현은 이러한 광주전남이라는 지역문학의 튼실한 기반에서 연유한 바가 크기 때문이다.

또한 이때, 그러니까 1991년부터 우리 사회의 고질적 병폐이자 왜곡된 정치사회 환경의 배태원인 중 하나였던 영호남지역갈등을 문학인들이 나서서 해소하고자 '영호남문학인대회'가 시작되었다는 점 역시 이와 같은 측면의 의미를 지닌다. 이는 단지 독자적이면서도 폐쇄적인 측면에서 지역문학 내의 발흥이나 중앙문학과의 대립항으로서의 지역문학이라는 범주로 규정되는 것이 아니라, 건강한 지역문학의 구축을 통해서 좀 더 큰 연대체재로 확산해가는 문학생태계의 구축을 뜻한다. 그처럼 의미 있게 시작한 영호남문학인대회는 현재 전국민족문학인대회를 거쳐서 한국작가대회로 발전해서 매년 진행되고 있다.

3.

1996년에 중앙의 민족문학작가회의가 사단법인화 하면서 제도권내로 편입되면서 광주전남민족문학인협의회도 치밀한 논의와 협의를 거쳐서 전국 조직의 일원이자 연대체로서 광역지회의 위상을 받아들이기로 하였다. 그리하여 1997년 4월 14일에 광주광역시에 있는 조선회관에서 사단법인 민족문학작가회의 광주전남지회 창립식을 갖고 초대회장에 문순태 소설가, 사무국장에 임동확 시인을 선임하여 활동을 시작하였다.

"이제 작품을 통해서 말할 때가 되었다. 작품을 통해서 한국의 문학적 시선을 광주로 끌어오자!"고 일갈했던 문순태 초대회장의 의도처럼, 사단법인 광주전남민족문학작가회의는 매년 진행하고 있는 오월문학제에 오월문학포럼을 더하여 학술적인 성격을 보강했다. 또한 동시에 새로 출범한 김대중 민주정부에서 진행했던 오월항쟁의 국가기념일 제정 등에 문학적인 보조를 맞추기도 했다.

또한 이 시기에 오월문학축전을 비롯하여 기관지 발간, 섬진강여름문학학교, 세계 작가와의 대화, 문학아카데미 등 매년 진행되는 정기행사들이 진행됨과 아울러 「광주문학 원천자료 조사발굴 및 DB연구」 같은 학술, 문화, 교육장르 등 다양한 문학행사들이 매년 기획되어 진행된다.

그러다가 2007년 12월에 사단법인 민족문학작가회의가 한국작가회의로 명칭을 변경하면서 광주전남작가회의도 한국작가회의 광주전남지회로 바뀌었다. 이후 한국작가회의 광주전남지회 시기(2008~2018)을 거치면서 목포지부, 순천지부, 영광지부, 여수지부 등의 산하 지부가 설립되어 활동을 함께 하기 시작하였다. 이를 통해 광주전남작가회의는 명실 공히 풀뿌리 문화민주주의에 입각한 광주전남지역문학단체로서의 온전한 몸체를 가지기 시작했다고 할 수 있겠다.

4.

현재 창립 30주년을 넘어서는 광주전남작가회의는 시, 소설, 희곡, 아동문학 등 약 320여명의 문학인들이 모여서 지역의 문학담당체로서의 온당한 역할과 소명을 다하고자 노력하고 있다.

무엇보다도 우선하여 문학인들의 창작환경 개선을 통한 지역 문학 생태계의 건강성 유지를 위해 고민하고 있다. 매년 전국문학인대회로 치루고 있는 오월문학축전과 김남주, 조태일시인추모제를 비롯하여 5·18문학상 주관 및 기관지 『광주전남작가』발간 등 다양한 문학행사들이 이러한 고민들을 풀어내고자 하는 결과물이다.

또한 내부적으로는 매년 불어나고 있는 신입회원들의 가입절차에 있어서도 엄격성을 유지하고 있다. 문학에의 지향점과 작품의 수월성 등을 근간으로 이사회에서 만장일치로 결정되는 신입회원의 가입율은 50-60%를 크게 넘지 못하는 것으로 여겨진다. 현재 한국의 문학계가 지닌 고질적인 병폐 중의 하나인 문학애호가들의 '머리수'에 의한 문단 점유 상황은 광주전남지역 역시 마찬가지인 상황이다. 문학을 하는 것보다는 문학을 읽는 것이 훨씬 행복하다는 의미에서 또한 문학인구가 늘어나서 나쁠 게 없다는 측면에서 부정적으로만 볼 일은 아니지만, 동시에 문학생태계를 제대로 지켜야할 의무가 지역문학단체에게 부과되고 있음도 현실이다.

광주전남작가회의에서는 시민들의 문화향수권 신장을 위한 다양한 문학행사들도 진행하고 있다. 평소 문학에의 향수나 접촉이 별로 없는 지역의 미래 청소년 문사들을 위한 섬진강여름문학학교와 오월민중항쟁의 문학적 형상화 과정을 인문학적 형식으로 풀어낸 오월인문학을 통한 문화예술교육 등을 매년 진행하고 있다.

특히 올해의 경우에는 오월인문학을 세분화 하고 다양화시켜서 진행했다. 이는 물론 우리 사회에 불고 있는 인문학 열풍에 일정부분 편승하기도 했지만, 무엇보다도 국가기념일이 되면서 제도화, 양식화되면서 시민들이 오월항쟁 자체를 잊어가고 있는 현실을 고려하였다. 또한 이와 아울러 아직까지도 제대로 된 진상규명이 이뤄지지 않고 있음에 더하여 변화하는 시대에 걸맞은 '오월민중항쟁을 읽고 수용하는 방식'에 대한 고민의 결과물이기도 했다. 지속적인 기억투쟁과 오월민중항쟁의 새로운 수용과 발화방식에 대한 모색이 그것이었다.

따라서 이러한 오월인문학의 대상은 일반 시민들뿐만이 아니라 지역의 작가들도 함께 하도록 진행되었다. 지역특성화문화예술교육으로 5 · 18기념재단에서 일 년간 진행된 '예술이 된 오월'은 오월민중항쟁을 매개로 창작된 시, 소설, 희곡, 아동문학 등 문학작품만이 아니라 음악, 연극, 영화, 사진 등 인접장르 예술작품들이 함께 하는 문화예술교육 프로그램으로 진행되었다.

또한 최근 맨부커상을 수상한 한강의 오월소설『소년이 온다』와 오월 관련한 시와 평전, 영화 등을 주요 예술텍스트로 구성한 오월인문학'한 편의 소설과 서른 편의 시로 읽는 오월'은 광주광역시 동구청과 남구청자활센터에서 일시적 소외계층을 대상으로 한 평생교육프로그램으로 진행하였다.

5.

특히 올해에는 두 건의 기획사업을 통하여 지역문학이 나아갈 새로운 방향을 점검해 보았다. 최근 촛불항쟁을 통해서 촉발된 우리 사회의 미시적 민주주의의 확산이 봇물처럼 번져 나가고 있다. 사회의 각 장르는 물론 개인들의 인권과 자유까지도 민주화의 여파를 실질적으로 수용하고자 노력하고 있다.

이에 참여와 자치를 근간으로 하는 지역사회의 민주화와 더불어 문화예술 분야에서도 문화분권과 문화민주주의의 구현이 화두가 되고 있다. 하지만, 우리 사회의 어느 장르보다 강고한 중앙집중형 생태계를 지닌 문학계에서의 지역문학이 진정한 자치에 이르는 문학을 구현하기란 말처럼 쉬운 일이 아니다.

그렇지만 그처럼 지난한 일일지라도 지역문학담당체로서의 당면한 지향점을 포기할 수는 없는 일이다. 또한 동시에 우리 앞에 성큼 다가선 4차산업시대에 걸맞은 문학적 토양 구축을 위해서도 무엇보다 새로운 문학적 시도가 절실한 시점이다.

모든 문화예술의 종자이면서 또한 문화산업의 핵심을 이루는 문화콘텐츠의 원천 소스인 문학을 단순한 오리지널리티에 입각한 창작 작업이나 창작물 또는 그러한 프로세스 속에서 답답하고 어렵게 포박된 형태로만 놔둘 수는 없는 일이다. 또한 문화콘텐츠의 원천 소스로서의 지역문학은 그 특성을 확연히 할수록 의미와 가치가 상승되기 마련이라는 점에서 좀 더 도전적으로 접근해볼 필요성 역시 상존하고 있다.

따라서 올해 광주전남작가회의에서는 전라남도에서 역점사업으로 추진하고 있는 남도문예르네상스의 12개 하위과제 중에서 중요한 종자역할을 하는 「남도문학벨트 구현을 위한 전남순회문학포럼」을 제안하여 진행하였다. 이는 광주를 중심으로 섬진강권, 영산강권, 다도해권으로 구분하여 각 권역별 지역이 지닌 문학적 상황과 흐름을 점검하여 문학담론으로 형성함은 물론 이를 밑바탕으로 운용가능한 문학콘텐츠를 생성하고자 하는 목적으로 진행하였다.

첫 번째 섬진강권문학포럼에서는 다산학과 한문학의 대가인 박석무 선생을 초빙하여 토론을 위한 발제를 주문하였다. 이는 한국의 중앙문학에서 기준점으로 삼고 있는 서구문학의 도입을 현대 남도문학의 연원으로도 받아들이고 있는 상황이 과연 온당한가 하는 것과 함께 남도문학의 정체성은 무엇인가에 대한 것이었다. 정읍사 같은 고대시가는 차치하더라도 최소한 조선시대의 한문학과 가사문학 및 시조문학을 주름잡던 호남문학을 도외시한 남도문학은 있을 수 없으며, 또한 이러한 역사와 전통에 비추어 남도문학의 정체성은 의리와 호국정신이라고 강변하는 박석무 선생의 의견에 우리들은 크게 긍정하였다.

두 번째 영산강문학포럼에서는 열권의 대하 장편소설 『타오르는 강』등을 통해서 전라도 민중들의 삶을 문학적으로 수용해내고 있는 문순태 선생을 모시고 남도문학의 문학적 주체는 누구인가에 대하여 의제를 던졌다. 특히 문학콘텐츠의 시현을 위해서 영산강 중하류의 최하층 노예 신분이었던 종들을 주인공으로 삼았던 『타오르는 강』을 읽고 여기에 나타난 문학적 공간을 찾아가는 영산강문학답사를 2회에 걸쳐서 진행하였다.

또한 문순태 선생은 문학포럼의 기조강연을 통해서 남도문학의 문학적 주체는 민중이라고 명쾌하게 지적하였다. 이는 최근 들어 지역문인들이 주로 대학을 통하여 문학수업을 받으면서 희미해지거나 파편화되어서 흔히 놓치기 쉬운 문학적 주체에 대한 사유를 다시 해볼 수 있는 기회가 되었다. 모든 것들이 표준화되고 동일한 양태로 프로세스화 되는 자본주의 상황에서 우리 주변의 지역적 상황에 주시하는 문학은 그 자체로 나름대로의 특성을 지닌다는 점에서도 의미가 깊은 논의였다는 생각이 든다.

세 번째, 다도해문학포럼은 남도 다도해권의 섬과 바다와 농어촌을 배경으로 한 작품을 꾸준히 써서 일가를 이룬 한승원 선생을 모시고, 일견 소외되고 한정된 환경을 지닌 남도 농어촌의 토속성이 어떻게 세계의 본질 또는 세계문학과 만날 수 있는 가에 대한 발제를 통해 문학포럼을 진행하였다.

한승원 선생 역시 단호하게 지적하였다. 비교적 단절된 시공간의 환경에서 잘 드러나는 신화성에 주목함과 동시에, 최근의 세월호 사태가 나타내듯이 남도의 도서농어촌은 현대의 온갖 비극성이 드러나는 현장임을 인식해야 한다는 것이었다. 이를 문학적으로 수용할 때 인간과 세계의 단면이 그대로 드러내면서 시공을 초월하는 문학적 감동이 우러난다는 이야기에 다름 아니었다.

6.

광주에서는 국립 아시아문화전당 주최로 매년 아시아문학페스티벌을 개최하고 있다. 지지난해에 이어 작년에는 제2회째 진행했다. 하지만 아무래도 국제행사이다 보니 아직은 여러 가지 문제점과 시행착오들이 난무하고 있는 상황이다. 따라서 현지에서 활동하고 있는 우리 광주전남작가회의 문인들의 태도와 역할이 무엇보다 중요하다.

또한 아시아문학페스티벌을 거듭하면서 창출되는 여러 가지 성과와 내용들이 지역에 쌓일 수밖에 없다. 따라서 이러한 성과의 효율적인 수용은 물론 성공적인 행사의 안착을 위한 근본적인 토대의 모색과 구축에 나서야할 상황이기도 했다.

따라서 광주전남작가회의에서는 2017년 아시아문학페스티벌에서 제1회 아시아문학상을 수상한 몽골의 담딘수렝 우리앙카이 시인과의 인연을 계기로 한국과 몽골의 국제문학교류 행사를 작년에 진행하였다.

사전에 몽골을 방문하여 몽골작가협회와 사전양해각서(MOU)를 체결한 후에 작년 8월에 본격적인 문학교류를 위하여 몽골 현지를 방문하였다. 한국-몽골문학인 교류대회를 비롯하여 몽골문화예술대학에서 진행된 몽골국제문학컨퍼런스와 몽골청소년문학캠프, 한국몽골사화집 발간, 시화전 등 다양한 행사들을 수행하고 돌아왔다.

이는 「몽골반점, 문학의 원형을 찾아서」라는 주제로 서정과 서사가 구분되기 이전의 문학적 원형이 비교적 온전히 남아있는 몽골문학과의 교류를 통해서 남도문학의 나아갈 바를 찾아보고자 진행한 행사였다. 또한 서구문학 일변도의 문학적 방식으로는 포괄되지도 않으면서 또한 새로운 출구도 보이지 않는 지역문학의 활로를 모색하고자 진행한 행사였다. 이는 물론 남도의 지역문학이 곧바로 세계문학과 연결되어보고자 하는 시도이기도 했다. 매년 더욱 깊고 두터운 주력사업으로 진행할 예정이기도 하다.

남도문학을 읽는 마음

PART + 03

목포문학에 깃들다

2022년의 목포문학 짚어보기

"문학이 구체적 세계를 묘사해야 한다는 진술은 그것이 사회와 밀접한 관계를 맺고 있다는 의미이다. 문학은 그것이 속한 시대와 사회를 벗어날 수 없다. 극단적인 경우 역사 소설이나 미래 소설의 형태로 문학가가 과거나 미래로 빠져나간다 하더라도 그 과거나 미래는 그 사회가 보는 과거나 미래이다. 서정시의 경우에도, 그것이 노래하는 슬픔, 사랑, 분노, 증오 등의 감정 역시 당대의 상상력과 밀접하게 연결되어 있다는 것이다."

2022년이라는 시간적 단위와 목포라는 공간적 단위가 맞물린 속에서의 문학적 성과와 성찰을 한다는 것은, 실은 2022년에 목포에서의 문학이 얼마나 좋은 문학적 성과를 내었는가를 따지는 일이다. 따라서 좋은 문학이란 무엇인가라는 기준이 중요해진다. 물론 좋은 문학이란 무엇인가에 대한 많은 언급과 주장들이 있지만, 이를 무엇보다 중시여긴 문학평론가가 목포가 낳은 김현 선생이다.

서두와 같이, 김현은「문학이란 무엇인가」라는 물음을 내세우고 이에 대한 답으로 문학의 사회적 효용과 가치의 구현을 내세웠다. '서정시의 경우에도, 그것이 노래하는 슬픔, 사랑, 분노, 증오 등의 감정 역시 당대의 상상력과 밀접하게 연결되어 있다'라고 분명히, 흔히 서정시라는 이름으로 현대적인 음풍농월에 몰두하는 문학을 가차 없이 비관한 것이다. 그래, 그러한 시각에서 보면 현재 사정없이 추락하는 나라의 사정을 고려함에 더하여 좀 더 면밀한 문학적 성찰을 겸하여, 김현의 '문학이란 무엇인가, 또는 무엇이어야 하는가?'라는 물음을 기준으로 삼아 지난해 목포에서 산출된 문학적 성과들을 살펴보기로 한다.

우선 문자를 매개로 하는 문학적 특성을 고려하여 간행된 도서와 매체들을 살펴보면, 풍성한 감이 없지 않다. 연말에 출간된 목포작가회의와 목포문인협회의 기관지인 『목포작가-2023』, 『목포문학-2022, 통권 45집』가 있고, 연초에 목포문화재단에서 간행한 『문학목포-2022, 통권8호』가 있다. 또한, 김재석 시인이 개인의 사재를 털어서 제3회까지 간행한 문예지 『물과별』(사의재 간)의 시도가 신선하다. 특히, 현재의 목포 지역을 기반으로 한 문학생태계의 경계 바깥에 있는 것으로 여겨지는 많은 선배 문인들의 소식과 문학작품을 일별할 수 있어서 반갑고 또한 든든하다.

이외에 전국문학의 범주로 연계하여 평가할만한 개인 창작집의 간행 역시 적지 않게 읽힌다. 문단생활 30여 년을 넘겨서 최근 첫 시집을 상재한 유종 시인의 시집 『푸른 독을 품는 시간』(도서출판 b 간)을 비롯하여, 김선태 시집 『짧다』(천년의시작 간), 박관서 시집 『광주의 푸가』(삶창 간), 배인숙 시집 『커서』(사의재 간), 조기호 시집 『이런 사랑』(천년의시작 간) 등이 눈에 띈다.

또한, 소설과 산문집으로는 '이 이야기들이 아버지의 마지막 물음에 대한 답이 될 수 있기를' 바란다는 서문과 함께 간행한 박일우 작가의 첫 소설집 『완벽한 방』(지식과감성 간)과 목포 출신으로 광주와 수도권 등에서 활발한 문학 활동을 펼치고 있는 안오일 시인의 청소년소설 『조보, 백성을 깨우다』(도서출판 다른 간)와 고향갑 희곡작가의 산문집『작고 슬퍼서 아름다운 것들』(파람북 간)이 돋보인다.

특히, 진도에서 농사를 지으면서 목포작가회의 활동을 하는 정성숙 소설집『호미』(삶창 간)은 제40회 신동엽문학상을 수상하였다. 이에 더하여, '여순 10.19 평화인권문학상' 소설부문 대상에 목포대학교 국문과에서 재직 중인 김개영 소설가의 작품「손가락 총」, 시부문 우수상에 서용기 시인의 작품「형제묘」가 수상하였다. 시와 소설 장르에 있어 모두 4명의 수상자에서 목포의 문인 2명이 수상하는 기염을 토한 셈이었다.

하지만 이처럼 물량의 측면에서 돋보이는 목포의 문학은 하지만 그 내용적인 측면에서 보면, 김현이 제시한 문학적 기준의 층위에서는 한가한 느낌을 감출 수 없다. 특히 여러 문학상 수상작품과 얼비추어 비교해볼 때 더욱 그러하다는 점에서 안타까운 마음이 강하고, 이에 스스로 먼저 분발해야겠다는 생각을 날카롭게 가져본다.

그래, 다시 김현의 말로 '좋은 문학작품은 일상적인 삶 속에 개인이 빠지는 것을 허용하지 않는다. 일상적 삶을 이루고 있는 허위와 가식을 그것을 잔인하게 벗겨버림으로써, 그 가식 속에서 편안하게 살려는 잠든 의식을 일깨운다. 그래서, 삶과 인간과 세계의 진정한 모습을 다시 생각하도록 하는 것이다.'

무안의 문학을 읽는 시간

질펀한 바다
밟을수록 빠져드는 개펄
수십 개의 빨판으로
숨구멍 내며 걸어간다
겨울이 깊어지면
발걸음 빨라진다
바다를
온 힘을 다해 쓸어낸다
질퍽한 삶이 무엇인지
발을 잡아보면 안다
이름 부르지 않더라도
무안 뻘낙지
겨울 칼바람 머금고 있다

- 김희정 시 「낙지」 전문

지난 연말에 편집을 맡은 무안문화원 기관지 「문화무안」의 원고를 살펴보다가 눈에 띈 김희정 시인의 시 '낙지'이다. 고향인 무안의 갯벌을 질퍽하기 마련인 생의 진실의 한 형태로 읽고 있는 시인의 마음이 아득하고 또한, '이름 부르지 않더라도' 자신의 태생지인 무안의 기억을 오롯이 내면에 안고 있는 풍경이 아련하다. 그렇듯이 시인들은 두 개의 고향을 갖기 마련이다. 몸이 담긴 지리적 공간으로서의 고향과 자신의 기억과 감성 그리고 예술적 영혼 안에 담긴 고향이 그것이다.

일반적으로 우리는 한 해를 보내고 한 해를 맞으면서 지난 일 년을 결산하고 새로운 일 년을 계획한다. 그러한 생각으로 무안이라는 지역 공간에서 일궈진 지난 한 해의 문학적 성과물을 살펴보니 안타깝기 그지없다.

최소한 서점의 판매대에 깔릴 정도의 문학작품집으로는 강현주 시집 「아직 꽃물, 아니 사랑」(현대시학, 2021), 손수진 시집 「너는 꽃으로 피어라 나는 잎으로 피리니」(시와사람, 2021), 박태순 시집 「그리움은 거리가 없다」(천년의시작, 2021) 등 겨우 세 권 정도에 머무르는 것으로 파악된다. 물론 지역문학에 과문한 필자의 시선 밖에 있는 훌륭한 작품집들은 더 있을 것이다. 또한, 한 지역의 문학이라는 것이 작품집의 산출량과 같은 물량만으로 결정되는 것은 아닐 터이다.

'어머니가 무안을 떠나시던 날 / 마스크 벗고 밝은 빛을 보시기를 / 그리고 무안 붉은 황토 땅을 / 잊지 않으시길…' 기원하는 박태순 시인의 시 「어머니의 고향 무안 땅」 같은 작품들이 집중적으로 담긴 무안문인협회의 기관지 「무안문학 2021」 등에 담긴 문학적 성과들도 면밀히 다뤄져야 할 것이다.

그러함에도 문학을 대하는 지역의 태도나 자세에 대한 안타까움은 크다. 무안의 각종 문화예술 기관이나 단체에서 문학이 점점 사라지고 있음은 사실 몸으로 느낀다. 지역 언론에서는 온갖 사회적 갈등이나 소식들을 전하느라 바빠서 작은 문예란 하나 마련되지 않는다. 작품집을 출간한 문인들을 소개하거나 이를 지역에 확산시켜주는 도서관이나 서점 등에서의 북콘서트나 작가와의 대화 같은 행사도 거의 전무하다. 또한, 지역 내 학교나 단체 등에서 진행되는 문학과의 만남 같은 행사들도 거의 중앙이나 지역 밖에 있는 유명짜한 문인들로 진행된다. 하지만 문학은 그런 것이 아니다. 보시라.

바다는 처연히도 붉고
술기운 탓인가 바닷새 울음 탓인가
갈매기는 바다에서 죽은 혼을 물고 뭍으로 날아온다는
당신의 그 말 때문인가
사람들을 굴비처럼 엮어 차디찬 물속에 밀어 버린 곳
살고자 올라오는 사람들을 죽창으로 내리찍던 바다엔
붉은 노을 만장처럼 걸리고
입술 파란 사람들이 양지쪽에 모여앉아
햇살을 쬐고 있는 환영을 본다
언제쯤 이유도 모른 채 죽어간 저들의 혼을 청해
술 한 잔 따르고 진혼곡을 올릴까

- 손수진 시 「복길선창」 부분

「문화무안」에 소개된 손수진 시인의 시 「복길선창」에서 노래하는 무안의 아픈 역사가 노래하는 진실은 누구의 것인가? 누구의 이야기이고, 누가 들어야 할 이야기인가? 기본적으로 문학은 '자기 이야기'를 하는 것이다. 자기 이야기에 귀 기울지 않는 문학은, 크게 보면 홍미의 충족이자 작게 보면 관음의 욕망에서 크게 벗어나지 않는 것이라고 할 수 있다.

연말을 건너서 새해가 막 시작되는 '개와 늑대의 시간'이다. 내가 살아갈 올 한해가 그저 내가 살기 위해서 남을 물어뜯는 늑대의 시간이 될 것인지, 그나마 함께 살아가는 경계선을 지키는 개의 시간을 넘어, 삶의 의미를 주시하면서 참다운 나의 이야기를 찾아가는 인간의 시간을 향유할 것인지를 결정하는 시간이라고 생각된다. 모쪼록, 내가 사는 무안에서 산출된 무안의 문학을 읽는 시간이 되기를 소망하면서 졸필을 접는다.

2012년의 목포문학 짚어보기

수상한 세월의 어깨 너머 지난 2012년의 목포문학을 짚어본다. 아니 그전에 먼저 지역문학은 무엇으로 사는가를 생각해 본다. 정치, 경제, 사회, 문화 등 현 사회적 체재의 맨 하부인 풀뿌리지역 단위이다 보니 문학 자체도 제도나 인력, 환경 등 부족한 것들 투성이기 마련이다. 하지만 음식쓰레기와 배설물이 다시 기름진 거름이 되어 우리의 먹거리를 풍성하게 기르는 법이다. 그렇듯이 지역문학은 그 지역의 그늘과 모순을 먹고 사는 것이리라.

그런 점에서 목포작가회의를 중심으로 살펴보는 2012년의 목포문학은 목포지역의 현 실태를 거의 그대로 표상하고 있는 양상이다. 십수 년이 넘도록 소위 건설족 출신 지자체장의 줄기찬 건설행정 아래 문화예술을 표방하는 수많은 '건물'들이 들어섰으되, 여기에 걸맞은 인력도 프로그램도 전무한 상황이다.

구랍 말일에 마친 제5회 김현문학축전 역시 마찬가지다. 한국문학판의 각진 상황에 끼어 이러지도 저러지도 못하던 고 김현 문학평론가에 대한 현창사업을 목포작가회의에서 과감히 챙겨들어 다섯 해만에, 건립된 김현문학관을 믿고 그 바통을 넘겼다. 수년전에 김우진문학백일장을 넘겼듯이 말이다.

하지만 이는 서울과 광주 등 외지의 유명문인이나 교수들을 불러들여 벌이는 일회성 관례행사로 치루고 있다. 문학적 고향을 제대로 갖지 못한 작고문인의 지역문학과의 연계성 찾기나 지역문학 활성화 등을 위한 당연한 고민은 찾아볼 길 없다. 목포라는 지역단위에서 지니고 있는 슬픔이나 희망은 물론 문학의 이름으로 찾아야할 어떠한 내면의 풍경과 전망도 보이지 않는다. 차가운 지적이겠지만, 문학은 유리관 안에 전시된 유골이나 물품으로 구현되는 박물이나 행사용 콘텐츠가 아니라는 점을 분명히 감안해야 한다.

지난 2001년에 깃발을 올린 지 벌써 십여 년이 넘어가는 우리들은 안다. 손에 쥔 깃대만 꺾이지 않는다면 잃어버린 고지야 공방의 대상일 뿐이다. 문학은 그 흐름을 예견하고 짚어가는 것이지 않았던가. 차가운 눈발 날리는 1월 15일부터 20일까지 무안에서 목포를 거쳐 제주도까지 제주강정해군기지 건설반대를 위한 '글발글발평화릴레이' 도보행진에 약 10여명의 회원들이 힘차게 참석했다. 지산 군부대를 오르는 언덕배기에서 생사를 가르는 자동차 사고에 직면하기도 했다.

4월에는 정명여고 강당에서 전국의 청소년 문사 약 550여명이 모여 '4.8독립만세운동을 기리는 제11회 전국청소년백일장'을 목포작가회의 주최로 개최했다. 5월에는 고무밴드 까페에서 '달빛시회'를 시작했으며 5월민중항쟁 추모기간에 목포역미술관에서 전국의 시인들을 초청하여 '오월평화시화전'을 진행했다. 6월부터 12월까지 무안 몽탄중, 신안 홍도초, 목포 영산초 등에서 '도서지역 청소년문학워크숍'을 성황리에 개최했고, 전남도서농어촌지역의 10여개 학교를 아우르는 소외지역순회 문화나눔 행사인 '청소년 문학축제'에 적극적으로 참여했다.

문학 외적상황의 긴박함 때문인지 내적실천은 비교적 빈약한 편으로 읽힌다. 하지만, 박성민 시인이 『쌍봉낙타의 꿈』(고요아침 간)을 통해 민족시의 원형인 시조를 현대적 감각으로 재해석함으로써 현실에 대한 비판과 풍자정신을 문예미학적 실천으로 승화시키려는 노력을 보여주었으며, 진도에서 활동하고 있는 박남인 시인이 첫시집 『당신의 바다』(문학나무 간)를 통해 남종문인화의 산실이었던 진도의 특성이 담긴 명징한 수묵산수화 기법의 차용과 한때 대몽항쟁의 근거지이자 또 하나의 왕국이었던 지역적 특성이 짙게 담긴 시적서사를 내보였다.

이처럼 내적 문예미학의 실천을 통해 외적진실을 드러내고자 하는 작업은, 정직한 목소리로 뒤틀린 현실을 비판한 최기종 시인의 시집 『나쁜 사과』(시와산문 간)와 시인이자 동화작가로써 왕성한 활동을 펴고 있는 안오일 작가의 한국안데르센상 수상 동화집인 『천하무적 왕눈이』(북멘토 간)를 통해 그 확장성을 더했다.

또한 최근 희곡분야에서 눈부신 활동을 보이고 있는 정경진 작가가 우리농산물 창작동화공모전과 광주평화연극제 공모전에 연이어 당선되는 쾌거를 이뤘다. 끝으로 목포작가회의에서는 12월 30일에 목포역 맞이방에서 목포역개통 100주년을 기념하는 '시하나 노래하나' 공연으로 한 해를 마감했다.

국도1호선, 제주해협을 넘다

- 2012년 글발글발 평화릴레이 참가기

제주 강정마을에 들어서는 해군기지 건설을 저지하고자 서울에서 제주까지 한국작가회의 문인들이 걸었던 「2012년 글발글발 평화릴레이」에 무안에서 제주까지 참가하여 걸었던 필자의 체험기를 목포작가회의 기관지 『목포작가』(2013년)에 게재하였음

#1. 무안 한우곰탕의 우직한 힘으로

무안군청에서 인계 받았다. 차가운 겨울날씨를 뚫고 임진각에서부터 걸어 내려온 글발글발 평화릴레이 행낭과 프랑카드 등을 광주전남작가회의 김경윤 회장으로부터 건네받았다. 당장 임진각이 문제가 아니라 무안군 초입에서 벌써 한 시간이상을 헤맨 일행은 무척 지쳐보였다. 일단 무안군청 옆의 한우식당에서 우직한 맛과 힘을 주는 한우곰탕과 한우비빔밥 등으로 서로 춥고 허한 속을 채웠다. 평화와 통일을 사랑하는 사람들 무안대표인 최병상 대표가 점심값을 쾌척했고, 팔순에 이른 재야어른인 배종렬 선생님이 격려해주었다.

그렇듯이 원래 예정시간보다 늦은 오후 2시경에 무안군청에서 간단한 인수인계식을 마친 우리는 힘차게 출발했다. 목포작가회의 최기

종 지부장과 유종, 조대현 시인 그리고 필자와 전 구간부터 계속 참가한 순천작가회의 김인호, 송태웅 시인은 물론 서울과 대전에서 내려와 합류한 표광소, 윤임수 시인 등이 함께 걸었다. 물론 조정 시인이 차량에스코트를 계속하였고 조성봉 영화감독이 영상아카이브 작업을 진행했다. 폭력과 불안으로 얼룩진 세상을 작으나마 씻어내기 위하여 소설을 쓰던 다리로 시를 쓰던 몸으로 국도1호선의 종착지를 향하여 걷기 시작했다.

우리들은 처음에 도로 우측에서 진입하는 차량을 마주보며 걸었다. 약 40분 정도를 걷다가 만난 어쿠스틱기타밴드인 고무밴드 김영주 기타리스트가 내놓은 막걸리와 삶은 달걀을 먹었다. 또 잠시 후에는 일로품바보존회 조순형 회장이 찾아와 오디술 한 병을 주고 갔다. 우리의 힘을 북돋고자 나선 이들은 물품 후원뿐이 아니라 뒤에 직접 제주도까지 함께 참석하게 된다.

차량 에스코트와 영상 아카이빙을 편리하게 하자는 조정 시인의 제안에 따라 우리들은 다시 도로 우측으로 걸었다. 양파조형물이 걸린 무안군농업기술센터를 지나고 청계북초등학교를 지날 무렵 무안신문 박금남 대표가 연도와 나와 격려의 악수를 나누었다. 청계초등학교를 지나 멀리 보이던 청계면사무소의 초입 잔디밭을 밟은 것은 약 3시간 만이었다.

비교적 무난한 거리로 짜인 첫날 일정을 무사히 마친 우리들은 목포대학교 옆 막걸리 집에서 즐거운 뒤풀이를 했다. 마침 승달산 등반을 나왔던 지역 예술인들이 함께 합류해서 이번 행사에 대한 홍보와 함께 차후 행사에 동참을 유도하는 기회가 되었다.

첫날 일정은 2012. 1. 15(일) 오후 2시-오후 5시에 걸쳐, 무안군청-

무안군농업기술센터-청계북초등학교-청계초등학교-청계면사무소 10.8km를 걸었다.

2. 시대의 악법을 넘어서는 정의의 힘으로

다음날은 오전 9시에 청계면사무소에서 출발했다. 목포작가회의에서 진행하고 있는 생명평화 걷기 글발글발 평화릴레이는 국도1호선을 따라 육지에서만 끝나는 것이 아니라, 바다를 건너 제주 강정마을까지 이어져야 한다. 당연히 준비과정이 만만치 않았다. 내일 제주행을 준비하기 위하여 많은 인원들이 뒤로 미뤄지는 바람에 최기종, 유종, 김혜경, 표광소, 송태웅 시인과 김제에서 내려와 합류한 송은행 님 등이 함께 소박하게 출발했다. 차량이 무척 빈번한 광주-목포간 구간이어서 조정 시인 등이 경찰에 에스코트를 신청하자는 안을 제안했지만, 일행도 적은데다 번거로운 절차가 예상되기에 그냥 걷기로 의견을 모았다. 어제보다 한결 풀린 날씨에 걷는 발걸음은 가벼웠다.

하지만 우리 일행 곁을 가까스로 스치듯 질주해 가는 차량들이 너무 아슬아슬한 느낌이었다. 아니나 다를까, 출발 후 장부다리휴게소를 지나 약 1시간 정도 되어 대박산 군부대로 향하는 언덕길을 오르던 도로에서 사고가 발생하고 말았다. 운행차선의 전망을 확보하지 않고 2차선을 질주해오던 대형트럭이 조정시인의 에스코트 차량을 피해 1차선으로 차선 변경을 하다가 운행 중인 승용차를 들이받았고, 그 승용차가 조정 시인의 에스코트 차량 측면에 부딪친 후 다시 튕겨나 우리 일행을 덮친 것이다.

먼저 송태웅 시인의 어깨를 스치듯 들이받은 차량은 그대로 '풀 한 포기 돌멩이 하나 손대지 말라'는 프랑카드의 정중앙을 덮쳤다가, 도로변 콘크리트 보호막에 부딪쳐 다시 튕겨나 프랑카드 앞부분을 들고 가던 최기종 시인에게 밀려갔다. 거의 순식간, 위기를 감지한 최기종 시인의 단말마와 함께 유종 시인 이하 일행들이 뒤집힌 채 밀려오는 차량을 뒤로하고 우우- 달아났다. 순식간에 무의식적으로 이뤄진 상황이었다. 잠시 후 추격(?)을 멈춘 차량을 중심으로 모든 사물이 '멍한 시간'이 지난 후에야 쓰러져 힘든 숨결을 내뱉고 있는 송태웅 시인을 챙겼다. 후일담으로는, 영화 '마지막 보이 스카우트'의 한 장면이라고도 했고, 에스코트 차량 덕분에 튕겨온 차의 충격을 줄임과 동시에 앞뒤에서 들고 행진하던 프랑카드의 정중앙 위치 곧 신의 각도를 차량이 받은 사고라고도 부른 상황이 전개된 것이다.

뒤집혀진 차에 끼인 승용차의 운전자는 119요원들이 출동해서야 간신히 구조되어 병원에 실려 갈 정도의 대형사고 였다. 하지만, 잠시 후 유종 시인의 품에서 정신을 차린 송태웅 시인의 갈비뼈 골절과 조정시인의 충격에 의한 추후 골절상을 제외하고는 그나마 큰 사고가 없는 '불행 중 다행'인 셈이었다. 인근 중앙병원으로 실려 간 송태웅, 조정, 김혜경 시인 등을 제외한 일행은 흩어진 행장을 추스르고 다시 걷기 시작했다. 그랬다. 머릿속을 떠도는 별의별 생각들에 시달리는 우리들의 몸과 마음은 비장하기 그지없었다. 우리들은 다시 제주 강정마을을 생각하였다. 국가라는 이름으로 저질러지는 폭력 앞에 노출된 개인들의 무력함에 치를 떨었다. '국민으로서의 법을 생각하기 전에 먼저 시민으로서의 정의를 생각하라'던 헨리 데이비드 소로의 말을 절감하였다. 정오 무렵에 이르러 간신히 1차 목적지인 목포가톨릭대학에 도착했다.

둘째 날 오전 일정은 2012. 1. 16(월) 오전 9시-오후 1시경에 걸쳐 청계면사무소-장부다리휴게소-목포IC-목포가톨릭대학교 10.04km를 걸어 진행되었다.

3. 생명평화를 찾아가는 존재의 힘으로

간단한 요기를 마치고 목포가톨릭대학을 출발하면서 일행들이 불어나기 시작했다. 어젯밤부터 서울에서 내려와 기다리던 목포출신 문학평론가 황현산, 이영광 시인이 함께했다. 또한 목포시외버스터미널 부근에서는 압해도에서 나온 김성호 시인과 조병연 화가가 합류했고, 3호광장을 거쳐 목포시청에서는 통합진보당 조영규, 박명기, 박기철, 윤소하 대표 그리고 전교조 전남지회 김성동, 장주섭 지회장과 목포신안민중연대 조창익 공동대표, 영산강살리기 김도형 사무총장, 목포기관차노조 김현우 지부장 이하 많은 시민들이 함께 했다. 힘을 얻은 최기종 지부장은 우리 일행을 목포시청에서 곧바로 도착행사장인 국도1호선 시발비로 가지 않고 목포 시내를 갈래갈래 돌기 시작했다. 단 한명의 시민에게라도 이번 제주 해군기지 건설저지를 위한 평화릴레이의 의미와 취지를 알리고자 하는 내심이었다.

하지만 오전에 훈훈했던 겨울날씨는 오후에 들면서 갈수록 매서워졌다. 이에 더해, 일단 병원을 나온 조정, 김혜경, 유종 시인이 사고조사를 받으러 무안경찰서로 출두한 상태여서 마음은 더욱 쌀쌀한 상태였다. 하지만, 조대현시인과 고무밴드 김영주 기타리스트는 국도1호선 시발비에서 진행될 도착행사 준비를 했고, 나는 목포항여객선사 관계자와 내일 제주행 카페리호 선상공연을 협의했다. 행사내용이 내용(?)인지라 쉽지 않았지만, 무사히 공연허가를 받을 수 있었다.

오후 5시경이 되어 마침내 2호광장을 거쳐 중앙초등학교와 목포역을 지나 유달산 아래 국도1호선 시발비까지 걸어온 일행들이 도착했다. 임진각으로부터 400여km를 25박 26일 동안 걸어온 작가들의 발걸음이, 그 깊고 숭엄한 생명과 평화를 그리는 희망이 도착한 것이다.

잠시 더운 숨결을 식힌 후에 곧이어 생명평화 걷기 글발글발 평화릴레이 도착행사를 시작했다. 타악공연단「누리보듬」의 문예일꾼 세 명의 힘차고 신난 진도북춤이 식전행사로 펼쳐졌다. 사회를 맡은 목포작가회의 조대현 자유실천위원장이 행사에 참가한 목포지역 진보시민단체 회원들을 비롯한 문인작가들 약 50여명을 각각 소개했다. 비록 분단된 조국일지언정, 국토의 맨 끝인 임진각에서부터 국도1호선을 따라 걸어와 드디어 종점에서 마감하는 행사라는 점에서 참가자들의 열기는 뜨거웠다.

오랜 세월 목포지역의 투쟁현장에 함께 결합해온 통합진보당 목포시지구당 윤소하 대표와 본회 자문위원인 황현산 문학평론가가 축사와 격려사를 했다. 최기종 지부장의 인사말에 이어 경과보고와 필자의 졸시 '강정 간다'를 낭송한 후 모두 함께 힘찬 목소리로 글발글발 평화선포문을 낭독하고 행사를 마쳤다.

코끝이 얼 정도로 싸늘한 날씨를 고려한 약40여분 정도의 비교적 짧은 시간이었지만 뜨거운 열기는 국도1호선 시발비를 넘어 유달산과 그 아래 유장하게 펼쳐진 다도해까지 이어졌다. 그러한 덕분인지, 원래 단 네 명에 지나지 않던 내일 제주행에 동참할 문인작가들이 십여 명에 이르도록 많이 늘었다.

그렇다. 세상에서 별다른 명예도 보상도 기대하지 않는 문인들은 사실 가냘픈 계란이다. 노란 꿈과 하얀 희망으로 둥그런 껍질 안에 담겨있는 날계란일 뿐이다. 함부로 툭툭 깨지는 껍질 밖에서 얼마나 허망하고 허약한 그것일 뿐이다. 하지만 아는가? 이겨내기 힘든 절벽 같은 바위가 세상을 가로막을 때, 아무도 이에 맞서지 못하고 절망의 늪에 빠졌을 때, 바위를 향하여 날아가는 날계란을! 그 거침없는 분노를! 그대로 바위에 부딪쳐 박살나, 온 몸과 마음 그리고 영혼까지, 깨지고 흩어지고 눌러 붙어, 바위를 더럽히고, 억압을 증거하고, 부당함을 고발하여, 지켜보던 이들의 슬픔과 혼돈을 분노와 혁명으로 날카롭게 일으켜 세우는, 작가들은 생명평화를 고요히 간직한 존재인 것이다.

둘째 날 오후 일정은 2012. 1. 16(월) 오후 1시-오후 5시 40분경에 걸쳐 목포가톨릭대학-시외버스터미널-3호광장-목포시청-유달중학교-2호광장-중앙초등학교-목포역-유달초등학교-국도1호선시발점-도착행사 순으로 진행되었다.

4. 우리, 제주바다로 가는 파도

희끄무레한 안개가 낀 새벽 8시 무렵 목포항국제여객선 터미널에 제주도로 건너갈 평화릴레이 일행이 모였다. 문인으로는 최기종, 표광소, 조대현, 김성호, 유종 시인과 필자 그리고 음악인 한보리, 김영주와 화가 조병연 및 제주 현지 공연을 위한 일로품바보존회 조순형 회장과 이강산 품바명인 그리고 조성봉 영화감독까지 장장 12명에 이르는 대부대(?) 였다.

거의 모두가 부스스한 얼굴이었다. 잠시 뒤에 도착한 조정시인과 자택에서 잔 최기종, 유종 시인을 제외한 일행들은 모두가 술이 덜 깬 부스스한 얼굴이었다. 어제 목포 원도심의 맛집 돌집식당에서의 뒤풀이와 필자의 누옥 달아서실에서 술과 노래와 열정어린 이야기들이 뒤

섞여 새벽 3시경까지 이어진 오늘 선상공연을 위한 심도 깊은(?) 기획 회의 덕분이었다.

정각 9시에 목포항을 출발한 씨스타크루즈호의 편안한 객실에서 우리들은 일단 휴식을 취했다. 그리고 무대세팅을 마친 오전 11시부터 1시간 30분간의 공연을 시작했다. 무대 옆에서는 조병연 화가가 평화로운 강정마을 그리기 퍼포먼스를 하고 6명의 시인과 2명의 가수와 1명의 품바가 섞여 '평화와 생명을 위한 공연'을 진행했다.

하지만 제주행 카페리 호에서의 선상공연이 갖는 낭만성은 사실 강정마을 해군기지 건설 저지를 위한 공연목적과 직접적으로 부딪치는 것이었다. 또한, 목포-제주 간을 오가는 배인지라 상대 의견을 가진 현지인들의 불편한 대응은 물론 선사관계자들의 완강한 태도 역시 충분히 우려되는 대목이었다. 물론 이보다는, 지난 차량사고에서도 그랬지만 이런 지엽적인 문제로 해서 보수언론의 타깃팅이 충분히 예상된다는 점에서 더 큰 우려감이 드는 것도 사실이었다.

따라서 이를 우려하여 어젯밤에 충분히 부드러운 방향으로 공연 컨셉을 잡았던 것이다. 이미 우리 일행의 상태와 프랑카드를 겹겹이 두른 무대 상황 자체가 공연목적을 강조하고 있으므로, 공연내용은 충분히 부드러울수록 좋다며, 특히 총괄기획을 맡은 '시를 노래하는 달팽이'의 대표인 한보리 시인이 재삼재사 당부했던 내용이기도 했다. 하지만 여기에 참석하지 않았던 최기종 시인이 덜컥 '구럼비 바위를 살려내라'는 격렬한 음성으로 시낭송과 멘트로 오프닝을 마치자 자연스럽게 장내분위기가 착 가라앉는 느낌이었다.

하지만 다행히 1부 사회를 맡은 고무밴드 김영주 형이 소프트한 멘트와 싱얼롱 등으로 분위기를 다잡았고, 다음 순서로 등장한 표광소

시인이 자신의 첫사랑에 대한 고백형 사설과 시낭송으로 분위기를 바꾸었다. 그런데 다시 문제는, 다음 순서로 이어진 시인들과 가수들의 사설이 너무 길게 이어지는 것이다. 먼 바다의 선상에서 개인의 내밀한 사랑이야기를 펼쳐 놓다보니 앞뒤의 사설이 자연히 길어지는 듯했다. 하지만 어차피 선상에서의 공연시간은 제한적이었다. 그렇다고 함부로 자를 수도 없는 상황이어서 난감했다. 하지만 이 역시 김영주 형의 재치 있는 진행 덕분에 정확히 1시간 30여분 만에 공연을 무사히 마칠 수 있었다. 처음에 반신반의하던 승객들은 함께 박수를 칠 정도로 이미 공연에 공감을 보내고 있는 상황이었다. 또한, 제주해군기지 건설저지는 환경보존과 군사재앙의 문제만이 아니라, 거의 모든 국민들이 지니고 있는 신혼여행과 수학여행지로서의 공동체적 체험과 기억을 지키는 중요한 일이기도 하다는 오프닝멘트까지 이끌어냈다. 나름대로 충분히 성공을 자평해도 좋을 만한 공연이었다.

공연 장비와 짐들을 수습하고 나니 곧바로 오후 2시경이었다. 제주항에서 조성봉 영화감독의 촬영포즈에 응하면서 천천히 하선했다. 제주항 부두에서는 이미 제주작가회의와 강정마을 주민들이 대대적으로 환영의 대열을 펼쳐놓고 있었다. 그동안 우리들 몇몇이 진행해온 평화릴레이 형태에 비하여 족히 몇 백 명은 넘어 보이는 인파와 언론방송의 열기를 보니, 이번 글발글발 평화릴레이 행사가 지닌 의미가 다시금 피부에 닿았다. 제주항에서 평화릴레이 선포문 낭독과 평화행낭 인수인계식을 진행한 후에 제주 오일장까지 다시 한나절을 걸었다. 제주시 오일장터 잔디밭에서 일로품바 이강산 고수의 걸쭉한 품바공연과 강정마을 노래밴드 신짜꽃밴의 짜릿한 락음악에 취해 제주의 밤을 즐겼다. 물론 밤에는 서귀포의 한 모텔에서 모처럼 만난 제주작가회의 문인들과 찐한 우정의 밤을 보냈다.

그랬다. 도보행진 중에 우리가 골라들었던 목포작가회의 깃발에 새겨진 문구처럼 우리는 '제주바다로 가는 파도'였다. 물론 다음날 새벽 제주해변의 붉은 동백꽃을 찍어 스마트폰으로 페이스북에 올린 문구처럼 "아무리 힘들고 어려워도 살아가는 날의 아름다움을 잃지 말자. 가장 크고 힘센 것들 앞에서도 함부로 고개 떨구지 않고 붉은 눈빛으로 올려보는 동백을 보니 봄날이 멀지 않았다. 우리는 강정으로 가고 있다"는 제주의 꽃소식이기도 했다.

마지막 날 일정은 2012. 1. 17(화) 오전 9시~오후 2시에 걸쳐 제주항-목포항간 씨스타크루즈호를 타고 180km의 대한해협을 건넜다.

2008 서남권문학박람회 발제문

- <2007년의 목포문학 짚어보기>

1. 목포문학의 현실

지역문학이란 무엇인가? 우선 먼저 중앙문학에 대립되는 의미로서의 지역문학을 일컬을 수 있을 것이다. 거의 대개의 지역문학에 대한 담론들이 이를 차용하고 있다. 모든 정치, 경제, 사회적인 기제들이 중앙으로 치몰려있는 상황에서, 이를 반영하는 문학예술 역시 중앙문학에 종속되어 있는 형태에 대한 반성과 자성의 의미로 지역문학이 운위되고 있다. 김용일은 이를 개념화하여 아예, 지역은 점점 고유성과 특수성을 잃어버린 채 중앙의 지배 구조를 내면화 하는 추상적 공간으로 변질되어 있고 있으며, 구모룡은 이를 지방의 위치에서 지방의 경험을 폄하하거나 이와 정반대로 이를 우월한 가치로 격상시키는 잘못된 지방주의(localism)가 가장 큰 원인으로 작동하고 있는 것으로 파악되고 있다고 했다. 따라서 이제 지역문학은, 중앙과 지역의 문제

---

* 〈목포문학관〉 개관을 기념함과 동시에 현재 진행되고 있는 〈목포문학박람회〉의 모태가 되었던 〈제1회 서남권문학박람회〉의 세미나에서 발표했던 발제문임. 목포를 중심으로 서남권문학을 아울러 보자는 취지로 진행되었던 행사는 분절된 행정 자치구도를 견디지 못하고 단발로 그치고 말았음.

를 이분법적 구도로 바라보는 시각을 과감히 청산하고 주변과 중심의 다층적인 연관을 사고하는 새로운 심상지리를 형성해가야 할 것이며, 동시에 추상성, 강제된 보편성 등에서 탈피하여 자신의 과거와 현재의 역사성에 개입해가야 할 것이라고 했다.

목포문학 역시 이러한 지역문학의 범주에서 살펴봐야 할 터이지만, 불행하게도 이를 위한 연구방법론이나 엄격하고 객관적인 문학적 검증의 틀이 거의 존치하고 있지 않은 현실이다. 특히, 문학애호가(dilettante)들을 부추겨 문인의 탈을 씌움으로써, 개인적으로는 올바른 문학사랑과 문학수업을 막아버림과 동시에 이들의 문학세력화를 통해 접수된 지역문학은, 그 자체가 앙상한 뼈다귀만 남은 형상이다. 고운 살결을 따라가는 미학과 그 살결을 통해 전해지는 속 깊은 의식에의 진단이 어떻게 가능할 것이며, 서로 어울려 뒹굴고 싸우고 화해하며 큰 길을 향해 나아가는 엄정한 전문가집단으로서의 지역문학이 어떻게 가능하겠는가.

목포문학 역시 여기에서 크게 자유롭지 못한 형편이다. 좀 더 가혹한 평을 가하자면, 겨우 중앙문학에 자리 잡은 지역의 선배 중진문인들은 중앙문예지에 작품 발표하는 것이나 중앙문인과의 개인적 관계망을 신주단지 모시듯 한다. 물론 그 보상의식으로 지역문학이나 지역문인들에 대해서는 극단적인 위계관계를 내면화하고 있는 후진적 현실이다. 이들에게서 문학을 하는 근본적인 욕망에 대한 올바른 성찰과 실천을 기대할 수는 없는 것이다. 더하여, 자신과 자신의 삶이 발딛고 있는 지역이 곧 세계의 중심이며, 지역의 특성과 맞물린 보편성에 대한 진지한 추구와 실천이 곧 문학의 본령임을 기대하기는 더욱 난망한 일일 터이다. 그러한 의미에서 이들은 지역에 산재한 마이너

문인들과 함께 지역문학을 딜레당트化 하고 있는 쌍두마차이다. 또한 목포문학의 의미는 아직까지 여기에서 크게 벗어나고 있지 못한 것이 현실이다.

2. 2007년의 목포문학 짚어보기

이러한 점을 전제하고, 후일의 올바른 목포지역문학사 정립을 위한 기초와 함께 이번 서남권문학박람회의 주제인 지역문학에 대한 토론을 위한 발제문으로서, 한국작가회의 목포지부를 중심으로 2007년의 목포문학을 거칠게나마 짚어보고자 한다.

목포작가회의(한국작가회의 목포지부의 약칭, 이하 같음)는 지역문학 담당체로서의 분명한 역할을 감당하기 위해, 회원들에 의해 창작된 작품 발표와 시민 대상 문학예술 향수권 확대사업 등으로 양분하여 행사를 진행하고 있다. 이를 행사진행 측면에서 살펴보면 발간, 교육, 전시, 공연, 복합문화행사 등의 다양한 형태로 구분되어 진행되고 있다.

먼저, 발간사업으로는, 목포작가회의 회원들의 창작작품 발표와 지역문학자료 보존을 위한 기관지『목포작가-2007』(시와사람 간행)과 함께 미래 지역문학의 희망인 청소년문학의 활성화를 위한 청소년문예지『다도해 푸른작가-2007』(통권3호, 시와사람 간행), 그리고 지역 내 장애인 문학인들에 의한『대나무발』(통권 2호, 시와사람 간행) 등을 발간하였다.

청소년 문예교육사업으로는「도서지역 청소년문학워크숍」과「섬지역 청소년 문학축제」(목포민예총 문학위원회 주최) 사업을 진행하였다. 본 사업은 전남 도서농어촌지역의 급격한 인구감소와 신자유주의 교육정책에 의한 학교 교육 인력 축소로 인해 문화예술교육 과목과 교사 자체가 줄어드는 학교 현장에서의 현실적인 측면을 감안하였다. 또한, 주로 유명 문인을 초청하여 진행되는 문학강연과 이에 대한 청소년들의 토론 등 단순한 문학행사 위주의 커리큘럼은 참가한 청소년들의 무관심으로 인해 학교 현장에서 외면을 초래한 면이 없지 않다고 판단되어, 본연의 문학 장르를 중심으로 파생되는 다양한 복합장르와의 결합을 시도하였다. 예를 들어, 도서농어촌지역 학교 현장에서 진행 자체가 힘들어진 시화그리기, 시노래 작곡하여 부르기, 연극(단막극) 공연, 영상물제작 등의 다양한 복합예술행위를 통하여 진행하였다. 물론 이는 목포작가회의와 연대활동을 펴고 있는 민예총과 새로 발족되어 활발한 활동을 펴고 있는 다도해문화예술교육원 등과의 유기적인 연대와 결합 속에서 진행된 결과이기도 했다.

그리하여 내용이 풍부해진 행사는 학교 현장의 뜨거운 호응 속에 전남 신안, 목포, 무안, 해남, 영광, 진도, 완도 등 전남 서남지역의 도서농어촌지역 학교들을 대상으로 폭넓게 진행되었으며, 행사의 효과와 중요성이 인정되어 한국문화예술위원회 등에서의 지원의 폭이 확대되었다.

이러한 문학교육사업 이외에 전남민예총 문학위원회에서는 갈수록 침체되어 가는 본격문학을 대중화하고자 전국의 간이역을 찾아 시를 노래화하여 콘서트로 연결시키는 행사를 진행하고 있다. 이는 전국 각 지역에서 뿌리박고 활동하는 토종시인들의 작품에 곡을 붙여 시노래로 발표하는 내용으로 진행되었으며, 2005년과 2006년에 걸쳐 전국의 약 20여개 간이역에서 진행되어 큰 호응을 불러일으켰다. 이 역시

행사의 효과가 확인되어 국무총리복권위원회 등 각종 지원기관을 통한 지원의 폭이 확대되는 결과를 가져왔다.

그러나 이처럼 본격적인 문화기획과 효율적인 행사 프로그램의 개발을 통한 지역문학예술의 활성화는 고질적인 지역문화예술계의 질시와 갈등을 불러 일으켰다. 갈수록 폭넓게 진행되는 신자유주의의 사회체제 속에서 무엇보다 중시되어야할 시민들의 문화향수권을 매개로한 문화민주주의에 대한 인식과 고찰은 전무한 채, 행사 자체를 금전으로밖에 이해하지 못하는 전근대적인 지역문화체계가 불러일으키는 혼돈과 소란을 피하여 문학예술이 지닌 내적상황으로 환원하지 않을 수 없었다.

따라서 주로 참가한 문학예술인들의 봉사를 통한 자부담 방식을 취한 〈섬지역 청소년 문학축제〉는 무안 청계남초등학교와 해남YMCA 방과후교실 등 약 3군데서 진행되었으며, 〈간이역 순회 시노래콘서트〉는 경전선 율촌역(박두규 시인), 경부선 삼랑진역(박영희 시인), 장항선 청소역(유용주 시인) 등 4군데서 진행되었다.

이외에 목포작가회의에서는 문학보급 사업으로 〈제6회 4.8독립만세운동기념 전국청소년백일장〉과 〈2007 호남방송 전국어린이백일장〉을 주관하였으며, 전시 및 공연사업으로는 〈제6회 5월항쟁 추모거리시화전〉을 목포역 광장과 대합실에서 진행하였고, 8월에는 외달도해수욕장에서 1박 2일의 〈제6회 다도해여름문학학교〉와 〈제13회 시하나 노래하나 공연〉을 진행하였다. 9월에는 목포지역 고교생 문학동아리연합 「닻」을 중심으로 목포청소년축제의 일환인 〈청소년문학아카데미〉를 목포시민문화체육센터에서 진행하였으며, 해제중학교 등에서 매년 진행하고 있는 〈찾아가는 문학교실〉을 개최하였다.

이러한 문학보급 사업이외에 좀 더 가치 있는 사업으로 목포작가회의에서 연중 진행하고 있는 <찾아가는 곰두리 문학교실>을 들 수 있다. 이는 매주 2시간씩 목포장애인복지관을 중심으로 결성된 목포장애인문학회 회원들과의 문학수업을 진행하여 연말에 장애인문집을 발간하고 <곰두리문학축제>를 개최하는 행사이다. 작년에는 장애인문집 『너무 예쁜 나의 왼발』, 올해는 『대나무발』(시와사람 간)을 발간하였으며, 12월 27일 목포문학관에서 천승세 선생님의 문학강연과 시노래콘서트, 창작연극공연, 창작영상제, 시화전 등으로 이뤄진 <제3회 곰두리문학축제>를 성대하게 진행하였다.

또한 목포작가회의에서는 2007년의 주관점사업으로 <제1회 김현문학축전>을 기획 진행하였다. 이는 목포문학은 물론 한국문학의 소중한 문화자산이면서도 그동안 감춰져 있던 김현의 문학세계를 알려내고 또한 김현 문학을 기림으로써 지역문학과 한국문학의 새로운 도약의 기반을 마련해보고자 진행되었다. 하지만 이는 사실, 김현문학이 지닌 비진영적 측면 즉 문학계 내에서의 중간자적인 입장을 고려하고, 또한 이러한 면에서 지역문학에서 이의 연결고리를 찾아내어 현창사업으로 승화시켜내는 데 있어서의 난점을 전제하여, 우선은 김현문학의 현창을 위한 장기적인 기반 마련으로서의 출발의 의미와 기본 콘텐츠 생산이라는 조촐한 지향점을 정해 진행되었다. 김현문학아카이브 사진전시회와 김치수 문학평론가, 임동확 시인 초청 문학강연회, 그리고 김현관련 추모시 등을 대상으로 창작하여 진행된 김현추모시노래콘서트 등은 비록 대중적 호응은 적었다하더라도 그 내용이 지닌 깊이 측면에서는 충분히 제 성과를 이뤄냈다고 자평된다.

그러나 이러함에도 불구하고, 김현선생의 생전 주요활동 무대였던 서울을 비롯한 중앙문단에서의 참여와 호응을 충분히 이끌어내지 못한 한계점은 반성 검토되어야 하며, 차후 행사 개최시의 최우선 전략목표로 검토되어야 하리라 평가된다. 또한, 김현문학의 장기적인 현창사업 진행을 위한 「김현문학관 건립」 등에 대한 깊이 있는 논의와 준비가 이뤄져야 하리라 생각된다. 이는, 물론 문학예술계 내부에서의 논의만이 아니라 지자체와 각 문예지원기관 간의 긴밀한 논의와 협조를 통하여 진행될 수 있을 것이다.

3. 목포문학의 미래찾기

위에서 거칠게 살펴본 목포지역문학의 현재 모습은 그러나 '반쪽'일 수밖에 없다. 어차피 문학은 '작품'으로 얘기되는 것이며, 그동안 근대의 모습을 벗어나지 못한 우리의 문학사가 테크닉 위주의 '쟁이'로서의 문학예술을 얘기해왔다지만, 그리하여 이제는 기존 '지식문인들에 의한, 지식문인들을 위한, 지식문인들'의 '유한문학'이냐, 시민들과 함께하는 참여와 소통의 퍼블릭아트 내지는 커뮤니케이션아트의 범주에서 문화민주주의를 추구하는 진정한 '실천문학'이냐의 판가름은 필요하겠지만, 그러나 무엇보다도 문학을 운위하는 자리에서 중요한 것은 '문학작품'임은 불문가지라 여겨진다. 물론 목포문학을 운위하는 이 자리에서도 현재 이 지역에서 창작되고 있는 문학작품이 최소한 거론되어야 할 것이다.

그런 점에서, 아직 책으로 엮이거나 제대로 된 문예지 등에 발표할 기회가 없어 소설가 한창훈의 말처럼 "중심에서 더 멀리 떨어져 나와

발톱 끝 같은 주변부에 또 하나의 중심을 세우고 있는" 다음과 같은 우리 지역의 당찬 젊은 시인들을 기억해야 할 것이다. 그리고 이들의, 이러한 작품들을 기억하지 못하는 지역문학이라면 과연 어떠한 의미가 있겠는가. 아니 좀 더 과장시켜 말한다면, 목포문학의 미래는 아직까지 이처럼 '알' 속에, 텍스트 속에 갇혀있는 섬이라고 하면 너무 과장인 것일까.

다도해

누이는 터진 손으로 공기놀이를 했다. 손등에서, 손아귀에서, 엄지와 중지사이에서 훌쩍훌쩍 노는 돌들은 징검다리로 앉아 있다. 처마 밑 메주로 흔들리다 서낭당 돌무더기로 모여 앉기도 했다. 소쿠리 식은 밥알들 굳어갈 때까지 빈집 개가 서성이다 까묵 잠들 때까지 나는 배고픈 것도 마냥 잊고 누이 곁에 쪼그려 그 공기들 떨어질 땅이 궁금했다. 아그들아… 밥 묵그라… 해 어스름 까치놀 뜨는 저녁, 야아, 알았서라우… 엎어지고 널브러진 돌멩이들 돌아보며 돌아보지 않으며 나 밥 묵으러 갔다. 누나도 가고 나도 가고 모두 밥 묵으러 가고, 썰물들도 큰 바다로 떠난 마을, 솔불 그을음에 검붉게 그을어진 마을, 남겨진 그! 돌멩이 흔들리다 휩쓸리다 다도해 되었다. 큰 바다로 가지 못해 발 묶인 다도해가 되었다.

나 밥 묵다 돌아왔다
마흔에 바라보는 목덜미 서늘한 다도해여
피멍 든 손톱 같은 섬들 사이로
누이 콧물처럼 아직 훌쩍이는 썰물이여.

- 박성민 시 「다도해」 전문

소통(疏通)

디젤기관차 기관 공기함 핸드 홀 커버의 조임 수치는 따로 정해진 게 없다. 밸브 손잡이를 적당한 악력으로 돌리다 새끼손가락이 묵직해진다 싶으면, 렌치로 다시 한바퀴 반을 돌리면서 홀 커버 조임치의 음원을 찾아낸다. 그 투명한 합금강의 신호음은 손가락들만 들을 수 있어서 '쨍' 하는 和音이 잡힐 때까지 몇 번의 몸신호를 보내고, 오른손가락 촉수로 만져지는 화음을 온 몸 구석구석에 각인시키는 것이다. 사람과 기계가 만나는 접점이 생성되면 사람은 기계를 닮아가고 기계는 사람을 닮아간다. 사람은 비로소 기름밥을 먹고 기관차는 鐵馬가 되어 철길을 내달리는 것이다. 언젠가 먼 길을 달려온 기관차 배장기에 밴, 진한 핏물을 본 적이 있었다. 그 날 우리는 배장기에 얹혀있는 상처를 달래며 하루 종일 취해 있었다.

- 유종 시 「소통」 전문

我召本能

아이와 함께 생존을 위해 살아가는 동물 비디오를 보았습니다. 아직 속살 벌건 새끼들 젖 물리던 어미쥐, 침 삼키며 다가오는 방울뱀 보고 정신없이 도망치다 멈칫, 멈추며 차마 뒤돌아보지 못하고 한없이 머-엉 서 있습니다. 방울뱀 창자 속으로 한꺼번에 삼켜졌을 올망졸망 새끼들, 잠시 둘 곳 모르던 어미쥐의 눈망울,

건널목을 건너던
네 살배기 아이와 엄마

달려오는 트럭을 보고
먼저 잽싸게 건너버린 엄마,
손 놓친 아이의 비명이 들리는
순간

퍼-억
아이를 삼켜버린 트럭의
바퀴 아래
데굴거리며 따라오는 아이의 웃음

텅- 빈 손, 망연자실 바라보다
놓아버린 세상을 향해
목 놓아 달려가는
어미의 절규

- 안오일 시 「我召本能」 전문

4. 마치면서

너무 어수선한 시절에 준비 없이 살펴본 목포문학이여. 내 삶이 담긴 목포여. 내 꿈이 담긴 문학이여. 내 영혼이 담긴 시여, 용서하라. 다 용서하시라. 내가 나를 파괴하지 못하는 시가 무슨 의미가 있으며, 남의 이야기로 내 이야기를 하지마시라. 불쌍한 나여. 시를 핑계로, 문학을 바람잡이로 삶을 도둑질하고 있는 나여, 너여, 우리여. 다 용서하시고, 다 용서하지 마시라. 우리들이 실은 도둑놈임을 눈치 채고 인정한 이들끼리 모여, 나이 딱 팔십에 이르를 때까지의 문학만 하자. 그때까지의 땀과 그때까지의 노래만 부르자. 지금은 눈 아래 낀 치태를 닦아내는 일이 목포문학을 살려내는 일. 지금은 우리들의 삶에 배인 땀과 눈물과 피로 이룩되는 순수한 근로소득을 인정하는 일이 목포문학을 살려내는 일. 지금은 우리 곁에 있는 아내와 친구와 형제와 배신자와 사업관계자를 인정하는 일이 목포문학을 살려내는 일이다. 부디, 문학과 예술과 영혼과 순수와 구원과 사랑과 눈물과 개나발로부터 멀어지는 일이, 목포문학을, 살려내는 첫걸음임을, 잊지 말자. 목포여. 문학이여.

2005년의 목포문학 짚어보기

작년 이맘 때 민족문학작가회의 목포지부에서는 2005년의 사업방향을 전남 서남지역의 도서농어촌을 비롯한 소외지역 및 저소득청소년, 장애우 등 소외계층과 함께 하는 방향으로 그 지향점을 설정한 바 있었다. 이는, 목포권으로의 전남도청 이전이라는 사회적 상황과 맞물린 목포작가회의의 활동 범주 확대라는 문제와 함께 신자유주의의 그늘 아래 갈수록 더 소외와 차별의 나락으로 떨어지고 있는 소외 계층의 문화향수권에 대한 확충과 심화가 절실하다는 논의의 결과였다. 따라서 2005년 일년동안 목포작가회의를 통해서 이뤄진 목포문학의 성과와 내용들은 이러한 기준을 중심으로 살펴져야 하리라 생각된다.

그런 의미에서 전남 서남의 도서농어촌지역 청소년들을 대상으로 발간한 청소년문예지『다도해 푸른작가 · 2005』(목포작가회의 간)는 이에 답하는 첫 번째 사업으로 읽힌다. 그동안 목포작가회의에서 주최한 4.8독립만세운동기념 전국청소년백일장의 수상작들을 중심으로 목포지역 청소년문학동아리연합회의 활동내역과 한강희(남도대교수) 문학평론가의 남도지역 청소년문학 진단과 전망에 관한 특집글, 그리고 황현산(고려대교수) 문학평론가, 김준태, 고형렬 시인 등의 문학체험기와 고재종 시인 등의 문학작품 창작 실기강의 등의 알찬 내용들로 구성되었다.

또한 전 해에 말도 많고 탈도 많은 채 거의 이벤트식으로 진행되었던 소영 박화성 선생님의 흉상 제막을 기념하는 헌화식을 지난 3월 26일에 천승세 선생과 함께 진행하였다. 제법 쌀랑한 초봄의 날씨 속에서, 한국 근대문학기에 문학적 제재를 먼 데서가 아니라 자신이 몸담고 있는 지역의 하수도공사장, 면직공장 여직공 같은 데서 구했던 참다운 민족민중의 작가를 군사정권에 빌붙던, 그것도 문인단체도 아닌 예술인 단체에서 사업행위의 일환으로 세워놓은 박화성 선생의 흉상은 그 자체가 지역문학의 참상을 보여주는 듯했다.

박화성이라는 이름자보다도 더 많이 덕지덕지 새겨진 저 문화리스들의 이름자들을 어떻게 지워야할 것인가를 생각하면서 바치는 흰 국화꽃은 죽어서도 능멸당하는 오늘날의 민족 민중문학의 본모습이 아닌가 하는 우려감에 모두들 비장한 모습이었다. 박화성 선생 흉상 제막식을 마치고 가진 민족문학작가회의 목포지부 임시총회에서는 유고중인 유종화 지부장의 잔여임기를 채울 신임지부장에 박관서 시인, 사무국장에 유종 시인이 선임되었다.

4월 3일, 완연한 봄바람에 실린 뱃사공의 노래가 담긴 김지하 시인의 시비가 서 있는 유달산 어민동산에서 <제4회 4.8독립만세운동기념 전국청소년백일장>이 열렸다. 전남을 중심으로 전국에서 약 400명의 청소년 문사들이 모여 겨룬 백일장에서 대상은 기윤미(정명여고 3년, 보훈처장관상), 최우수상은 금경민(경북여고 3년, 고등산문), 한아름(정명여고 3년, 고등운문), 오세림(항도여중 2년, 중등산문) 김예지(목포여중 1년, 중등운문)이 차지하였다. 심사를 맡은 천승세 소설가는 심사평에서 "흔히 글을 쓴다고 한다. 글은 짓는 것이지 쓰는 것이 아니다. 글쓰기는 버릇을 익히는 것이다."고 했고, 역시 시부문 심사를 맡은 고재종 시인은 "시는 먼데 있지 않다. 자기와 이웃들의 삶의 여러 애환 속에서 슬퍼하고 기뻐하고 분노하고 그리워하는 것이 시"라고 하면서 미래의 문인을 꿈꾸는 청소년들에게 귀감을 안겨주었다.

소위 지역대표축제라는 것을 찾기에 수년을 골몰하고 있는 목포에서는 4월이면 <유달산꽃축제>가 열린다. 여기에 꽃엽서와 삼행시를 만들어 보내는 행사를 유달산 조각공원 행사장에서 진행하였고, 5월 14일에는 서남방송 후원으로 <제10회 전국어린이백일장>을 평화광장에서 주관하였다. 또한, 평화와 인권을 주제로한 <제4회 오월항쟁 추모 거리시화전>이 목포역 대합실에서, 그리고 <오월항쟁기념 통일엽서보내기>가 오월항쟁 행사장인 목포역광장에서 진행되었다. 하지만 매년 같은 포맷으로 진행되는 행사의 틀을 새롭게 바꾸기란 여간 어렵지 않았던 것이 사실이다. 따라서 목포지역에서 진행해야할 오월행사에 대한 심도 깊은 논의가 필요한 시점이라 여겨진다.

여기에서 한 가지 짚고 넘어갈 것은, 앞에서 보이는 것처럼 많은 문학행사들이 문학 자체만으로 이뤄지는 게 아니라 문학장르 외에 미술, 음악, 연극 등 여러 예술장르들이 함께 하는 복합적인 행사들로 구성되고 있다는 점이다. 이는 한국민족예술인총연합(민예총) 전남지회, 목포지부와 함께 하기에 가능한 일이기도 하지만, 또한 갈수록 입체화 다양화 되어가는 일반 시민들의 문화예술에 대한 기호와 욕구에 적합한 것이기도 하다. 따라서 목포작가회의에서는 다양한 문학행사들을 이러한 형태로 가져가고 있다.

이번에 처음 기획하여 실행한 <섬지역 순회 청소년문학축제>가 이의 대표적인 경우이다. 문학강연과 백일장, 시낭송, 토론회 같은 단순한 문학만의 행사 성격을 벗어나 미술, 음악 등이 결합된 복합적인 행사진행을 통하여 문학이 가진 본연의 예술적 성격에 더욱 쉽게 접근토록 하고자 하는 의도로 기획된 청소년문학축제는, 예를 들어, 참가한 청소년들이 문인들과 함께 한 편의 시를 쓴 후에 여기에 화가들과 함께 시화나 시엽서를 만든 후 또 다른 청소년들은 음악가들과 시에 곡을 붙여 시노래를 만든다. 이러한 결과치를 바탕으로 시화전과 시낭송, 시노래발표회 등으로 이뤄진 청소년문학축제를 개최하는 것이다.

최근 유행하는 문화콘텐츠 개념의 기본원리인 '원소스 멀티유즈' 개념을 적용하여 기획된 이 행사는, 2박 3일 일정으로 진행된 우리나라 최서남단의 섬인 가거도분교를 시작으로 진도실고, 달리,율도분교, 신의중, 완도 신지중, 자은중, 하의도 신안보육원, 해제중학교 등 총 8곳에서 진행되었다. 참가한 강사로는 김준태, 고재종, 정일근, 전경업, 김성호, 김형효, 유종, 박관서 시인, 그리고 유종화, 한보리, 허설, 김영주 등의 가수와 조병연, 박득규, 박대석 화가 등이 오랜 시간에 걸쳐 섬지역 청소년들의 예술적 감성을 발굴하는 데 노력하였다.

한여름인 7월 29일에서 31일까지 2박 3일에 걸쳐 <제4회 다도해여름문학학교>가 외달도 폐교수련원에서 개최되었다. 전남을 비롯한 광주와 전주 등에서 참가한 약 120명의 청소년들은 오철수 시인의 아주 구체적인 시창작실기를 통하여 최소한 참가한 청소년들의 손에 자신이 쓴 한 편 이상의 시를 쥐어볼 수 있는 재미있는 문학수업의 기회를 갖을 수 있었다.

기왕에 목포작가회의에서는 목포지역의 저소득청소년을 대상으로 운영되고 있는 청소년공부방과 목포장애인복지관의 장애우들을 대상으로 글쓰기교실을 진행하고 있었다. 김성호 시인과 김대호 시인이 강사를 맡아 일주일에 두 시간 이상의 수업을 진행하고 있었는데, 이를 정례화하기 위하여 목포작가회의에서는 <제1회 찾아가는 곰두리 문학교실>로 명명하여 압해도의 신안복지원과 무안 해제중, 진도실고 등으로 확대 진행하였다. 따라서 일반적인 글쓰기교실 외에 장애인문집 『너무도 예쁜 나의 왼발』(시와사람)발간, 시화전, 곰두리 문학축제 등을 다양하게 진행하여 이들의 문학세계를 확충할 수 있도록 하였다.

가을빛이 완연한 9월 9일에는 광주전남작가회의 주최로 목포지역의 문학유적답사와 한승원 소설가를 초빙하여 목포시립도서관 강당에서 신작소설 『흑산도 하늘길』을 중심으로한 문학강연의 시간을 갖았다. 또한 10월부터 12월까지 3개월에 걸쳐 <제7회 문학아카데미>를 개최하였다. 목포작가회의 사무실이 있는 한솔문고 3층 세미나실에서 천승세 소설가가 담임을 맡은 소설창작반과 고재종 시인이 담임을 맡은 시창작반이 어울러진 약 60여명의 문학도들은 특강강사로 참가한 이기형, 고형렬, 이훈, 곽의진, 조승기, 김재석, 박영희, 홍기돈 문학평론가 등으로부터 문학창작과 관련한 많은 것들을 맛있게(?) 섭렵할 수 있었다. 문학아카데미를 수강중인 김인순(목포여중 교사) 회원은 전국교원문학작품 공모에서 우수상을 수상하여 주위의 축하를 받기도 하였다.

비교적 활발하게 진행되고 있는 목포지역의 청소년문학은 목포지역 고등학교문예반동아리연합인 '닻'을 통해 이뤄진다. 따라서 목포작가회의에서는 이들과 연합하여 무안, 진도 등의 청소년들과 함께 <제4회 도서지역 청소년문학워크숍>을 10월 16일에 목포여중 강당에서 천승세, 은미희 작가 등을 초청하여 진행하였다. 또한 이의 결과치를 중심으로 목포지역 청소년축제의 〈문학동아리박람회〉에 시화전, 도서전시회, 시낭송회 등에 참가하였다. 하지만 이는, 사업비 확보 등의 한계로 예년에 비해 축소된 감이 없지 않았으나 내년부터는 이를 공히 전남 도서농어촌지역을 대상으로 확대 시행해야 마땅하리라 생각된다.

또한 10월 23일에는 중국 길림성 길림시의 조선족군중예술관(관장 이춘식)의 문학예술인들이 방한하여 목포작가회의와 교류하는 시간을 가졌다. 중국 조선족 문학예술인들과 목포작가회의의 회원들이 어우러져 〈제1회 한-중문학국제교류〉 행사는 통해 압해도의 신안보육원에서 함께 청소년문학축제를 진행하였고, 밤에는 압해도농원에서 차후의 문학교류 방안에 대한 진지한 논의들이 개진되었다.

현재 지난 남북작가대회를 중심으로 진행되고 있는 남북문학교류의 참다운 진전을 위해서나 가까운 시일내에 진행될 통일문학을 위해서나 한민족이라는 개념 속에서 서로의 문학에 대한 진지한 이해가 필요한 데, 특히 민족문학진영에서 조선족문학에 대하여 보내고 있는 '멸시'에 가까운 푸대접은 이를 의문시하게 한다는 데 의견을 일치하였다.

따라서 이러한 중앙 주류문학에 의한 푸대접으로부터 역시 자유로울 수 없는 지역문학의 입장에서 함께 민족문학의 복원을 위한 일정한 역할을 해보자는 다짐과 함께, 내년 6월쯤에 목포작가회의 회원들이 중국 길림시를 방문하여 조선족문인들과 함께 여러 가지 문학교류 행사를 갖기로 합의하였다.

12월 10일에는 한국문화의집협회로부터 우수 프로그램으로 선정되어 위탁 받아 진행하던 <청소년 문학아카데미>의 마무리행사인 <청소년 문화축제>를 전주 삼천문화의집(원장 박원희) 강당에서 진행하였다. 유종화, 박관서 시인과 조병연, 박득규 화가 그리고 고무밴드(김영주 기타리스트) 등이 참여한 청소년문학축제는 전주지역 청소년 약 130명에게 순수문학예술을 매개로도 이렇게 즐겁고 흥겹게 놀 수 있다는, 매우 의미 깊은 문학예술 향수의 기회를 제공해 주었다는 평을 받았다.

한 해를 마무리하는 12월 17일에는 목포신협 대회의실에서 <2005 목포민족문학의 밤>을 개최하였다. 여기에는 그동안 목포작가회의에서 진행한 청소년 문학교육 프로그램의 결과물들을 모은 작은 시화전과 또한 지난 2003년에 비정규직 철폐를 외치며 분신 산화한 목포청소년공부방의 선생님이었던 이용석 열사의 삶을 극화한 이인휘 소설『날개 달린 물고기』(삶이보이는창 간)출판기념회를 같이 가졌다.

또한, 여기에서 2005년 동안 열심히 활동한 목포작가회의 회원에게 수여하는 <제1회 목포작가상>을 제정 수여하였다. 오랜 동안의 문학활동을 통하여 남도의 전통적인 민주의식과 극히 정제된 시형식이 어우러진 작품들로 묶인 첫시집『목포는 항구다』(동학사 간)를 간행하였고, 또 청소년공부방의 담임강사와 청소년문학축제 등 여러 목포지역 문학 활동에 적극적으로 활동했던 김성호 시인에게 제1회 목포작가상이 돌아갔다.

이를 심사한 천승세 본회 고문은 "중앙의 많은 문학상들이 있지만 김성호 시인의 문학작품 정도의 수준이면 이를 어디에 내놔도 전혀 부끄럽지 않은 작품들"이라며, 회원들의 주머니를 털어 마련한 금반지 몇 돈의 부상이 너무 작으니 내년부터는 본인이 기부를 해서라도 최소한 몇 백만원의 상금이 돌아가게 하겠다며 이를 격려하는 아름다운 모습을 보여주었다.

끝으로 12월 27일에는 목포장애인복지관(관장 박경철)에서 진행하였던 곰두리 문학교실의 회원들이 모여 목포장애인문학회를 결성하기로 했고, 또 이들의 문집 『너무도 잘 생긴 나의 왼발』(시와사람사) 출간을 기념하는 〈제1회 곰두리 문학축제〉를 가졌다. 언어지체장애우인 강용석 님의 말이 아닌 웅웅거리는 시낭송과 이제 갓 한글을 배워 또박또박 읽어 내려가는 설춘심 님의 시낭송, 그리고 시를 낭송하다가 끝내 울어버린 박용진 님과 휠체어 옆에서 손을 꼭 잡은 부인이 대신 시를 읽어준 정대곤 님의 시낭송 등 행사는 시종 코끝을 찡하게 울리며 진행되었다.

현재 발간을 준비 중인 목포작가회의 기관지 『목포작가 · 2005』(시와사람)를 비롯한 목포지역 문학계의 2005년 문학도서 발간은 예년에 비해 비교적 저조한 편이다. 김선태 회원(시인, 문학평론가, 목포대 교수)이 그동안의 평론들을 모아 펴낸 『풍경과 성찰의 언어』(작가간)가 평론이 거의 전무한 지역문학에서 모처럼 나온 발군의 책으로 읽히며, 목포대학교에 재직하고 있는 허형만 시인이 펴낸 시집 『첫차』(황금알 간)가 한국문학에 있어 별로 보이지 않는 현상인 노년에 들어서도 왕성한 시작 활동이 가능함을 보여주는 의미 있는 도서 발간이라고 할 수 있겠다. 이외에, 유금호 소설집 『속눈썹 한개 뽑고나서』(문학나무 간)와 목포작가회의의 자문위원인 황현산 문학평론가(고려대 교수)가 번역 발간한 말라르메 『시집』(문학과지성 간)과 한국문화예술위원회 선정 2005년 올해의 예술상을 수상한 최하림 본회 고문의 시집 『때로는 네가 보이지 않는다』(랜덤하우스중앙 간) 등이 있다.

이처럼 목포지역 현지로 보면 사실 빈약한 개인서적의 발간에 비하여 여러 문학동인들의 동인지 발간은 활발한 편이다. '살아있는 시' 동인지 『낮게 흐르는 소리』(시와사람 간)와 여성문학동인 '창'의 동인지 『내가 나에게』(시와사람 간), 그리고 목포시문학회의 동인지 『그리움은 떠나온 곳에 머문다』(한림출판 간)와 앞에서 언급한 목포장애인문학회의 동인지 『너무도 잘생긴 나의 왼발』(시와사람 간)과 내년초 발간을 목표로 준비 중인 목포시평문학회의 동인지 발간 등, 봇물처럼 쏟아지는 문학동인지들의 발간현상은 이제 서서히 목포문학이 새로움틀 준비를 하고 있다고 하면 너무 예단인 것일까.

이제 목포작가회의에서는 미약하게나마 올해를 결산하고 내년을 계획할 시점이 되었다. 조만간에 이를 위한 본격적인 토론회와 총회 등을 통하여 그 지향점은 더 구체적으로 다듬어질 것이다. 하지만, 이의 큰 줄기 몇 가닥은 이미 합의가 된 터이다. 중국 길림성의 〈조선족 문학예술인들과의 교류사업〉과 지난 70년대 한국문학의 큰 주역이었던 김현 문학을 기념하고 또 이를 목포지역문학의 자양분으로 삼을 수 있는 기본 자료로 구축하기 위한 〈김현문학 아카이브 구축〉 사업은 목포작가회의의 양대 기획사업이다. 또한, 그동안 추구해왔던 우리 지역의 소외된 곳을 찾아가는 여러 문예교육사업은 그 양과 내용을 더욱 확대 심화시켜야 하리라 생각된다. 결국 우리가 추구하고자 하는 문학은 더욱 낮고 어둔 데로, 더욱 차가운 데로 내려가야 하는 것이다.

창립 열 돌을 앞두고 돌아보는 목포민예총*

들어가면서

흔히들 목포를 두고 예향이라고 한다. 목포출신 예술원회원이 4명이 나왔다거나, 또는 남종화의 원조인 미산, 소치, 남농은 물론 극작가 김우진과 소설가 박화성을 비롯하여 김현, 김지하, 최하림, 천승세, 차범석 등 기라성 같은 문학예술인들을 들며 예향의 근거를 찾기도 한다. 그러나 이는 목포 3호광장 소주집이나 양동 육거리 과부집 안방에도 걸려있는 한국화 몇 점이 지닌 의미만도 못한 게 사실이다. 진정한 예향이란 그 지역 자체에서 발현되는 예술이어야 한다는 기본적인 전제에서 말이다.

그러니까 타지역, 엄밀히 이 나라의 소위 중앙에서 인정받는 우리 지역 출신의 예술인이 지역의 예술적 발현에 있어 현실적으로 어떤 의미와 역할을 맡고 있는가를 살펴보는 일은, 그러므로 중요한 일이기도 하지만 또한 별 것 아닌 일이기도 하다. 그것이 사회역사적인 비

* 진보문예운동의 불모지였던 목포지역에 1993년에 출범했던 한국민족예술인총연합 목포지부 곧 목포민예총의 10년간의 활동을 점검하고 또한 전망을 짚어보는 글을, 당시 목포민예총 문학위원장이었던 필자가 한국민예총 기관지이자 종합문예지였던 월간『민족예술』(통권 79호, 2002. 2)에 발표했던 글이다.

평의 관점에서 그 자신의 예술세계를 규명하는 자리이면 모르겠으나, 한 지역이 지닌 근본적인 성격으로써의 문화예술을 운위하는 자리에서 몇몇 이름 있는 인물만을 이의 주요한 근거로 삼는 것은 전근대적인 행태에 다름 아니다.

특히 정치, 경제, 사회 전반의 그것처럼 소외와 차별이 극을 달려온 지역의 역사와 현실, 그리고 여기에서 배태된 지역민의 정서가 제대로 반영되지 않은 이들의 예술세계에 있어서는 더 말해 무엇하랴. 도리어 자칫 빈약하기 그지없는 지역예술은 그들의 네임벨류에 짓눌려 스스로를 타자화시키는 억압 기제로 작용함으로써, 이를 예향의 근거로 삼아 형성된 문화예술에 대한 유아적 자부심은 속류적 예술 행태의 근거로 작용하게 된 혐의가 없지 않다.

인구 겨우 25만의 도시에 화가, 시인을 비롯한 예술가들이 목포처럼 많은 도시가 세상에 또 어디에 있으랴. 더구나 문화예술인의 배출을 담당하는 제대로 된 교육 시스템이 보수적인 국립대학 하나를 제외하고는 거의 전무한 현실에서 양산되는 이들은 소위 '쫑쫑이 화가', '사이비 시인, 작가'로 불리는 순전한 변두리 지역작가들인 바, 이들에게서 지역이 지닌 사회역사적 현실과 비전에 대한 예술에의 반영이란 기대키 힘든 게 사실이다. 따라서 일반 가정집은 물론 소주집이나 과부집에까지도 지천으로 걸려있다는 그림의 숫자나 예술인의 머릿수에 기대어 호칭되는 예향이란 이름 역시 예술의 속류주의를 나타내는 또다른 근거에 다름 아닐 뿐이다.

따라서 목포지역에서 새로이 발현되는 문화예술의 형태가 우선 운동의 형태가 될 수밖에 없는 이유가 여기에 있다. 지역에서 문화예술에 대한 기본적인 인식과 전체적인 지형도가 근본적으로 바뀌지 않고는 21세기를 향한 참다운 문화예술의 발현이란 구두선에 지나지 않을 뿐이기 때문이다.

이러한 명제를 내걸고, 동구 사회주의권의 허망한 붕괴로부터 우리 사회가 전반적으로 거친 거대담론에서 미시담론의 작지만 단단한 얼굴을 슬쩍슬쩍 내보이기 시작하던 지난 1993년에 목포민예총은 출범하였다. 이는 지역 문화예술계에 만연한 전근대적 귀족주의와 대중적 속류주의라는 예술적 편향과 왜곡에 빠져있는 지역 문화예술의 현실을 타개키 위한 필연적인 문화예술운동의 하나였다.

따라서 처음 출발부터 지금까지 목포민예총이 일관되게 추구해온 지향은 당연히 지역에서 발현되는 주체적인 지역문화예술의 추구였다. 이는 구체적으로, 문화예술이 지역민의 역사적, 현실적인 삶과 연결되면서 동시에 분단국이면서 제3세계 국가인 우리의 현실을 정확히 인지하여, 이에 대한 진지한 고민과 모색으로 우리 사회는 물론이며 우리가 몸담고 있는 지역사회가 함께 나가야할 길을 정직하고 원대한 문화예술의 형식으로 담아내는 일이었다.

그리하여 이제 이런 자리를 빌어, 목포민예총의 출범 열 돌을 앞둔 지금 그 동안 남긴 공과와 앞으로 나아갈 방향에 대하여 간략히 점검해 보고자 한다. 이는 지난 한 해 목포민예총의 세세한 활동내역을 통해서 그동안 축적된 역량의 확인은 물론 앞으로 나아갈 바람직한 방향에 대한 모색을 동시에 해보고자 하는 것이다.

돌아보면서

결론부터 밝히자면, 목포에서 목포민예총은 이미 예전의 목포민예총이 아니다. 이는 사실 처음 사단법인체로 출발했다고는 하나 목포민예총의 활동 하나하나가 '정보과 형사들의 보고대상'인 상황에서 모든 일들이 거의 수면하에서 이뤄지던 초기의 모습에서, 이제는 목포민예총의 모든 일들이 거의 공식적인 선상에서 이뤄지고 있는 데서 단적으로 증명된다. 물론 이와 같은 목포민예총의 위상변화는 무엇보다도 관주도의 행사를 도맡아 대신 주관하는 것은 물론 특히 문화예술 측면에서 이제는 도리어 관에 대한 감시와 견제의 기능을 수행하고 있는 데서 잘 드러난다.

따라서 크게 약 여섯 갈래 정도로 분류해볼 수 있는 목포민예총의 지난 일 년간의 활동 내역은 가장 먼저 시에서 주관하는 지역축제에의 참가활동을 들 수 있겠다. 목포시에서 주관하는 지역축제로는 4월에 유달산 일원에서 열리는 〈개나리꽃축제〉와 10월에 펼쳐지는 〈목포시민의 날 축제〉가 있다. 목포민예총에서는 뛰어난 연행능력을 바탕으로 이러한 축제의 식전 식후 길놀이행사는 물론이며, 각종 백일장과 사생대회 및 사진 촬영대회 등을 시의 후원 아래 시민들의 문화예술에 대한 욕구 충족을 위해 진행하고 있다.

또한 이러한 관주도의 축제 이외에 목포민예총 자체적으로 지역에 꼭 필요한 축제라는 기획 아래 펼치고 있는 지역축제로는 〈청소년민족문화한마당〉과 〈삼학도대동장승굿〉 및 〈삼학도민족문화제전〉을 들 수 있다. 청소년들의 방학 시기인 8월에 새로 조성된 하당 평화광장에서 펼쳐진 청소년민족문화한마당 축제는 〈시 하나 노래 하나〉 콘서트를 비롯하여 음악, 연극, 전통무예 및 청소년 무용콘테스트 등 다채롭게 펼쳐졌다. 이는 TV, 영화 등 영상매체의 영향 아래 소비향락적으로 물들어 가는 청소년들에게 참다운 문화환경을 제시하는 대안축제라고 할 수 있겠다.

또한, 수년 전부터 목포민예총의 지속적인 관심과 문제 제기로 현재 지역 현안사업으로 떠올라 실제로 진행하고 있는 삼학도 복원을 위한 〈삼학도대동장승굿〉과 〈삼학도민족문화제전〉이 있다. 이는 근대개발시기에 개발이라는 명목 아래 자행된 환경파괴로 처참해진 삼학도 복원을 촉구하자는 현실적인 목적의 수행과 함께 자연 환경에 대한 시민들의 인식을 일깨우고자 진행하는 선도적인 축제이다. 따라서 작년부터는 축제의 명칭을 〈삼학도살리기축제〉에서 〈삼학도민족문화제전〉으로 바꿨으며, 또한 이의 부대행사로 〈삼학도살리기심포지움〉을 서남방송 공개홀에서 개최하여 보다 문화예술적인 의미를 살리는 진지한 축제로 진행하고 있다.

다음으로 목포민예총에서는 척박하기 그지없는 지역 문화예술의 환경을 개선하기 위해서는 무엇보다도 먼저 참다운 문예보급활동이 이뤄져야 한다는 인식 아래 발족 초기부터 다양한 문예보급활동을 펴고 있다. 민예총 산하 지역문화연구소에서 초창기부터 현재까지 벌써 8회째 진행하고 있는 〈문예아카데미〉는, 접촉의 기회가 별로 없는 문학, 미술, 연희, 음악, 사진, 영화 등 현장에서 활동하고 있는 유명강사들을 초청하여 특강을 듣는 형식으로 이뤄진다. 또한 이는 격년제로 돌아가면서 지역에서 활동하는 문화예술인을 초빙하여 자체적으로 준비한 강의를 듣는 워크샵 형식을 취하기도 하는 문예교육사업이다. 또한 문학위원회에서는 올해로 3회째를 치루는 〈문학아카데미〉를 통하여 지역 문단에 신선한 신인 배출창구의 역할을 하고 있으며 이를 통하여 목포청년문학회와 목포노동자문학회를 견인해내는 역할을 하기도 했다.

목포민예총에서 특히 주안점을 두고 있는 사업은 소외된 곳을 찾아가는 문예활동이다. 이는 그동안 사회경제적인 소외가 문화예술적인 소외로 이어진 지역의 농촌과 도서지역을 비롯한 영세민, 여성, 청소년, 장애인 등 주로 소외된 계층을 찾아 펼치는 문예활동이다. <2001 장애인순회문화교실>, <주부문화학교> 및 <도서벽지 청소년을 위한 어울마당>과 특히 연말에 미술위원회의 불우청소년돕기기금마련을 위한 <사랑나눔전>은 지역의 많은 관심과 참여를 이끌어낸 행사로써, 문화예술이 과연 사회의 소외된 곳에 어떻게 빛이 되어야 하는가를 증명해 준 행사가 되었다.

또한, 이와 같은 계층 및 지역의 차별과 함께 서구지향의 근대예술사 속에서 소외와 쇄락의 길을 걸어온 우리 전통문화의 복원과 계승을 위한 목포민예총의 노력도 특히 주목해야할 일이다. 극단 갯돌 20주년 기념공연으로 전국의 마당극 단체들과 함께 목포문화예술회관 일원에서 펼친 <우수마당극제전>과 매년 정기적으로 열리는 <전라도 마당극워크샵>, 그리고 <청소년 풍물놀이 한마당> 등은 단절된 전통을 살려서 선인들의 건강한 정신을 이어받고자 펼치는 전통문화예술 육성 행사이다.

각종 예술장르가 종합적으로 모인 목포민예총인 만큼 각 위원회에서 지역의 시민대중을 위하여 벌이는 각종 정기공연 및 전시, 발간 사업 등도 목포민예총의 중요한 문화예술 사업들이다. 미술위원회의 <환경미술전시회>와 <영호남미술교류전> 및 <정기전시회>, 그리고 연희위원회의 <암태도> 정기공연과 음악위원회의 <전남민족음악제>와 문학위원회에서 매년 발간하는 기관지《문학과 세상》등은 지역 문화예술의 활성화를 위한 기폭제가 되고 있다.

이외에 목포민예총에서는 지역의 시민사회단체인 시민단체연대와 목포시정지기단, 목포민주시민운동협의회, 남북통일연대 등과 연대하여 주로 지역의 현안사업이나 우리 사회 전체가 지향해야할 통일, 환경, 생태, 인권, 사회문제 등 제반 현안에 대하여 적극적인 대응을 하고 있다.

예년의, 유달산 환경의 파괴를 막기 위한 대반동 일주도로 개설 반대운동과 삼학도 복원화을 위한 사업의 제안, 그리고 영산강포럼을 개최하여 영산강 하구둑 벽화를 위한 바람직한 대안을 끌어내는 등의 활동은 지역과 함께 어우러져 나아가는 참된 지역문화예술운동의 선도적인 모습을 보여주는 예라 하겠다. 최근에는 목포지역 9개 시민단체와 예산연대를 결성하여 시예산의 감시와 견제에 나선 결과 계도지 전면폐지라는 성과를 얻어냈으며, 또한 시민들의 문화복지 향상을 위한 문화예술 예산의 증대를 위하여 노력하고 있다.

이처럼 10년의 연륜만큼이나 지역에서 목포민예총이 지니는 역량과 역할은 스스로 자부할 만큼 증대되고 있다. 이는 이제 지역의 문화예술체제 자체가 중앙 집중과 지역의 복속으로 이어지는 폐쇄된 수직적인 근대 예술체제에서 분산과 확산을 통한 열린 수평적 현대 예술체제로 변하고 있음을 보여주는 증거라 할 것이다.

나오면서

우리는 지금까지 목포민예총의 지난 일 년간의 활동내역을 살펴보면서 목포민예총이 지역 내에서 맡고 있는 역할에 대하여 충분히 확인할 수 있었다. 이는 실제로 목포지역에서 목포민예총의 위상이 점점 강화되면서 이제 목포민예총은 명실공히 공공문화예술단체로서의 성격과 역할을 분명히 하고 있는 것으로 판단된다.

따라서 목포민예총이 견지할 향후 과제는 지역의 공적인 문화예술 단체로서 충분한 역할을 감수하면서도 또한 민예총이 지닌 진보적 이데올로기를 선도하는 역할의 지속적인 수행 여부에서 찾아져야 한다. 바로 지역에 존재하는 지역문화예술 조직으로서 지역의 현안과 지역민들의 정서를 추스름과 아울러 이를 앞장서서 선도할 수 있는 이념과 체재를 갖추기 위하여 지속적인 노력을 다해야 하는 것이다. 이는 또한 어느 누구 한 두 사람의 일이 아니라 바로 목포민예총 회원들 각자가 참다운 지역 문화예술을 일궈가는 선도자라는 깊은 인식과 자각하에 가능한 일이 될 것이다.

또한, 이러한 문제들의 바깥에서 생겨나는 현실적인 문제점으로, 점점 강화되는 공적 조직으로서 운동조직과 공적시스템이 같이 하면서 나타나는 모순과 질곡에 직면하여 드러나는 제반 문제들에 대한 인식과 이의 해결을 위한 논의들이 시급히 이뤄져야할 것으로 생각된다.

특히 이는 목포민예총의 인적구성에서 가장 먼저 기인하는 문제이기도 하다. 즉, 목포민예총의 위상에 걸맞는 조직의 형성과 확산을 위하여 다수의 회원을 영입하는 과정에서 민예총에 대한 이념과 지향에 대한 동의보다는 조직 자체가 가진 외피를 지향하는 인사들이 불가피하게 참여함으로써, 목포민예총의 성격과 본질은 물론이며 실제적인 모임이나 활동을 비롯하여 각종 행사나 사업의 모양새가 자연히 점점 무색무취한 모습을 띄는 경우가 비일비재해졌다는 점이다. 따라서 이는 회원간의 내부 강화를 위한 회원 워크샵이나 세미나 같은 행사 및 사업프로그램들이 지속적으로 개발 시행되어야 할 것으로 보인다.

또한, 년중에 걸쳐 공식적이고 정기적으로 치뤄야할 행사들과 현안에 따라 그때그때 처리해야할 일들이 산적한 가운데, 지속적이고 일관성 있게 이뤄져야할 행정적인 일들이 상근 하는 임직원은커녕 순전히 회원들의 자발적인 참여에만 의존하는 탓에서 오는 문화행정의 비능률성과 비일관성 역시 큰 문제점 중에 하나이다.

따라서 이처럼 시급히 풀어야할 실제적이고 구체적인 문제들이 누구의 관심도 없이 지연되는 사이에, 목포민예총에서 치루는 행사와 사업들에서 점점 피곤한 모습들이 자주 연출되고 있음은 내색은 않지만 누구나 느끼고 있는 문제라고 생각된다.

그리하여 이제 본 글의 결론은, 목포민예총 창립 열 돌을 앞둔 현재 시점에서 우리 모두 목포민예총 자체를 멀리 떼어놓고 가만히 그 내면을 들여다보자는 것이다. 과연 우리가 그렇게 많이 벌리고 치뤄내는 행사와 사업들의 핵심에 무엇이 있으며, 그 목적과 방향은 어디로 향하고 있는 지를 심원한 시각으로 한번 돌아보자는 이야기이다.

이를 통하여, 십 여년전 출범시의 초발심을 되살려 항상 변하는 인간사처럼 변화의 핵심에 있어야할 지역 문화예술 조직으로서의 심원한 뜻과 유연한 의지를 만들어 보자는 것이며, 이는 바로 21세기가 요구하는 참다운 지역문화예술의 창달에 이르는 첩경이 될 것이다.

목포작가회의에 바란다*

앞으로 약 보름 후에 목포작가회의, 그러니까 정식 명칭으로 사단법인 민족문학작가회의 목포지부가 창립된다고 한다. 알다시피 민족문학작가회의는 지난 유신독재 시절에 독재 타도와 민주주의 회복을 외치며 분연히 나선 자유실천문인협의회에서 태동하여, 한국문학의 정통 갈래를 지켜오면서 앞으로 다가올 통일시대의 문학을 주도하고 있는 작금 한국 문단의 정통 문인단체이다.

따라서 목포에 민족문학작가회의 목포지부가 창립된다는 것은 김우진을 비롯하여 박화성, 차범석, 김지하에 이르는 참여문학의 전통에 더하여 김현, 천승세, 최하림에 이르는 본격적인 한국 문학의 본류를 이뤘던 목포지역 출신 선배문인들의 전통을 되살려 이어받는 깊은 의미를 지니는 것이다.

오랜 세월 깊고 어두운 침체의 늪에 빠졌던 목포의 문학이 이제야 서서히 눈을 뜨기 시작하는 것이다. 하지만 그 늪이 너무 깊고 어두웠던 탓에 처음 뜨는 눈꺼풀은 무겁고 앞은 잘 보이지 않는다. 따라서

---

* 목포지역 문단에 해방 이후 사라졌던 민족문학의 깃발을 최초로 세운 민족문학작가회의 목포지부의 건립을 앞둔 2001년 11월에 창립준비위원회 사무국장으로 활동했던 필자가 〈목포신문〉 칼럼으로 썼던 졸고임.

이에 대하여 어찌 속 깊은 우려와 염려가 없지 않으랴.

이에 몇 가지 당부로써 창립을 앞둔 목포작가회의의 기나긴 앞날에 따끔한 경계표지로 삼았으면 한다.

첫째, 이 지역 문인들의 문학적 수준을 업그레이드시키는 데 전력을 다해야 한다. 좀 심한 말로, 현재의 목포문학이란 말 그대로 신문학기의 수준을 크게 벗어나지 못하고 있는 것으로 보인다. 도대체 무엇을 생각하고 무엇을 쓰고자 하는지 알 수 없는 작품들이 태반이다. 겨우 갖는 문학적 관심이라는 것이 자기 자신의 소소한 일상사나 문학취 정도를 크게 벗어나지 않는다. 자신의 문학행위 자체를 사회역사적 관점에 비추어보거나 또는 문학사적 기준 같은 것들에 맞추어 보는 가장 초보적인 문학행위가 도외시된 체, 그저 자신의 사적 감정을 행이나 운율 또는 적당한 문장으로 구성된 글들이 버젓이 현대시니 현대문학이니 하는 이름들을 달고 떠도는 것이다. 참으로 서늘한 일들이 아닐 수 없다.

목포 출신 평론가인 고 김현 선생은 문화사적인 시각의 확보 여부에 따라 문학작품으로서의 진위와 가치 여부의 기준을 두기도 했었다. 김현 선생의 이러한 문학의 기준도 21세기를 달리는 다양한 층위의 문학적 기준에서 보면 이미 낡았다고 하지 않을 수 없는바, 문학 자체를 조잡한 언어놀이 정도로 격하시켜 버젓이 문학의 명패를 달고서 횡행하는 오늘날의 목포문학은 크게 반성할 일이다.

그리하여 이는 앞으로 발족할 목포작가회의가 취해야 할 한 지향점이 되어야 한다. 모임에서 주최하는 대외적인 행사들도 좋지만, 내부 구성원을 비롯한 목포지역의 문인들이 스스로 공부하는 워크숍이나 세미나 같은 행사들을 꾸준히 진행하여 나갔으면 한다. 이는 한마디로 '공부를 하자'는 것이다. 지역문단의 적폐를 양산하고 있는 상업문학지 등을 통하여 '그럭저럭 등단(?)한 문인'일수록 공부는 등한시한다. 그러기에 '최대한 지저분하게 등단 과정을 거치라!'는 김수영 시인의 전언은 다시 새롭게 이해되어야 한다. 이는 다시 말하면 계속 공부하지 않고, 자기 변화를 추구하지 않는 문인은, 이미 문인으로서의 자격을 상실했음을 의미하는 말임을 명심하자는 것이다.

둘째, 문예보급사업을 열심히 해야 한다. 소외와 편견으로 열악하기 그지없는 지역의 사회경제적 현실에서 쉽게 삭막해지기 쉬운 지역민의 삶을 문학예술이라는 문화행위로써 최대한 감싸도록 노력해야 한다. 노동 현장과 농촌을 비롯한 지역사회는 물론이며 각종 학교와 언론, 사회 및 시민단체 등 지역 사회와의 긴밀한 연대가 이루어져야 한다. 문학이 무슨 골방이나 책상에서 이루어지는 전근대적인 마스터베이션이 아닌 바에야 지역민의 삶과 그 삶의 현장으로 잇대는 긴밀한 문학적인 연대는 곧 살아있는 문학의 자양분이 될 것이다. 가장 지역적인 문학이 가장 세계적인 문학으로 이어지는 지름길이 바로 이러한 지역성의 문학적 구현임은 상식일 터이다.

또한 이는 현재 목포작가회의 준비위원회에서 목포민예총과의 연대 하에 벌써 3회째 실시 중인 <문학아카데미> 같은 대중문학보급사업 같은 것들이 더욱 활성화되어, 도서벽지를 포함한 지역의 곳곳까지 더욱 확대 시행되었을 때 이것이 가장 효과적으로 구체화 된 경우가 될 것이다.

셋째, 지역의 문화창달에 기여해야 한다. 문학이 문학 자체만으로 이뤄진다는 전근대적인 문학관은 지역문학에서든 중앙문학에서든 이제 일소되어야 한다. 특히 문화의 가장 오래된 한 형태인 문학이 그 스스로를 닫힌 우물 속에 묻어둘 때, 서정주를 비롯한 친일부역 문인들과 군사독재에 빌붙은 문인들은 물론이며, 최근의 문단권력 논쟁 중에 드러난 일부 순수를 자처하는 문인들의 추진적인 행태에서 그 해악을 알 수 있다.

따라서 이제 막 발흥하는 목포작가회의는 열린 지역문화의 한 중요한 담당체임을 인식하고 이를 모든 활동의 중심에 두어야 할 것이다. 흔히 하는 말로, 생각은 세계적으로 행동은 가장 지역적으로 말이다.

다행히 목포작가회의에서는 온갖 지저분한 행태로 이루어져 지역문학계를 그 근간에서부터 좀 먹어 들어오던 등단이니 무어니 하는 기존의 문인 자격기준을 적용치 않고, '작가회의'라는 회의체로써의 성격을 살려 지역의 문화계 등에 종사하는 뜻있는 이들과 함께하기로 했다니 기대되는 바가 자못 크다고 하지 않을 수 없겠다.

좌우튼, 이러한 모든 격한 주문과 직설적인 언술들은 실은 목포작가회의의 창립 회원들과 더불어 그 한 구성원으로 뛰고 있는 필자 본인에게로 향하는 것임을 덧붙여 둔다.

1996년 목포문학, 흐름과 전망
- 목포민예총 문학위원회를 중심으로-

목포작가회의가 발족하기 전에 목포지역의 민족문학인들이 모여서 활동하던 목포민예총 문학위원회의 활동을 전남민족예술인총연합 산하 지역문화연구소에서 주관한 <문예아카데미>(전남민예총, 1997년) 토론회에서 발표한 발제문임.

오늘 제가 맡은 발제는 '전남 문학의 흐름과 전망'이라는 주제입니다. 하지만 이는 내부적으로 전남민예총, 더 좀 정확히는 목포민예총 문학위원회와 관련한 아우트라인을 지닌 것이기도 합니다. 따라서 본인은 오늘 여기 이 자리에서 목포의 지역문학, 또 이를 더욱 좁혀서 목포민예총 문학위원회(이하 '문학위원회'라고 함)와 관련한 그 동안의 흐름과 전망에 대하여 간략히 살펴보기로 합니다. 그 후에 함께 자리한 여러 선배 동료 문인들과 함께 문학위원회가 나아가야 할 바람직한 방안에 대하여 모색해 보기로 하겠습니다.

먼저 참된 지역 문학에 대하여 생각해 보기로 합니다. 참된 지역문학이란 말 그대로 문학이긴 문학이면서 동시에 참된 지역성을 담아낸 문학이어야 한다는 것입니다. 그렇듯이 여기에서 참된 지역문학이라 함은, 중앙 문학과의 수직적 관계를 노정함으로써 드러나는 여러 가지 소외와 종속적 성격을 지니게 되는 등의 변두리문학을 말하는 게 아닙니다. 하나의 독립된 예술창작 시공간으로서의 중앙문학과의 수평적 관계 하에서 이루어지는 건강한 지역성에 기초한 지역문학을 말하는 것입니다.

따라서 본인은 오늘 이처럼 참된 지역문학으로서의 성격에 미치지 못하는 목포 지역문학의 여러가지 흐름에 대하여는 거론치 않기로 하겠습니다. 다만, 그 시작은 미약했으나 목포문단에 있어 하나의 커다란 의미를 지니는 지점에 한국민족예술인총연합 목포지부 문학위원회의 발족이 있다는 것을 말씀드리겠습니다.

한국민족예술인총연합, 곧 민예총이란 우리들이 익히 알고 있듯이 민족적인 시각과 입장에서 예술창작에 임하는 예술인들의 집합체로서, 왜곡되고 모순된 현실에 대하여 정직한 예술적이고 실천적인 대응으로서의 문학을 지향하는 단체인 것입니다.

예술적이고 실천적인 가장 고도의 창작 활동이라 여겨지는 예술 활동에 있어 한 예술인이 가입한 단체는 그 무엇보다도 그 창작물의 성격을 가장 구체적으로 드러내 주는 것이라 생각합니다. 따라서 다른 여러 가지 부정적인 행태들은 따로 두고라도, 먼저 미군 포고령에 의한 출발이라는 관변적 성격을 지니는 문인단체 등에서의 활동을 전면적으로 거부하는 목포민예총 문학위원회의 출발은 이 지역문단사에 있어 하나의 커다란 사건으로 기록되었습니다.

그렇듯이 1993년 겨울, 목포민예총 문학위원회가 발족하면서 이 지역 문단에서는 참신한 바람이 일어났음을 자부합니다. 저는 얼마 전에 신문에서 어떤 작가 지망생이 끝내 등단의 꿈을 이루지 못함을 비관하여 자살했다는 기사를 보았습니다. 이처럼 등단이란 문학하는 사람에게 있어 주민등록과 같은 것입니다. 문학하는 사람에게 있어 등단이란 과정은, 그것 자체로 소중한 것이기도 하지만 그보다는 문학인으로서의 소양과 자질을 쌓는 수업 기간으로서의 성격을 더욱 중요하게 지니는 것입니다. 그런데 이러한 등단의 과정이 극히 비문학적인 요소들로 결정된다고 하는 것은 이미 문학생태계로서의 존립 기반을 상실하였다는 것을 의미하는 것입니다. 이제까지의 목포문단 역시 이로부터 자유롭지 못했음은 주지의 사실이라 여겨지므로 일일이 거론치는 않겠습니다.

하지만 94년부터 활동을 시작한 문학위원회에서는 겨우 3년만에, 유종화 시인(시인과 사회), 이수행 시인(광주일보 신춘문예), 고향갑 희곡작가(문화일보 신춘문예), 박관서 시인(계간《문학》, 97년 윤상원 문학상 수상) 등이 등단의 과정을 거치게 되었습니다. 이러한 등단은 문학 자체 이외의 어떠한 비문학적인 것들도 개입되지 않은 참신한 것이었습니다. 각종 비리와 모순으로 얼룩진 지역 문단의 생리에 대하여 분명한 거부감을 지님은 물론 과연 참신한 등단이란 무엇인가를 상징적으로 보여주었다고 할 수 있겠습니다.

하지만 이처럼, 사실 문단 활동에 있어서는 일각에 지나지 않는 작은 데서부터 목포문학은 새로운 흐름의 발원을 시작하고 있었던 것이라 생각됩니다.

사실 목포는 모순의 땅입니다. 그 시작부터 발전과 쇠락과정 자체가 이민족에 의한 수탈과 독재정권에 의한 탄압 등을 상징하고 있는 곳이 바로 목포입니다. 모든 창조는 모순에서부터 시작됩니다. 우리는 근세기의 김우진부터 박화성, 그리고 김지하까지 모순된 현실에 적극적으로 대항하는 참된 문학의 발아와 꽃핌을 보았습니다. 이들의 문학은 바로 목포라는 모순의 공간에서 잉태한 창조물이었습니다. 따라서 이들의 공통점은 왜곡된 현실을 직시하고 정직한 문학적 대응을 적극적으로 모색하고 실천했다는 것으로 모아집니다.

바로 목포문학의 참다운 정체성은 여기에서 찾아져야 합니다. 무엇이 어떻고 무엇이 어쩐다 해도 목포문학은 목포문학인 것입니다. 이러한 목포적인 문학이 바로 세계문학으로 통하는 진정한 지역문학입니다. 그것이 질적인 성공을 거두었건 거두지 못했건 문제는 일단 그러한 문제의식에서 출발한 문학이냐 아니냐로 고민되어야 하는 것입니다.

따라서 이러한 고민들로부터 극히 자유로워던(?) 기존의 목포문학에 있어서 목포민예총 문학위원회의 발족은 새로운 목포문학의 시작을 알리는 청신호였습니다. 소외와 왜곡의 굴레로 뒤덮인 목포의 현실에 대한 정직한 대응을 적극적으로 모색하는 참신한 지역문학의 첫걸음을 의미하는 것이었습니다.

앞에서 우리는 일부 회원의 등단의 예로서 문학위원회의 활동상을 살펴보았습니다. 그러나 이는 작은 개인적인 것이며 동시에 이처럼 참신한 등단의 절차를 거친 이들 역시 우리 주위에 많이 있습니다. 따라서 이러한 의미는 사실 현실에 대한 정직한 대응을 모색하는 세력의 결집과 이를 통한 목포문단의 새로운 질서가 모색되고 시도되었다는 데에서 찾아져야 할 것입니다. 문학위원회 회원들은 목포민예총의 활동과 더불어 민족문학작가회의 광주전남지회 회원으로 가입하여 활동하기 시작하였습니다.

그리하여 1996년 <영호남문학인대회>가 목포 남경회관에서 성대히 개최되었고 기관지 《문학과 생활》이 창간되었습니다. 특히 96년 영호남문학인대회는 전국 각지에서 참석한 문인들로 하여금 목포문학의 새로운 출발을 알리는 것이었습니다. 그리고 그들의 축복 속에서 목포문학은 먼 문학의 바다를 향하여 힘 찬 출발의 고동을 울렸습니다. 하지만 먼 바닷길에 험한 파도와 풍랑이 없을 리 없습니다.

다시 어려움이 다가오고 있습니다. 1997년 한 해가 지나가는 세모의 이 시점에서 지난 일년의 문학위원회의 빈약한 활동상을 돌아보면 이러한 어려움의 실체는 쉽게 눈에 들어오는 것이기도 합니다. 다른 모든 것은 차치하고 모임 자체가 이루어지지 않는 것입니다. 모임이 없는 모임은 이미 모임의 기능을 상실한 것입니다. 우리들은 다시 한 번 돌아보아야 합니다.

이처럼 조직 자체를 뒤흔드는 어려움은 처음부터 일정 부분 예정되어 있던 것인지도 모릅니다. 특히 본격적인 문학에의 의지가 부족했던 일부 회원들로 이루어졌던 취약한 인적 구성은 치명적이었습니다. 따라서 새로운 회원의 확보는 필수적이었으나 지역의 빈약한 인적 자원의 사정과 회원 개개인의 열의 부족으로 잘 이루어지지 않았습니다. 이에 더하여 소수의, 열정을 지닌 회원들 역시 빈약한 인적 구성을 지녔던 전남 및 목포민예총 본부 인력으로 차출됨으로써 이러한 인적 구성의 취약성은 더욱 악화되었던 것으로 생각됩니다.

또한 본부민예총과의 관계 역시 문학위원회 자체가 독립적인 문학단체로서의 성격보다는 본부민예총의 하위 단체로서의 종적인 기능만 강화됨으로써, 그러한 취약성은 더욱 크게 노정 되었던 것으로 여겨집니다.

또한 이처럼 내면적인 요인 이외에, 아직까지는 어떠한 환경요인으로 작용할지 판명 나지는 않았지만 최근의 대통령 선거 등 대외 환경의 변화 역시 유연한 대응이 모색되지 않을 경우 그리 유리하지만은 않은 결과가 내포될 것으로 생각됩니다.

이처럼 목포민예총 문학위원회가 지닌 여러 가지 어려움은 일단 밖으로 쉬이 드러나는 것은 아닙니다. 하지만 새로운 기치를 내세우고 출발한 문학위원회의 어려움과 좌절은 곧 목포문학의 좌절과 절망으로 직결되는 것입니다. 따라서 이 자리에서든 어디에서든, 이 시점에서, 어떻게든, 문학위원회는 다시 한 번 추슬러져야 합니다.

그리하여 오늘 이 자리에서는, 문학위원회의 활로 모색은 물론 목포문학의 전반적인 반성과 전망에 대하여 논의되어져야 하리라고 생각됩니다. 모든 새로운 전망은 항상 깊이 있는 모색과 광범위한 논의의 틀 속에서 새로이 잉태되곤 하는 것입니다. 활발한 의견 개진과 열의 있는 논의를 부탁합니다. 감사합니다.

「삶의 시울문학회」 약사, 또는 돌아봄을 통한 내다봄
- 1996년 《삶의 시울문학회보》 특집

나름대로 뜨거운 문학청년기를 보내면서 문학을 삶의 중심으로 불러들이던 「삶의 시울문학」 동인회의 당시 활동내용을 논의했던 글로 《삶의 시울문학회보》(1996년)에 게재했던 권두시론임. 근대문학이 들어온 이후 보수적인 형태로 굳어졌던 목포라는 지역의 문학지형도에 맞서서 움틀대던 젊은 문학도들의 움틀임이 슬슬 보여지는 글로 여겨진다

우선 먼저, 다사다난했던 1996년 올 한 해 「삶의 시울 문학동인회」의 활동내역이 구체적으로 담긴 약사를 간략히 살펴보기로 하자.

- 1월 : 원순주 - 남경문학상 우수상(소설) 수상.
- 2월 : 신입회원 입회 - 강혜정(수필) 하의도 거주.
- 3월 30일 : '삶의 시울' 회보 제 38 호 발간
- 3월 30일 : '삶의 시울' 문학회 시낭송회
  - 장소 : 목포소방서 3층 강당, 목포지역 문인들 다수 참석.
- 4월 20일 : 박시린 시인 - 일등학원 개원
- 4월 29일 - 5월 3일 : '문예아카데미'(목포민주청년회 주최)
  - 고운, 이수행, 박관서 : 문예창작반 강사로 참여.
- 5월 5일 : '주부, 학생 백일장'(목포민예총 주최), 장소 : 향토기념관,
  - 이수행, 유종, 박관서 : 심사위원 참여.

- 5월 24일 : 춘계 문학세미나 및 문학기행, 장소 : 나주 '백호 임제' 사당.
  - 발제 : 박관서 '이 지역 젊은 문학인들의 활로 모색'
  - 백일장 : 장원 - 고운
- 7월 8일 : '목포시문학'회 출판기념회, 장소 : 목포시립도서관
  - 이수행, 박관서 : 초대시 낭송
- 7월 15일 : 신입회원 입회 - 최정윤 (영흥고 교사, 수필, 시)
- 7월 20일 : 이수행 - 계간《삶, 사회 그리고 문학》(여름) 신인 추천
  詩「영산강 2」외 2편으로 중앙문단 추천 완료
- 7월 27일 - 7월 28일 : 열린마당(목포민예총 주최), 장소 : 대반동 해수욕장.
  - 고운(전남민예총 사무처장) : 총진행
  - 시낭송참가 : 이수행, 유종, 최정윤, 고운, 박관서.
- 7월 20일 : 김문옥 - 1년간의 중국 유학 마치고 귀국
- 10월 1일 : 박관서 - 계간《삶, 사회 그리고 문학》(가을)
  詩 '가을선'외 4편으로 중앙문단 등단.
- 10월 1일-7일 : 문협시화전(목포문인협회 주최), 장소 : 태극다방
  - 참여 : 김문옥, 오형순, 박시린
- 10월 15일 : 목포시 공무원 독후감 발표대회(목포시립도서관 주최)
  - 이수행 : 심사위원으로 참여
- 11월 1일 : '시의 날' 기념 시낭송회, 장소 : 소방서 3층
  - 시낭송 참여 : 김문옥, 정영숙, 정인숙, 이수행, 박관서.
- 11월 15일 : 박화성 문학상 백일장, 장소 : 향토기념관
  - 김문옥, 김화숙, 이수행 : 심사위원 참여.
- 11월 29일 - 12월 2일 : <영호남문학인대회> 기념 시화전, 장소 : 목포MBC
  - 참여 : 김문옥, 고운, 이수행, 유종, 최정윤, 박관서.
- 11월 30일 : <영호남문학인대회> (광주,전남민족문학인협의회 주최)
  - 장소 : 남경문화회관

- 참여 : 이수행, 고운, 유종, 최정윤, 박관서.
- 12월 7일 : 목포시 가족 독후감 발표대회(목포시립도서관 주최)
  - 이수행 : 심사위원으로 참여
- 12월 20일 : 고향갑 - '97문화일보 신춘문예(회곡) 당선
- 12월 28일 : 회보 39호 발간(편집 : 원순주)
- 12월 28일 : '삶의 시울' 송년 문학의 밤 개최
  - 장소 : 그린 하우스 연회장.

때때로 자기 자신의 눈으로는 자기 자신의 참모습을 볼 수 없는 경우가 종종 있다. 따라서 가끔씩은 객관적 시선으로 자신의 모습을 살펴보아야 한다. 특히 어떤 계량적이고 가시적인 성과가 쉽게 드러나지 않는 우리 <삶의 시울 문학회>와 같은 지역 문학 단체의 경우는 이러한 식의 평가가 더욱 필요하리라 생각된다. 이러한 입장에서 순전히 문학적인 활동을 기준으로 하여 지난 일년의 우리들의 모습을 있는 그대로 조망해 보고자 하였다.

어떤가? 전혀 누락된 부분이 없는 건 아니지만 그래도 비교적 세세히 드러내 본 우리들의 모습은 비교적 탄탄한 모습을 보이지 않는가, 이 지역의 문학 단체로서 최소한의 기여는 하고 있는 모습이 드러나지 않는가, 하는 이러한 감상적인 소회들은 일단 접어 두고, 좀 더 나은 내년의 우리들 나갈 길을 모색하기 위하여 좀 더 진지하게 지난 한 해의 공과들을 점검해 보기로 하자.

우선 먼저 눈에 띄는 것은 이수행 회원의 광주일보 신춘문예 당선과 박시린 회원과 최현규 회원의 등단에 이어 금년에는 이수행 회원과 박관서 회원의 중앙 문단에의 등단, 그리고 최근 고향갑 회원의 문

화일보 '97신춘문예(희곡) 당선의 모습들이 주목된다.

이는 시울문학회으로서나 개인으로서 무척이나 고무적인 일로 받아들여진다. 이제 삶의 시울 문학회가 문학 단체로서 출범의 닻을 올린지도 어느덧 십년을 훌쩍 넘었다. 좀 더 문학적으로 성숙한 모습을 지니는 것은 서로에게 바람직한 모습이라 여겨진다.

모름지기 모든 문학은 자기만의 세계에 머무르는 게 아니라 세계와의 바람직한 관계를 도모하는 것이며, 이의 출발은 중앙 문단에의 등단에서부터 시작되는 것이지 않겠는가, 더하여 이는 더 좀 단단한 자신의 문학적 수련을 위하여도 꼭 필요한 단계이지 않겠는가, 우리들은 이게 다는 아니다 할지라도 좀 더 모양새 좋은 튼튼한 등단을 꿈꾸고 이를 위하여 노력해야 할 것이다.

다음으로 위의 약사에서 주목되는 것은 지역 문화예술계에 대한 시울문학회 회원들의 다종다양한, 활발한 기여의 모습이다. 예총 산하 문인협회에는 '김문옥, 오형순, 박시린, 김화숙' 등이, 민예총 산하 문학위원회에는 '유종, 고운, 이수행, 최정윤, 박관서' 등 기존 회원들 거의 대부분이 예총과 민예총으로 소속되어 지역문학의 활성화에 기여하고 있는 상황이다.

하지만 여기에서 대두되는, 우리가 유의해야 할 점은 '삶의 시울'문학회의 정체성 확보의 문제이다. 이에 대해서는 뒤에서 자세히 지적되겠거니와, 좌우튼 중요한 것은 서로가 한 지역에서의 문학동인이라는 공동체의식을 가지고 각자가 소속된 문학 단체의 조직원으로서 뿐만이 아니라 '삶의 시울' 동인으로서의 새로운 의식이 형성되어 공유되어야 하리라고 생각된다.

이외에 위의 약사에는 드러나지 않지만 지난 '95년도 입회했던 준신

입(?)회원인 '이문임, 정영숙, 정인숙 '회원 등의 문학적인 '눈 뜸'은 신입회원의 확보나 유지에 있어 심한 기근 현상을 보여 온 우리 시울에 있어 낭보라 여겨진다. 특히 이문임 회원의 비약적인 발전은 앞으로의 문학 활동에 있어 기대되는 바 있는 것이라고 하겠다. 정말 더 좀 노력해야 할 일이라고 생각된다. 물론 이는 각 개인들 혼자만의 작업은 아니다. 더 좀 씹어주고(?) 더 좀 두드려 주는 일이야말로 한 길을 가는 문학동인으로서 해야 할 의무사항이라 여겨진다.

그렇다면 이제, 이와 같은 시울의 긍정적인 모습의 이면에 새겨져 있는 삶의 시울문학회의 지난 '96년의 활동에 있어 미약했던 점 또는 부정적인 면모를 세세히 살펴보기로 하자.

가장 먼저 대외적인 행사 부분에서 8월로 예정되었던 〈해변시 낭송회〉와 〈추계 문학 세미나 및 문학기행〉이 불발된 점이다. 또한 매분기 간행되었어야 할 회보가 단 1회에 그친 것과 매년 발간되어야 할 연간집 발간 등이 유야무야 된 것 등이 가장 아쉬운 대목을 이루고 있다.

이처럼 미진한 점들의 원인으로는 무엇보다도 회원들의 관심과 열의의 부족으로 돌려지겠으나, 이외의 몇 가지 가시적인 원인들을 찾을 수 없는 것도 아니다. 즉, 〈해변시 낭송회〉 같은 경우가 대표적인 경우가 되겠다. 이 지역의 문학판에 젊은 일꾼들이 부족함으로 해서 이의 역할과 우리 시울에서의 역할이 일정 부분 중첩됨으로써, 이러한 행사가 시행되지 못했다는 측면은 특히 '97년의 시울 임원진 선출시 고려되어야 할 점으로 생각된다.

또한, 이외의 회보라든가 연간집 문제는 일견 경비 문제를 그 불발 원인으로 들 수 있겠으나, 이는 사실 우리 시울이 지닌 내적인 고민 문제와 그대로 연결되는 것이라 여겨진다. 즉, 이는 우선 회원 개개인들의 문학적 역량이나 기반의 허약성이 문제이겠으나, 이는 사실 이미 '세미 프로'로서의 문학 단체를 표방한 시울에 있어 별다른 문제라고는 여겨지지 않는다. 진짜 문제는 이러한 각 개개인의 허약한 문학적 기반에 대하여 본인은 물론 서로가 서로에게 무관심한 점이라고 생각된다.

매주 간격으로 하여 매 번 빠진 적 없이 이루어진 합평회 등은 고무적으로 여겨야 할 점이겠으나, 과연 그 출석률을 놓고 볼 때 자신 있게 나 설 수 있는 회원은 몇이나 되겠는가? 이에 더하여 지난 일 년 동안 합평회에 제출하여 서로 논의한 자신의 작품은 몇 편이나 되는가? 한 번은 돌아보아야 할 일이다. 그리고 지난 연초와 연말이 교차하는 작금에 있어 자신은 문학적으로 어떠한 변용과 발전의 모습을 보이고 있는지도 살펴보아야 한다. 이를 토대로 하여 더 좀 나은 형태로의 '97년 시울의 모습과 이의 일원으로서의 개인의 모습을 다시 꿈꾸어야 할 것이다.

위에서 살펴 본, 각 행간과 행간 사이에서 우리는 다가올 '97년의 우리 시울이 지녀야 할 방향성과 활동의 모양새를 찾도록 해야 할 것이라 생각된다. 대외적인 행사에 있어서는 우선 〈해변시 낭송회〉가 꼭 개최되어야 할 것이며, 분기별 회보와 년간집 발간 역시 꼭 이뤄져야 할 사업이라 여겨진다. 이는 역시 회원들의 관심과 성원 그리고 이에 맞는 짜임새 있는 임원진의 구성을 통하여 이루어져야 한다.

또한, 내면적으로는 가장 먼저 작품 합평회에 관한 것이다. 즉, 몇몇의 주도가 아닌 전 회원의 열정과 정성으로 이루어진 실질적인 합평회가 이루어져야 만이, 이를 통한 각 개개인의 문학적 역량의 강화라는 성과가 나타나게 될 것이다.

그리고 이에 더하여 한가지 욕심을 부리자면 회원들 간의 세미나나 문학연구 및 공부를 위한 실질적인 장치 등을 고려해 볼 필요가 있다는 것이다. 이는 개개인의 문학적 역량을 기르는 데도 도움이 되겠지만, 이를 통하여 앞에서 거론된 시울문학 동인으로서의 공유된 의식을 지니게 하는 데 결정적인 계기가 될 수도 있기 때문이다.

하지만 역시 문학은 개인적인 것이다. 이러한 모든 것들은 목을 길게 내밀어 한 모금의 물을 마셔야 할 개인의 몫이다. 아무리 힘들여 물 가에 끌고 와 본들 본인의 의지가 박약한 데는 어쩔 수 없는 것이라는 경험은 이미 우리들 모두 한두 번 느낀 게 아니다. 항상 하는 말이지만 본인 스스로 열심히 하는 길 말고는 또한, 길이 없는 게 문학의 길이라는 생각을 해 본다.

스 · 스 · 로 열심히 하자. 더욱 열 · 심 · 히.

목포에서 '삼학도' 찾기[1)]

1.

호남의 애국가라 불리는 노래 '목포의 눈물'을 아는가? "사공의 뱃노래 가물거리며…"로 시작되는 노래 '목포의 눈물'은 그 가녀리면서도 유장한 가락으로 목포를 비롯한 호남지역의 정서를 대변한다. 하지만 그 노래의 실제 풍경이던, '가물거리던 사공의 뱃노래 파도 깊이 스며들'던 삼학도는 현재 목포에 없다.

약 이십여 년 전에 목포를 처음 찾은 필자가 그랬듯이 목포에 처음 발을 딛는 이들이나 또는 목포를 찾고자 하는 이들이 유달산과 더불어 찾아보고자 하는 삼학도는 목포에 없다.

부산의 태종대나 여수의 오동도는 그나마 양쪽에 바다를 끼고 건널 수 있는 다리라도 있어 섬의 흔적이나 분위기를 느낄 수 있지만, 목포의 삼학도는 전혀 섬이 아니다. 모래와 석탄 그리고 밀가루 날리는 부둣가에 겨울 잡목들 듬성듬성 돋아있는 봉우리 하나 돋아있을 뿐인 삼학도는 목포에 없다.

지난 70년대 개발독재의 시기에 섬과 섬을 이어 막아 석탄부두와

1) 목포의 원형전설인 '삼학도'에서 목포문학의 원류를 찾아보고자 시도한 글로, 지난 2003년에 시 전문 계간지『신생』(제17호, 2003년 겨울호, 전망)에 발표했던 졸고임.

밀가루공장을 만들고, 아예 목포시내에 일제시대부터 있던 유곽인 히빠리마찌를 옮겨와 엘로하우스촌을 만들어버렸던 삼학도는, 그러므로 현재 목포에 없다. 아니 목포에 있다. 일제 식민의 수탈창구로 개발되어 번성을 누리다가 군사독재에 의한 경제개발시기에 정치사회적 소외와 경제적인 차별 속에서 풍상을 겪어온 목포지역의 가장 내밀한 상처의 흔적으로, 삼학도는 목포에 있다.

그래, 내밀한 인간의 기억을 보관하기 가장 적절한 양식인 문화예술 속에 삼학도는 살아있다. 특히, 아직까지도 제대로 조명 받지 못한 채 묻혀있는 한국 최초의 극작가 김우진을 비롯하여 소설가 박화성, 천승세, 김현, 김지하, 최하림, 차범석 등 쟁쟁한 문학의 명인들이 즐비한 문학세계 속에 삼학도는 면면히 살아있다.

따라서 필자는 목포의 풍경을 찾아 나선 이 자리에서 실제로 목포에 찾아온다 해도 전혀 찾아볼 수 없는 삼학도의 풍경을 찾아 읽어보고자 한다.

그러하다. 인간의 개발 야욕 아래 상처받은 몸으로 숨죽이고 있을 뿐 목포에 사는 사람들의 기억 속에 면면히 살아있는 삼학도는 원래부터 이 도시의 원형전설로 존재했었다.

먼저, 수없이 많은 파생 설화들로 존재하는 삼학도 설화 중에 구체적으로 문학작품 속에 나타난 설화의 내용을 보자.

"흔히 그렇듯이 삼학도에도 재미있는 전설이 있어요. 옛날 옛적 호랑이 담배 먹던 시절에 유달산에서 무술을 익히던 한 청년 장사가 있었대요. 너무너무 잘생긴 젊은이였나 봐요. 산 아래 사는 세 처녀가 물 길러 왔다가 그 젊은이한테 그만 홀딱 반해 버렸죠. 그것이 비극의 시작이었어요. 젊은이는 그때부터 고민에 빠졌대요. 사랑 때문에 도무지 무예에 정진할 수가 없었던 거죠. 그래서 하루는 세 처녀를 불러 언약하기를, 나의 수도가 끝날 때까지 먼 섬으로 가서 조용히 기다려 준다면 입신양명한 연후에 반드시 낭자들을 맞아들이리다… 세 처녀는 그 언약을 믿고 바람 잔잔한 날 앞바다에서 배를 탔대요. 한편 젊은이는 유달산 꼭대기에 우뚝 서서 낭자들이 떠나는 모습을 지켜보고 있었죠. 괴로웠을 테죠. 손짓을 해 다시 불러들이고 싶은 충동에 사로잡히기도 했을 테죠. 아니다, 이러면 안돼! 그는 이를 악물면서 화살을 뽑아 들었대요. 그리고는 배를 향해 힘껏 활시위를 당겼죠. 그 젊은이의 힘이 어찌나 장사였던지 단 일격에 배는 동강나 가라앉고 그 순간 비련의 세 낭자는 학이 되어 푸드덕 깃을 치며 날아오르더니, 그러나 젊은이가 있는 유달산 꼭대기로는 오르지 못하고 앞바다에 조용히 내려앉아 마침내 세 개의 섬이 되었대요….”

- 이동하 소설 「삼학도」 중에서

위의 글은 한때 목포대학교에 재직했던 소설가 이동하의 소설 「삼학도」에 수용된 삼학도 설화이다. 하지만 실제로 문학작품에 수용되어 나타나는 삼학도 설화는 빈약한 편이다. 특히 시가 득세한 목포지역 문단의 특성 탓이기도 하겠지만, 소설을 비롯한 산문에서 삼학도가 거론된 경우는 이동하의 소설 「삼학도」와 차범석의 희곡 「학이여, 사랑일레라」를 제외하고는 거의 전무하였다. 하지만 시의 경우에는, 특히 이 지역 시인들뿐만이 아니라 이 지역을 거쳐간 많은 문인들에 의해서 엄청나게 많은 제재로 선택되어 노래되었다.

따라서 삼학도를 주제로 한 문학작품들이 획득한 문학적 성취도를 일단 뒤로 돌려놓고 본다면, 그 무엇보다도 삼학도가 이 지역의 문학,

즉 목포문학의 한 주요 인자로 다루어지고 있음은 의심의 여지가 없는 것이라고 하겠다.

2

지난 근대기 경제개발의 삽날 아래 매립되고 파헤쳐져 현재 섬 아닌 섬으로 되어있는 삼학도는 문학작품 속에서 당연히 원래의 모습을 그리워하는 모습으로 많이 나타난다. 특히 당시를 직접 체험한 원로 작가들의 문학작품에 많이 나타나는 유형이다.

"이난영의 "목포의 눈물"이/ 코 끝에 밀물 진다./ 세월은 가도,/ 詩情의 고향인 삼학도!/ 인산인해를 이루던/ 축제일인 그날의 단오절을 잊지 못하네.// 그날,/ 여기 저기 떠돌며/ 씨름판도 구경하고.../ 녹음 속에 아기자기한 내 젊음의 꽃,/ 빨강 파라솔이 피어나던 곳.// 연두색 깨끼저고리에 얼비친/ 검은 오빠루치마를 입던/ 아, 스무 살의 애잔한 내 파란 꿈이여.// 그네를 타고 하늘을 박차고 날던 용기, 동료 여선생들은 환호하면서/ 손뼉을 치곤 했었네.// 지금도 삼학도는 그리움 소용돌이 치는/ 내 마음 속 영원한 전설의 고향!. 세 마리 학이 되어 두둥실 두둥실/ 목포의 바다 위에 떠 있네.

- 김정숙의 시 「삼학도」 전문

단오날 삼학도로 건너가 그네를 뛰고 씨름을 하던 시정 넘치던 삼학도에 대한 추억이 잘 표현되고 있다. 또한 이러한 놀이 뿐이 아니라 삼학도를 중심으로 한 문학적 서정도 잘 갈무리되어 살펴볼 수 있다.

봄은 바다에서 옵니다. 제비가 물 위를 아슬하게 스쳐서 올라채는 때

갈매기의 상승 기류를 탄 글라이더 마냥 의젓한 날개에서 먼저 봄을 느낍니다. 삼학도로 가는 길에 '간자미'라는 홍어의 새끼 같은 건어가 있습니다. 이 고기를 찔어서 막걸리를 한 사발 들이킨 다음 입가심하는 맛은 건포도에 맥주와는 또 다른 멋이 있습니다. 이 기분으로 삼학도 앞바다 즉 영산강 하류까지 산책합니다….

- 차재석의 수필 「삼학도로 가는 길」 중에서

이처럼 아름다운 모습을 지녔던 삼학도는 유달산과 함께 목포의 대표적인 풍경을 이루어 수많은 시인, 작가에게 문학적 체험과 영감을 주었다. 직접 체험했던 삼학도의 경험을 문학적으로 아름답게 승화한 문학작품으로는, 순창출신으로 오랫동안 목포를 중심으로 문학활동을 전개했던 권일송의 시에서 이를 확인할 수 있다.

유달산 일등 바위에 오르면/ 저 멀리 보석같이 뿌려진 섬들/ 아아/ 내 생애 최고의 하루가/ 쪽빛 바다에 눕는다// 반지라운 조가비가 널린 삼학도에서/ 처음으로 훔친 소녀의 입술/ 그때 빈약한 도시의 달빛 속엔/ 아름다운 천사의 노랫소리// 저문 여름의 나무 가지 끝에/ 한 방울 정갈한 눈물을 매달고/ 노상 나직이 우러르는 이마여// 그대 온 몸으로 울어라/ 하늘 닿는 그리움으로/ 산과 바다여/ 그토록 오래 머물고 싶었던/ 너의 가슴에/ 지금도 천년 바람 속에 떴다.

- 권일송의 시 「그리운 유달산」 부분

모든 문학작품은 직접적인 현실에서 문학의 제재를 취한다. 하지만 문학적으로 채용된 현실은 곧 작가의 상상력과 결합하여 문학적인 현실로 변용 하게 된다. 삼학도를 제재로 취한 문학작품들 역시 현실의 삼학도를 문학적으로 변용하여 노래한다. 그리하여 현실의 삼학도는 문학적인 신화 속의 삼학도로 끌어 올려져 인간의 삶과 세계의 내면적인 본질을 노래하게 된다.

> 세 마리의 학이 살고 있었습니다.// 하늘 열리던 그 날, 다도해 밀려오는 섬들을 기다려 뒤돌아본 죄로, 죄라면 다만 그뿐인 사랑으로 발이 묶인 한 마리 가슴으로 굳고 가슴 묶인 한 마리 날개로 굳고 날개 묶인 한 마리 머리로 굳어 하얗게 춤을 추면서// 억겁을 하루같이 키우는 꿈은 나는 하늘끝 어디쯤일까 유달뫼 푸른 솔에 빛을 뿌릴 날갯짓/ 억겁을 하루같이 부르는 노래는 잡힐 듯 잡히지 않는 손길의 어디쯤일까 피어나는 꽃망울 목을 더듬어/ 오늘을 어제처럼 돛배에 싣고/ 오늘을 어제처럼 파도에 씻어/ 어둠을 잘라 밤을 밝히고/ 눈물은 흘러 웃음으로 출렁이더니// 파도가 묻히던 그날 따라 발은 묻히고 가슴 젖히고 머리는 잘려 억겁을 하루 같던 꿈이 잠기고 억겁을 하루 같던 노래도 막혀 밤마다 어둠으로 밤을 밝히며 하나로 멎은 숨결 검은 바다에// 옛날 옛날엔 세 마리의 학이 살았답니다.
>
> \- 최병두 시 「삼학도」 전문

목포에 산다는 죄로, "다도해 밀려오는 섬들을 기다려 뒤돌아 본 죄로" 우리들은 "날개가 묶여" 버린 것인지 모른다. 하지만 그러한 날개의 묶임은 현실적인 것일 뿐, "억겁을 하루같이 키우는 꿈"을 지님으로써, 우리들은 "어둠을 잘라 밤을 밝히고/ 눈물은 흘러 웃음으로 출렁"인다. 어찌 이처럼 어둠을 잘라 밤을 밝히며 눈물을 웃음처럼 출렁이는 삶이 실패한 삶이겠는가? 인생에서의 달관이란 빛과 어둠을 함부로 가르지 않는 것이다. 도리어 양자를 함께 받아들여 생의 전체로 삼는 것이다. 따라서 삼학도가 지닌 의미는 이처럼, "밤마다 어둠으로 밤을 밝히"는 의미 깊은 것이다.

따라서 이러한 삼학도는 목포에 있어, 그 내면으로 면면히 흐르는 혈액 같은 것이다.

> 물 가운데 솟은 바위/ 빙두른 흙이 선 땅을/ 섬이라 하고/ 반도 귀퉁이 붙은 섬 흔적은/ 섬이 아니라 하는데/ 이 아침/ 삼학 중섬/ 팽나무, 석달 가뭄에도 여전 푸르구나/ 푸른물이 줄줄 흐르는구나.
>
> \- 김엄조 시 「삼학도」 전문

현재의 삼학도가 섬 아닌 섬인 것처럼, 이미 중요한 것은 섬이라거나 섬이 아니라는 것이 아니라, "석달 가뭄에도 여전 푸"른 그 정신인 것이며, 이러한 푸른 정신의 상징인 삼학도는 목포에 사는 우리들의 내면의식 깊은 곳을 흐르는 정체성의 한 요인인 것이다.

3.

앞에서 거론된 노래 '목포의 눈물'에 나오는 구절처럼 "삼학도 파도 깊이 스며들"던 아름다운 풍치를 자랑했던 삼학도는 근대화의 삽날 아래 매립되어 신항 석탄부두와 엘로하우스로 불리는 사창가로 변해 버렸다. 이처럼 근대자본주의의 쓰레기하치장이 되어버린 삼학도는 바로 이 지역 목포의 슬픔 자체를 보듬게 되었다. 따라서 시인, 작가들 역시 이러한 삼학도의 상처와 아픔에 깊은 관심을 갖고 이를 노래한 문학작품들이 많다.

항상 삼학도 등 뒤에선/ 바다가 울고 있다./ 비린내가 싫다고/ 세 마리 학이 떠난 뒤/ 비늘을 털며 완행열차로/ 뒤를 이은 사람들/ 그래도, 떠날 수 없는 바다만 남아/ 찌그러진 삼학도만 물어 뜯으며/ 허구헌 날 그 몸짓으로 울고 있다.// 오늘은 눈발이 날린다./ 뒷개에서 부는 억센 바람이/ 바다와 함께 떠나지 못하는/ 오거리 선술집 간판을 흔들고/ 전라도 사투리처럼 질긴 눈보라 속에선/ 더욱 술잔에 맴도는/ 목포의 눈물// 낙지발처럼 흐느적거리는 목포는/ 언제까지나 목메인 노래로/ 가슴팍만 태워야 하는가

- 김선기의 시 「겨울 삼학도」 전문

삼학도가 매립되어 섬이었던 원래의 자취를 잃어버린 것처럼 산업근대화가 진행되면서, 여타의 지역들과 같이 목포 역시 많은 것들을 급격히 잃어버리기 시작한다. 농어촌의 인력들이 도시의 공장으로 떠나고, 지역사회의 물적 사회적 토대들이 중앙 중심으로 재편되면서 점점 그 모습을 빼앗겨 간다.

따라서 시인들은, 이제 이처럼 모든 것을 빼앗겨버린 고향의 아픔을 호소하기도 하고, 오직 먹고살기 위하여 도시로 떠난 사람들에게 삼학도를 통하여 고향의 참모습을 일깨워 주기도 한다.

고향을 찾는 길에/ 내 이름을 한 번만 불러다오.// 대답이 없더라도/ 형제들의 따스한 마음들이/ 식어 돌이 되었을지라도/ 뜬 눈으로 지샌/ 새벽 숲을/ 한 번만 흔들어다오.// 손톱에 할퀸 자국은/ 흉터도 가시지 않는다는데,/ 숨통 끊긴 강줄기를 떠받치고/ 마지막 담배에 불 붙이는 삼학,/ 돌아서면 잊혀버릴 모습들을/ 더러는 유혹도 하며,/ 동전 몇 닢 웃돈 얹어/ 술을 청하면/ 풀린 치마끈에 웃음을 매달아/ 아침 강물에 쓰레기처럼 내던지던/ 非情의 하늘.// 한 치 앞의 利權을 위해/ 바보스

레 두 눈을 감았더라도/ 다시는 回收할 수 없는 향수를 한 번만 고향이 라 불러다오.

- 최재환의 시 「신삼학도」 전문

"손톱에 할퀸 자국"처럼 근대화의 삽날에 찍혀 매립된 삼학도는 이제 "동전 몇 닢"에 "풀린 치마끈에 웃음을 매달아" 파는 슬픔이 되어, 이 지역의 아픈 "회수할 수 없는 향수"가 되었다.

늙은 창녀 하나가/ 뭍에서 삼학도로 건너가/ 동백숲에 드러누웠습니다/ 그 후부터 그녀가 따르는/ 술잔에는 항상 바닥에서/ 붉은 꽃이파리가 떠올랐습니다

- 조승기 시 「목포의 밤」 전문

시에서 중첩의 의미를 지니는 '늙은 창녀'처럼 삼학도는 이제 도덕적으로 타락한 근대화의 몸짓을 뜻하면서, 동시에 그 근대화에로부터도 밀려난 지역의 아픔을 뜻한다. 삼학도는 목포가 지닌 눈물과 한의 진원지가 되어, 목포에서 마시는 "술잔에는 항상 바닥에서/ 붉은 꽃이파리가 떠오"르는 것이다.

삼학도가 없다면/ 사공도없다뱃노래도없다이별도없다/ 목포도없다눈물도없다이난영도없다// 슬픈 전설도/ 멍든 파도도/ 치마폭 노을에 물들던/ 옐로하우스마저 없다, 지금은.// 삼학도는/ 저혼자 잠실 야구장을 드낙거리다가/ 단란주점, 노래방을 지치도록 떠돌다가/ 늦은밤거리에서 비틀거리다가/ 글쎄/ 빵소니 차에라도 치일지 모르는데// 동명동 어판장 근처에서/ 문득 그를 만난 날/ 우리는 기어이/ 삼학 소주

> 가 그립다./ 잔 한번 마주쳐 줄 이난영이가 그립다.
> - 조기호 시 「삼학도 유감」 전문

매립된 삼학도의 이미지와 전국적으로 잘 알려진 '목포의 노래'를 중첩시켜, 오늘날의 목포에서 우리가 추구해야할 진정한 가치가 무엇인가를 문학적으로 잘 형상화시킨 수작이다.

하지만 목포를 현실적인 삶의 공간으로 지닌 지역의 시인, 작가들이 삼학도를 비롯한 지역 공간을 작품의 제재로 삼을 때 쉬이 드러나는 맹점은, 이를 문학적 제재 자체로만 차용한다는 데 있다. 즉, 지역의 정경을 단순한 풍경묘사나 개인적 정서나 기원의 수준을 크게 벗어나지 못하는 모습으로 차용하고 있다. 지역성의 구현이라는 명목을 내걸고 너무 쉽고 허다하게 창작하고 있다는 데 있다.

그렇다면 이처럼 문학적 보편성을 벗어나지 못한 소박한 향토문학으로부터 문학적 보편성을 지닌 참된 지역문학으로 살려내는 방법은 무엇인가? 그것은 지난한 소외와 차별 속에서 진행된 우리 지역의 역사와 지역민의 삶을 노래하는 문학, 즉 우리지역의 고난과 슬픔을 내면화시킨 문학이어야 한다. 가장 향토적인 문학이 가장 세계적이라는 말은 이렇게 성립되는 것일 터이다.

> 사공의 뱃노래 간 곳 없고/ 삼학도 파돗소리 아스팔트로 굳어/ 그 위에 우뚝 선 굴뚝만이/ 싯커먼 한숨만 토해내는데/ 서울 간 권시인이 마시다 남은/ 보해소주만 뜬구름으로 흘러라./ 석양녘 노을따라 훠어이 훠어이 흘러라
> - 허형만의 시 「목포에서」 전문

위에서 예로 든 조기호 시인의 경우처럼 노래 '목포의 눈물'의 가사와 가락을 빌려 목포의 정한을 노래한 시이다. 문학적 현실로 선택된 목포의 눈물(슬픔)과 작가의 정한이 잘 어울려 형상화된 작품으로 읽힌다.

> 뱃놈 하나/ 물결에 밀리어 둥지를 틀지만/ 저만큼 앉아 있는 그리움
> - 김정숙의 시 「작은 노래 5 -삼학도」 전문

"뱃놈"이 상징하는 시적 자아가 "물결"이라는 어찌할 수 없는 힘에 밀리어 자리잡은 곳이 바로 "삼학도"라는 아픈 둥지이지만, 그것은 슬픔 자체만이 아니고 사랑하는 무엇을 기다리는 "그리움"이다. 목포가 지닌 아픔과 슬픔의 상징인 삼학도를 아픔이나 슬픔 그 자체로만 끝내지 않고, 새로운 사랑과 환희로 끌어올리는 문학적 승화의 모습을 엿볼 수 있다.

우리는 여기에서 박화성과 김지하, 그리고 천승세와 최하림의 뒤를 이어 오늘날 목포에서 활동하는 젊은 문인들의 긍정적인 일단의 모습을 확인할 수 있거니와, 이들은 현재 목포 지역문학의 활성화를 위한 노력을 아끼지 않고 있다. 수년 전에 결성되어 현재 목포지역에서 활발한 문예활동을 펴고 있는 목포민예총과 목포작가회의 같은 경우가 이들이 펼치는 문학예술적 실천의 구체적인 결과치라고 하겠다.

> 이젠 아무도 말하지 않는/ 고목등걸처럼 캄캄한 너의 속살을 밟고/ 오늘도 유달산에 걸리는 파멸의 황혼 위로/ 아프게 돌팔매질한다// 어둠 속에서 어둠의 사슬에 묶여/ 쓰러져 잠든 시간의 어디쯤인가/ 빛바

랜 삶을 거머쥔 깃발들이/ 만사(輓紗)처럼 항구에 나부끼는데/ 가신 님 오지 않아 기다림은 부두에 졸고/ 가물거리는 기억들이 하나 둘씩/ 바다 깊숙이 가라앉는다// 떠도는 말들이 바람이 되어/ 파도를 몰고 오는데/ 몸 사려 가시 돋친 나날들이/ 기다란 영산강처럼 질펀하게 흐르고/ 매운 바닷바람 불면 짠물 한 됫박씩 마시고/ 모르는 곳으로 눈 돌리며 숨죽인 거리// 너는 외곬으로 바다 같은 슬픔을 안고/ 목마른 울음만 안으로 안으로 훔쳐내고 있나/ 가슴속에 한 웅큼씩 뜨거움을 감추고서/ 너는 또 어떤 시대의 아침을 향해/ 무심코 노를 저어가고 있다.

- 김선태의 시 「목포」 전문

그것이 지역의 문학이든 또는 지역의 제반 사회현상이든, 중앙에 맞서거나 또는 중앙에 밀리는 상대적인 지역 공간으로서가 아니라, 일정한 특수성과 주체성을 지닌 지역으로서의 목포의 특성을 살려 지키는 일은 "고목등걸처럼 캄캄한" 일이고, "어둠 속에서 어둠의 사슬에 묶여 쓰러"지는 일처럼 지난한 일일 것이다. 하지만 시인은 "짠물 한 됫박씩을 마시고", "목마른 울음을 안으로 훔쳐내"면서도 결코 포기하지 않고 "시대의 아침을 향해" "노를 저어가고 있다."

참된 문학은 항상 깊은 어둠 속에서도 새로운 발걸음을 끊임없이 내딛고자 하는 것이라면, 목포의 문학은 이제 어둡고 캄캄한 지역논리에서 벗어나 민족적 보편성과 지역적 특수성을 아울러 추구하는 참된 지역문학 쪽으로 발걸음을 내딛기 시작한 것이리라.

4.

죽교동 개천 건너/ 유달산으로 오르던 돌담길은/ 지금도 그대로 있을까/ 돌담집 끝집 조그만 조선 기와집/ 채송화 가꾸던 마당은 지금도 있을까/ 달밤이면 삼학도를 띄우고/ 호수 같은 그림을 그리던/ 바닷물은 지금도 밀려들고 있을까/ 40년이 흐르도록 안 가본 그곳/ 담 너머서 실성한 인텔리가/ 전쟁의 상처를 중얼거리던/ 피난살이 수삼 년에 처음 마련한/ 나의 마당에 그 때/ 가난 속에 불안한 평화가 있었다 …후략…

- 전승묵의 시 「지금도 그대로 일까」 부분

근대기의 상처와 그 상처를 보듬었던 삼학도와 목포의 이야기를 노래하고 있다. 조국의 식민지화라는 상황과 동족상쟁이라는 비극 속에서 실성할 수밖에 없었던 인텔리의 상처를, 가난하고 불안한 채로라도 보듬어 주었던 "조그만 조선 기와집" 너머 달밤에 비친 삼학도를 기억하는 것이다.

어디 그 뿐이랴. 주지하다시피 목포는 오랜 군사정권 시절에 계속 정치적인 박해를 받은 곳이다. 또한 이러한 정치적인 박해는 사회적인 소외와 차별을 불러와 터무니없는 지역감정으로까지 번져갔다. 따라서 이처럼 어이없이 증폭된 소외와 차별 속에서 피어나는 뭉클한 인간관계가 바로 인간애이다. 그런 것이다. 고난과 시련 속에서 평등과 평화를 눈물처럼 꿈꾸며 서로 나누는 비애 어린 인간애인 것이다.

더 갈 데가 없는 사람들이 와서/ 동백꽃처럼 타오르다/ 슬프게 시들어 버리는 곳/ 항상 술을 마시고 싶은 곳이다/ 잘못 살아온 반생이 생각나고/ 헤어진 사람이 생각나고/ 배신과 실패가 갑자기 나를 울고 싶게 만드는 곳/ 문득 휘파람을 불고 싶은 곳이다/ 없어진 삼학도에 가서/ 동강난 생낙자 발가락 씹으며/ 싸구려 여자를 바라볼거나/ 삼학소주 한 잔을 기울일거나.

- 문병란 시 「목포」 전문

80년대 군사독재의 연장에 맞서서 분연히 일어섰던 광주민중항쟁의 열사들이 몸을 피했던 곳도 현실적인 패배에서 정신적인 승리를 일구어 내는 곳인 항구도시 목포였다. 당시 해직교수였던 문병란 시인 역시 목포에서 불렀던 노래가 위의 시이다. 또한, 광주민중항쟁을 가장 정확하게 문학적으로 형상화했던 임철우의 소설 '봄날'에서도 주인공 '명기'가 마지막 피신지로 택하여, 바다에 모였다 흩어지는 파도를 보며 새로운 역사적 인식의 장에 이르렀던 것도 목포였음은 우연한 일이 아닌 것이다.

…그때가 28일 아침이었다. 전화를 받자마자 명기는 간단한 옷가지만 가방에 담고 집을 빠져 나와 … 시내버스를 타고 광주를 빠져와, 화순에서 기차와 완행버스를 네댓 번이나 갈아탄 끝에 어제 저녁 목포에 도착, 변두리의 여인숙에서 밤을 시낸 뒤 부두로 나섰던 것이다 …"

- 임철우의 소설 「봄날」에서

이처럼 소설의 주인공 명기가 목포 앞바다의 파도를 보며, "수천 수만의 서로 다른 개체들이 모여 하나가 되는 기적을, 그 놀라운 일치와 화해의 신화를" 보며 "희망을 배워가리라. 인간과 삶을 향한, 가슴 벅찬 소망과 그리움의 노래를" 배우는 그것이 바로 시대의 절망을 껴안아 희망으로 일으키는, 삼학도와 목포가 지닌 진정한 내면적 가치이자 의미라고 할 수 있겠다.

또한, 이처럼 삼학도와 목포라는 현실적인 공간과의 접맥을 통하여 문학적인 실천의 방도에 이른 경우와 달리, 온전한 문예미학적 성과를 올린 경우로써 차범석의 희곡 '학이여, 사랑일레라'를 들 수 있다. 삼학도 설화를 배경으로 세 처녀와의 결혼에 실패하는 한 청년의 이야기를 드라마한 희곡 '학이여, 사랑일레라'는, 종결부분에 이르러 마침내 다음과 같은 인식을 얻는다.

> 윤도령 : 학아 네 울음소리를 오늘은 알 것 같구나. 그토록 슬프게 들리기만 하던 네 울음이 슬픔이 아님을 이제야 알겠다.
>
> - 차범석의 희곡 「학이여, 사랑일레라」 중에서

희곡 「학이여, 사랑일레라」는 삼학도 전설에 대한 문학적인 재해석이라는 의미를 지닌다. 비교적 간략한 서사구조로 이루어진 삼학도 전설에 살을 붙이고 옷을 입히는 작업을 거쳐, 비로소 문학적 신화의 위치로 삼학도 전설을 끌어올린 소중한 작업의 결과치로 읽힌다.

이러한, 삼학도 전설의 문학예술적인 재창조 작업은 이 지역의 문학인들을 중심으로 줄기차게 그리고 새롭게 진행되고 있는 것이기도 하다.

> 그리워하는 것은/ 언제나 섬으로 떠서 흐르나니/ 오늘도 푸르른 파도를 딛고/ 깃털 하이얀 물새/ 하늘 높이 비상하듯/ 삼학도를 가슴에 품고/ 삼학도와 함께 떠서 흐르는/ 사람의 꿈은 아름답다/ 마침내 햇살도 새로이 살아오고/ 예전처럼 손을 흔들며/ 섬을 돌아 나가는 뱃고동소리/ 맑은 바람 끝도 생생하게 보이나니
>
> -허형만 시 「삼학도」 전문

이 지역이 지닌 슬픔과 절망 그리고 아픔을 껴안고서 다시 날아오르는 학처럼 '깃털 하이얀 물새'로 '하늘 높이' '삼학도를 가슴에 품고/ 삼학도와 함께 떠서 흐르는/ 사람의 꿈은 아름답다'고 시인은 우리에게 전한다. 그리하여 마침내 '섬을 돌아 나가는 뱃고동 소리'와 '바람의 끝도 생생하게 보'인다고 말한다.

따라서 문학작품 속에 승화된 삼학도와 목포는 아픔과 패배를 숱하게 견뎌온 이 나라 이 지역 민중들의 아픔과 슬픔뿐만이 아니라, 새로운 희망과 전망을 직접적으로 대변하는 것이기도 했다.

> 어디에 와 있는 것이냐/ 나는 살아 있는 것이냐/ 무딘 느낌과 예리한 어둠에 맞서/ 섞이지 않는다 부딪히지도 않는다/ 또다시 시퍼런 새벽이 온다// 남포가 터진다/ 흙차가 들어온다/ 나는 흙 속에 천천히 깊숙이/ 대낮 속에 새하얀 잠의 늪 속에 빠져 들어간다/ 이것이 대체 무엇이냐
>
> - 김지하 시 「산정리 일기」 부분

목포지역의 정서를 근간으로 근대화 시기 핍박받는 한국 민중들의 현실을 탁월하게 형상화시켰던 김지하 시인은 그러므로 중음신처럼 희망 없이 떠도는 목포의 풍경을 정확히 파악하고 있었던 것이다. 그러하다. 젊은 무사를 좋아했다는 이유 하나로 죽음을 맞아야 했던 삼학도 전설 속의 세 처녀처럼, 목포를 비롯한 호남 지역은 정의와 평등을 지향했다는 이유 하나로 끝없는 차별과 소외의 대상이었다. 그리하여 이는 바로 근대개발 시기에 오직 착취와 수탈의 대상이었던 이 나라 모든 민중들의 아픔과 설움으로 이어지는 것이었다. 하지만 민중들의 아픔과 슬픔은 언젠가 어떻게든 시인작가들의 시선에 의해 발

견되어 자각되고 극복되기 마련인 것이다.

> 아는가, 뿌연 모랫가루 날리는 선창/ 산업도로 지나 밀가루 공장 곁에 엘로하우스/ 허름한 창문에 담겨 쉬이 씹히는 풍선껌처럼/ 휘파람 휘 휘 날려오던 이 도시의 전설,/ 탄가루들 모여 웅성대는 삼학도를 아는가// 어디로 가는 것인지, 컨베이어에 실려 둥둥/ 페이로다에 들려 화차에 실려/ 삼학사(三鶴寺) 오르는 언덕배기 낮은 중턱에/ 팔려와 나부끼던 누이들의 하얀 소망은/ 찬 겨울 하늘 아래 잡목의 빈가지들로/ 아직도 저리 흐느끼고 있는데// 파마머리 내 누이 삼학도/ 허연 속살을 팔아/ 한겨울의 이 도시는 이리 따뜻한 것인가?// 먹빛 하늘에 불빛 가슴이 되어/ 끝내 찢어져 눈발 비치는 하늘 너머로/ 떠나 보내야 하리라 가난과 질시와/ 우리들이 서로 비껴 나누던 비웃음들까지/ 오래된 낡은 선로를 따라 떠나가는/ 무개화차처럼 말없이 떠나 보내야 하리
>
> - 박관서 졸시 「삼학도 가는 길」 부분

참으로 다행히도, "뿌연 모랫가루 날리는 선창"과 "밀가루 공장 곁에 엘로하우스/ 허름한 창문에 담겨 쉬이 씹히는 풍선껌처럼/ 휘파람 휘 휘 날려오던 이 도시의 전설" 인 삼학도를 실제로 복원하자는 운동이 가시화 되어 점차 진행되고 있다. 늦게나마 정말 다행한 일이다. 이러한 삼학도살리기의 일환으로 목포민예총에서 매년 시행하고 있는 지난 제5회 삼학도문화제전에서 강흐들 시인은 이를 이렇게 노래하고 있다.

> 그 곳으로 가고 싶음이니라./ 유달산에서 내려다보며/ 더 이상은 목포에 흠집을 내지 말자/ 이제는 목포를 목포로 두자/ 바라다볼 만한 곳

> 을/ 후손도 바라다보도록 하자/ 노래 속의 목포를/ 목포 사람들이 기억하고/ 여기 모인 사람들이/ 그 앞장을 서자
>
> - 강흐들의 시 「삼학도」 부분

어쩌면 시인은 삼학도의 복원은 물론이지만 차라리 지금 있는 환경만이라도 그냥 이대로 놓아두자고 한다. 이는 삼학도 뿐만이 아니라 이 지역의 여타 자연환경을 개발이라는 미명으로 파헤치고 있는 행위에 대한 강한 역설의 의미를 띄는 것이다. 우리가 현재 지닌 자연환경을 "후손도 바라다보도록 하자"며 지금 바로 "여기 모인 사람들이/ 그 앞장을 서자"는 시인의 음성은 그만큼 간절하다.

5.

신화학자 조셉 캠벨은 신화란 한 지역이나 사회의 질서를 유지시켜 주는 것이라 했다. 따라서 모든 민족이나 국가에는 그에 따른 건국신화가 있으며 또한 각 지역이나 성씨에도 그 나름의 신화나 전설들이 있게 마련이다. 이는 물론 한 가정이나 심지어 한 개인들에게도 그 나름의 할아버지 아버지들의 이야기, 또는 고향의 기억들이 존재하여 나름의 정체성을 유지하도록 하는 것이다.

하지만 합리적 이성에 근거한 서구적 과학성만으로 급격히 추구한 근대적 경제 개발 속에서 우리 사회는 이러한 신화나 전설들을 지워갔으며, 작금의 우리 사회에 만연한 개인주의, 배금주의 등을 앞세운 각종 분열양상들은 일정부분 이러한 신화나 전설의 상실에서 기인한다고 할 수 있겠다.

따라서 일제의 수탈을 목적으로 한 개발과 발전에 더불어 군사독재

세력에 의한 소외와 차별이라는 상호모순성을 지닌 채, 근대개발기의 영광과 아픔의 기억을 공유하고 있는 목포지역에서의 평화롭고 조화로운 시민적 질서와 발전의 토대는 무엇으로 가능할 것인가.

그것은 바로 산업개발논리에 의해 훼손된 이 도시의 오랜 신화와 전설인 삼학도를 복원해내는 것으로 가능하리라 여겨진다. 물론 앞에서 살펴본 것처럼 문학예술 속에서의 형상화를 통한 복원과 함께, 현재 진행중인 복원화 작업을 통하여 최소한의 모습이라도 실제의 모습을 되찾아야 할 것이다.

그리하여 삶과 사랑의 드라마로서 21세기가 요구하는 지역성과 문화예술적 특성을 지닌 삼학도의 뜻과 승화된 의미를 다시 복원하여, 이를 지역민들의 내면풍경으로 정립해낼 때, 예향이라는 목포지역의 이미지는 더욱 강화될 수 있으리라 생각된다.

목포권 항구문학의 형성 및 발전 양상

- 2017년 제주문학포럼 : 「항구와 문학 그리고 삶」 발표문

1. 목포권 항구문학의 개념 설정

항구란 바다와 육지 또는 바다와 바다를 이어주는 거점을 말한다. 하지만 항구는 근대적 개념의 해양도시를 말하며, 예전에는 치소(治所)와 포구(浦口) 또는 포구를 통해서 도시 형태를 갖춘 읍성 곧 연안의 읍성인 연읍(沿邑)을 뜻했다. 『호남청사례(湖南廳事例)』(규장각도서 15232)에 따르면 호남 53읍중 연해읍은 27읍으로 분류되는데, 이들 중 바다와 직접 연하지 않은 곳을 제외하면 나주, 순천, 영암, 영광, 장흥, 강진, 해남, 보성, 무장, 무안, 부안, 흥양, 옥구, 진도, 낙안, 만경, 광양 등 17개 읍이다. 이러한 호남의 연해읍에서 한반도 서남부의 바다와 섬은 물론 중국 동해안 사이를 교류하던 서남해안의 연읍은 대략 나주, 영암, 영광, 장흥, 강진, 해남, 보성, 무안, 진도 등이다.

그러나 1897년 10월 1일 목포가 개항되면서 서남해안의 연읍들은 근대 항구의 기능을 갖춘 목포의 개항장을 중심으로 재편된다. 응당 목포는 서남해안의 해양거점 도시로서 형성되기 시작한다. 더구나 3白(쌀, 소금, 목화)을 중심으로 호남에서 풍부하게 산출되던 일제의 수탈창구 기능을 맡은 목포는 국제적인 해양 도시로서의 면모를 갖추

면서 발전되었다. 각국공동거류지역을 중심으로 개발되었던 일본인 마을은 현재도 그 모습을 거의 그대로 지니고 있다.

따라서 주어진 토론주제에 따로 갈래지어 볼 수 있는 '목포권 항구문학'의 범주는 다음과 같다. 앞에서 살펴본 것처럼 목포권은 목포를 비롯하여 서남해안에 연해 있는 무안, 신안, 영광, 영암, 강진, 해남, 보성, 장흥 등 서남해안의 다도해를 아우르는 지역을 뜻한다.

또한 해양문학의 범주에 대한 논의에서, 구모룡은 해양문학을 '바다-배-항해'라는 주요 모티프를 내세웠으나[1], 가까운 공간에 수많은 섬을 지니고 있는 전남 서남해의 다도해 유역의 경우는 '바다-섬-어로'가 주요한 모티프로 작동된다.[2] 어디까지나 '섬'과 섬 사이를 오가는 근해형 항해를 통해 물고기를 잡는 '어로'에 종속되는 '배'는 어로행위에 종속된 도구의 모티프로서만 작동하고 있다. 따라서 '근대적인 바다와 근대적인 해양은 그 심상지리에서 같다'는 구모룡의 미학적 판단을 그대로 수용한다고 하더라도, 서남해의 지역성과 관계된 개념으로서 '해양문학'보다는 '도서문학' 또는 '항구문학'의 개념이 적절하다고 하겠다. 물론 이 역시 추후 연구를 통해 논의할 문제이며 다만 본 논의에 한한 개념으로 설정지어 보기로 한다.

2. 목포권 항구문학의 역사적 전통

서남해의 바다와 섬은 육지 중심으로 전개된 우리의 역사적 맥락에서 보면, 사실 육지에서 밀려난 불안함과 불순함이 마지막으로 갇히거나 흩뿌려져 기록되는 역사와 문화의 행간을 찾아서 은유와 삭힘으

1) 구모룡, 『해양문학이란 무엇인가』, 전망, 2004년, pp30-34.

2) 신정호, 『한중 해양문학의 비교 연구』, 젊은느티나무, 2011년, p14.

로 자리하는 막창이자 그늘 같은 공간이었다.

육로교통보다 해로교통이 편리하여 육지와 서남해의 섬들은 물론 중국과 일본 등을 연결해주는 문화교류의 가교 역할을 하던 고대의 역사문화적 전통 역시 마찬가지다. 아직도 역사적 내용은커녕 맥락조차 찾지 못하고 있는 반남 고분군과 마한의 역사는 물론 왕인과 최치원, 장보고, 왕건과 견훤 그리고 능창의 고려-후백제 쟁투과정 등이 도서해양 민속의 전설과 설화로서 풍부하다.

또한 중세의 도서해양 기록물로서 우이도 홍어장수인 문순득의 표류기록인 『표해시말(漂海始末)』[3], 금남 최부의 『漂海錄』[4], 흑산도 유

3) 정약전, 이강회, 『유암총서(柳菴叢書)』 역해, 신안문화원, 2005년. 「표해시말」은 순조(1801년) 때 우이도에 살던 어부 문순득이 태사도(흑산도 인근)에서 홍어를 사가지고 오던 중 표류를 하여 1805년 1월에서야 돌아온 표해록이다. 琉球(현 일본 오키나와), 呂宋(현 필리핀) 지역의 풍속, 가옥, 의복, 선박, 토산, 언어 등에 관하여 기억력이 좋은 문순득의 구술로 당시 흑산도에 유배 중이던 정약전이 기록하였다. 흔히 최부의 표해록, 장한철의 표해록과 함께 3대 표해록으로 불린다.

4) 최부 저, 최기홍 옮김, 『금남선생 표해록』, 교양사, 1989년. 조선 성종(1487년) 제주 추쇄경차관으로 제주에 갔다가 부친상을 당해 집으로 돌아오던 중 폭풍을 만나 표류하다가 당시 명(明)나라이던 중국의 영파부 절강성(浙江省) 해안에 표착한다. 항주(杭州)-소주(蘇州)-서주(徐州)-천진(天津)-북경(北京)을 거쳐 표류된 지 반년 만에 돌아와서 왕의 명으로 표류의 전말을 적어 올렸다. 말이 통하지 않는 이국땅에서 왜적 등으로 몰리는 등 생사의 고비를 수없이 겪으면서도 충과 효로 무장한 조선 선비로서의 기품을 잊지 않는 모습을 보여준다. 이와 함께 중국 연안의 海路, 기후, 산천, 도로, 官府, 풍속 민요 등을 자세히 소개했으며, 특히 水車의 제작과 이용법을 익혀와 실제로 적용하였다.

배지에서 썼던 정약전의 『玆山魚譜』[5]를 비롯하여, 유배 문사들의 일기와 각종 서간문 등은 본격적인 문학적 규명과 조명 등을 통해 현대문학과의 조응을 기대하고 있는 보고이기도 하다.

또한 조선 후기로 들면서 임진왜란 등을 통해 해안방위(海防) 능력의 부재를 깨닫고 여말선초의 해양세력 탄압정책(空島 및 海禁政策)을 풀기 시작하면서 사대부들의 친해양 의식과 활동이 배양된다. 그렇지만 주로 유배지로 활용되던 섬과 바다에 대한 멸시와 천시의 상황은 잘 누그러지지 않았다. 하지만 조선 후기의 정치적 혼란과 실학이 등장하면서 해양이라는 공간의 거리감이 주는 안온함과 자연생태적인 아름다움에 눈뜨는 이들이 생긴다.

서남해안의 섬과 바다를 대상으로 문예미학적 거리와 시각의 맹아가 싹튼 것이다. '고기 잡고 나무하는 은자'라는 뜻의 어초은(漁樵隱)을 자신의 호로 지닌 윤효정을 중시조로 삼는 대표적 양반가문인 녹우당가는 아예 해남과 보길도 등 서남해 지역에 보금자리를 잡는다. 이에 따라 고산 윤선도는 섬 마을 어부들의 사시사철을 노래한 「어부사시사(漁父四時詞」를 쓰기도 하였다.

3. 근대문학의 신화로서의 목포권 항구문학

목포항은 1897년 개항과 함께 도시 발달의 전초를 마련하면서 근대화의 시동을 걸었다. 이어 1920년도에는 항만시설을 확충하고 1930년대에는 목포 부역의 확장 등을 통하여 인구증가율이 전국 최고를 구가하였다. 이는 "근래 綿價의 등귀로 항내는 大船이 폭주하고 해안

5) 정약전, 『詳解 자산어보』, 신안군, 1998년.

통에는 면화가 산같이 쌓였으며 시중은 건축이 성행하여 전혀 地積의 여유를 볼 수 없는 호황"을 보이고, "전남의 현관이요 물산집합의 중심지로 조선에서는 제3위를 점령할만한 중요항"이며, "만 석의 거부와 수천 석의 재산가가 다수"라고 할 정도로 발전[6]하였다. 이러한 경제적, 사회적 발전으로 인한 부의 축적은 교육으로 이어져 당시 인근 광주, 나주, 순천, 영광 등지의 일본유학생이 서너 명에 불과함에 비해 목포는 수십 명에 달하였다.

이러한 근대지식인들 중에서 김우진은 목포 개항을 주도한 초대 무안감리이자 전임 전남 장성군수였던 김성규의 장남으로 태어나 목포 공립보통학교를 졸업한 후 1924년 와세다대학 영문과를 졸업한 수재였다. 흔히 목포의 3대부자라고 일컬어지던 거부의 장남이었던 김우진은 부친으로부터 상성합명회사의 사장을 이어받지만, 대학시절부터 관심을 보이기 시작한 신극운동에 본격적으로 투신하여 현대연극 1세대의 역할을 다한다.

김우진은 1920년 조명희, 홍해성, 고한승, 조춘광 등 유학생과 함께 연극연구단체인「극예술협회」를 조직하였고, 1921년에는 '同友會巡廻演劇團'을 조직하여 국내순회공연을 했다. 그는 또한 'Societe Mai'(오월회)라는 목포지역 최초의 근대문학동인회를 결성하여 리더로 활동하기도 했다. 하지만 그는 그러나 당시 일제강점기라는 사회현실 그리고 자신의 문학예술적 신념에 반하는 부자라는 가정환경 그리고 자신의 사상적 경향으로 번민하다가 1926년 8월 소프라노 가수 윤심덕과 현해탄에 투신하여 정사했다.

6) 고석규,『근대도시 목포의 역사 공간 문화』, 서울대학교 출판부, 2004, pp95-102 참조.

당시 거부의 아들이자 동경유학생인 김우진과 노래「사의 찬미」등으로 세간의 화제가 되고 있던 미모의 여가수인 윤심덕의 투신자살은 동아시아를 울린 사회적 사건으로 대서특필[7] 되었다. 그리하여 오늘날까지 단순한 가십성 이야기꺼리로 묻히고 있다. 하지만 한국문학의 시원 설화를 공무도하가의 백수광부(투신 제의)와 여옥(음악의 신 뮤즈)의 신화에서 찾아서 설정했던 정병욱 교수의 논의[8]를 원용하면, 한국 최초의 희곡작가라고 일컬어지는 김우진과 역시 한국 최초의 소프라노 여가수인 윤심덕의 현해탄에서의 정사는 단순한 가십거리를 넘어서서 한국 근대문학의 신화로 해석되거나 설정되어야 할 여지가 충분하다고 여겨진다.

특히 조선 갑부의 아들이자 일본 유학생의 신분으로 '버나드 쇼' 등의 최신 예술창작과 의식을 꿈꾸면서, 일본에 의한 조국의 식민지화라는 당대 현실과 극심하던 빈부갈등의 사회적 현실에서 벗어나 의식적, 문화적으로 상층현실에 기반해 있던 김우진의 자살은 충분한

7) 당시의「동아일보」기사를 예로 보면, 1926. 8. 5 목요일(첫소식)에서 동년 8월 14. 토요일(조선인의 반응-투고)까지 무려 14건의 기사가 올라오고 있다. 여기에는 김우진의 죽음에 대한 상황은 물론 양인의 내력, 죽음의 동기, 둘의 만남과 관계, 그리고 당시 사람들의 생각과 비판까지 다양하게 이루어져 있다. - 박관섭,「김우진 희곡에 나타난 죽음의식 연구」, 조선대 석사논문, 1997. p.1. 참조.

8) 고대가요인「공무도하가」에 대하여 정병욱은 신화적 해석방법으로서 백수(白首)는 신선의 모습이므로 백수광부를 주신(酒神)으로, 그의 아내를 강물의 요정인 님프로 해석하는 견해도 있다. 즉 백수광부를 그리스 신화의 디오니소스(Dionysos)나 로마 신화의 바카스(Bacchus)로, 아내를 악신(樂神, Nymph의 하나)로 본다는 것이다. 자세한 내용은 정병욱,「古詩歌의 韻律 및 形象에 關한 硏究」, 서울대국문학과 박사논문, 1972 참조.

의식적 결과물로 해석되어야 한다.

버나드 쇼의 창조적 진화사상은 곧 "인간의 진화는 오직 하나 인간 영혼의 성숙"이라고 하여 사회적인 것을 넘어서는 영적인 것으로 보았다. 버나드 쇼의 생애 역시 초기에는 사물을 있는 그대로 보고자 했던 리얼리스트였으나 후기에는 채식주의와 인간의 실제적인 수명의 연장에 관심을 갖는 등 몰사회적인 방식으로 나타나게 된다.

아리시마 다께오(有島武郎)[9]와 김우진의 긴밀한 사상적 교류관계를 기초로 형성된 김우진의 사상과 신념의 결단으로 나타난 결과가 그의 죽음으로 나타난 것으로 보아야 한다. 즉 아리시마 다께오가 정신적 기저로 삼았던 월트 휘트먼의 로퍼(loafer, 자유인)사상[10]은 김우진에게 어떻게든 이어지는 것이었다. loafer사상이란 아무런 주의나 주장도 갖지 않고 끊임없이 방황하며 항상 자신이 중심이 되는 자유로운 사람, 즉 loafer는 제도나 관습에 얽매이지 않고 선이나 악을 초월하여 사는 실로 자유로운 자유인으로서 일체의 권위에서 벗어나 자

9) 정희원, 「有島武郎硏究」, 한남대석사논문, 1987. pp.1-3. 참조. 有島武郎은 일본의 근세기에 활약했던 白樺派 작가로서 근대지식층이 직면한 문제에 도전하다가 끝내 부르주아 계급이라는 자기 내부의 모순성으로 고민하다가 大正12년(1923년)에 세 명의 아이들만 남겨두고 女記者와의 情死로 삶을 마친 비극의 지식인이다.

10) 휘트먼은 미국의 국민시인으로서, 또한 인류의 예언자적 존재로 형식을 싫어하고, 모든 겉치레에서 벗어난 인간을 찬미하며, 자유평등을 소리 높여 외치고, 항상 서민을 동정하며, 인종과 언어를 초월한 위대한 시인이었다. 그의 시집 『Leaves of Grass』는 많은 사람들에게 영향을 주었으며 민주주의의 성서라 일컬어졌다. 아리시마 다께오는 이 시인의 삶에서 loafer(자유인)를 발견하고 큰 공감을 느끼게 되며 이것은 그의 생애에 일대 전기가 되는 것이기도 하다. - 정희원, 앞의 논문, p.10. 참조.

유로운 생명을 완전 연소시키는 강렬한 체현자(體現者)를 말한다.

따라서 아리시마 다께오가 진정한 로퍼가 되기 위하여 당시 일본의 강력한 명치국가(明治國家)에서 비판적인 입장을 견지하면서 자신의 농장의 노예들을 해방하는 등 각고의 노력을 아끼지 않다가 결국 자살을 하고 말았듯이, 김우진도 일체의 제도나 관습으로부터 의식의 해방을 꿈꾸는 loafer를 갈망하지 않았을 리 없다. 우리가 김우진의 죽음을 단순한 가정적, 연애적, 사회적 번민이나 갈등의 소이로 보지 않아야할 이유이다.

더구나 당시 성경에서부터 시작하여 엥겔스의 공산주의 사상까지 다양한 독서 편력을 지녔던, 세계인으로서의 폭넓은 진보적인 문학관을 지닌 김우진은 당시는 물론 현재까지도 중앙문단에서 제 위상을 찾지 못하고 있다. 다음 글은 『朝鮮之光』에 발표했던 김우진의 평문 '李光洙流의 文學을 埋葬하라.'(1926년 2월)이다.

'문인들이 惡傾向으로서의 저널리즘과 皮相과 인생관 없는 회색(灰色)태도, 불란서류의 계몽문학에 始終하여 있는 까닭이다. …중략… 이광수류의 안이한 이상주의적 사상과 反馳되는 인생관으로써 문단을 대하고, 조선을 보고, 인생을 보는 이가 얼마나 많은가…중략… 내가 이광수를 조선문단에서 매장하라는 부르짖음은, 이광수류의 인생관, 사상, 재주만 가진 껍데기 문학을 絶滅하자는 요구다. 왜 그런고 하니, 문예의 형식도 중요하지만 그보다도 더 중요한 것은 내용이니까…중략… 항구 불변하는 진리를 포함한 문학으로서 그이(이광수)는 테니슨, 워즈워드의 傳을 논했다. …중략… 이는 또 워즈워드가 구라파 전체를 흔들던 불란서혁명을 구경하려고 불란서로 건너갔다가 다시 돌아와서는 반동적으로 安康한 영국 안에서 불란서 혁명을 저주했던 이임을 알고 있는

> 가. 그러기에 山水 곱다는 蘇格蘭(스코틀랜드) 촌구석 호숫가에서 애인 비슷한 누이동생과 同妻하면서 자연이니, 영혼이니, 영원한 진리니 하고 시만 쓰다가 죽었다는 이 점은 이에 가서는 "그 진리만을 확대하고 과장하고 마치 그것이 다른 모든 것을 병합하여 버릴 듯이 暴威를 부린다"는 말을 생각해보자. …하략…'

특히 그가 창작한 5편의 희곡 중에서 당시로서는 거의 유일한 표현주의 형식으로 구성된 희곡 「난파」는 개인적인 신념과 사상의 난파라는 의미의 형상화라는 측면도 있겠지만, 한국 근대문학의 맹아를 떨구기 위한 희생 제의로서의 상징적 의미를 지닌 작품으로서의 해석 역시 충분한 것이라 여겨진다. 이러한 관점에서의 과문한 논고는 필자의 졸문 「김우진 희곡에 나타난 죽음의식 연구」[11] 등을 참고하기 바란다.

결론적으로 본 논의의 관점에서 보면 현해탄이라는 해양을 매개로 전개된 김우진의 문학과 근대문학적 제의는 아직도 제대로 한국문학에서 수용되지 못하고 있는 셈이다.

4. 현대문학으로 만개한 목포권 항구문학

김우진 문학 이후 박화성 등을 중심으로 목포문학은 여타의 지역과 마찬가지로 지역문학 단위로서의 활동을 펼쳐간다. 이후 목포권 문학은 박화성(소설가), 차범석(극작가), 천승세(소설가), 이가형(추리소설가), 최일수(평론가), 최하림(시인), 김지하(시인), 김 현(문학평론가) 등 한국문학사에서 걸출한 문인들을 다수 배출한다.

11) 박관섭, 앞의 논문.

이처럼 목포문학이 발전할 수 있었던 배경이 실은 앞에서 짚어본 것처럼 바다와 섬을 배경으로 육지와의 연결거점인 항구였다는 점이다. 따라서 해양, 도서, 항구를 배경으로 목포권 문학 또는 서남해권 해양 항구문학으로 범위를 확장하면 그 내용은 더욱 넓어진다.

바다와 항구를 배경으로 창작된 수많은 현대문학 작품들이 눈에 띄지만 특히 천승세, 한승원, 송기숙 등의 소설작품들에 주목할 필요가 있다. 이는 바다를 본격적인 문학의 실존공간으로 삼았기 때문이다.

> '하옝튼지 지독스런 놈이여, 저런 놈은 장선포 유지구, 장선포 영세 어민들은 막통에 백힌 쭈꾸미도 못된단 말여, 이녀러 판수 자석 놀아대는 꼴 좀 보게여. 소중매인이란 목자들 다섯이가 죄다 지놈 주둥이 속의 이빨에다 셋바닥들이란 마시. 제놈이 소중매인들헌테 넘기는 괴기금에서 오 프로 처먹는 일이사 제놈도 어시장에 담보넣고 허는 장사잉게로 그렇다고 치잔 말여. 그란디 이녀러 자식 해먹는 꼴 좀 귀경헐티여? 소중매인이 객상에다 괴기를 도산매헐 때 십 프로를 또 거둬묵게코롬 짠단 말여. 고등어 일흔 마리 한 상자 경락가가 육천 사백 원인디 저놈이 오백 원 묵고 소중매인들이 또 육백여 원 마진을 묵어. 그러니 장선포 산지 마진만도 벌써 구백여 원이 붙는단 말여. 이렇게로 장선포 괴기가 비싸고 물나쁘다고 소문만 좌악 깔리는 판이라…… 나원 쓸개를 다 아서 으디 살겄다고?'[12]

바닷가에 사는 사람들의 걸쭉한 구어체를 특징으로 하는 천승세의 희곡작품들은 바다를 경제적 가치가 극대화된 공간으로써, 이를 배경으로 살아가는 인간에게는 냉혹한 자연의 본래적 속성에 더하여 다가

12) 천승세,「신궁」,『오늘의 한국문학 33인선-23』, 양우당, 1988년, p308.

오는 산업사회가 잉태해내는 빈부갈등의 공간이라는 이중적 고통의 근원으로 묘사하고 있다.

> '이틀이 지나서야 바다는 죽었다. 풍산호는 행방불명이고 부청환 선체는 예인 중이며, 풍산호 기관장 갑득이와 무청환 선장 종석이는 표류 중 구조되어 귀항 중이라는 전갈이 지서를 통해 날아든 것은 그날 해거름 무렵이었다.'
>
> '해경대원들이 자귀로 어창 덮개를 컹컹 내리찍기 시작했다. 물에 불은 어장 덮개는 여간해서 벌어지질 않았다. 그도 그럴 것이 어창 덮개는 겹두리를 싹 바르며 왕대못질이 쳐진 것이었다. "워매 시상에에~~내 남편이 괴기랑가아~~잔말구랑가아~~" 누군가의 입에서 칼끝 같은 곡성이 터졌다. 선창은 금세 가슴을 에이는듯한 비명과 곡성으로 찼다.
>
> 어창 덮개가 열렸다. 여섯 명의 남정네들이 문어 가닥지듯 엉켜붙어 희멀겋게 불어 있었다. 왕년이는 그 엉켜붙은 뱃사람들의 주검더미 사이에서 옥수의 바짝 웅크린 등짝을 보는 순간 그만 혼을 놓고 발랑 나자빠져 버리고 말았다.' 13)

최근 한국 사회의 근본적인 맥락을 바꾸고 있는 세월호의 아픔은 사실 바다를 배경으로 살아가는 소위 '갯것'이라 불리는 바닷사람들에게는 과거와 현재를 넘어 미래까지 이어질 여전한 현재진행형인 삶의 패턴인 것이다.

또한 소설에서는 전통을 부정하고 근대를 세우려는 시도가 급격하게 확대되는 모습도 보인다. 당골레인 왕년이의 배를 경제적인 수탈을 통해서 갈취한 판수의 아들 귀백이는 "괴기 읎는 데서는 당골레도

13) 천승세, 위의 책, p309.

못 사능겨, 묵을 것이 읎어……"라고 하면서 벌이는 성주굿에 뛰어든다. "우덜은 장선포 새마을 운동 청년회여. 국시가 새 어촌 건설로 매진혀는 마당에서 말여. 미신타파 혀서 새 어촌의 참신헌 미래상을 건설헐려는 맴들은 읎구, 이름도 읎는 당골레를 불러다가 미신 풍조를 조장혀는 백세도 어민들을 규탄허는 마당이여"라고 하면서 굿판을 뒤집어 버린다.

하지만 이러한 농(어)촌 근대화의 과정은 사실 해양을 경제적 가치의 세계로만 인식되게 하고 문화적 접근이 이루어지는 내면화를 불가능하게 한다.[14)]

자신의 고향인 장흥 바닷가로 귀향해서 활동하고 있는 원로소설가 한승원은 자선대표작품집에서 '바다 속에 내가 살고 내 속에 바다가 산다.'[15)]고 스스로 표명할 정도로 남녘의 바다와 어촌을 배경으로 자신의 문학세계를 펼쳐왔다. 데뷔작인 「가증스런 바다」[16)]로부터 시작하여 「목선」[17)], 「포구의 달」[18)], 「갯비나리」[19)], 「해변의 길손」[20)] 등 수많은 어촌 소설을 썼으며 최근에는 신안의 흑산도에서 유배생활을 한 정약전을 주인공으로 한 장편소설 『흑산도 하늘길』을 쓰기도 했다.

이러한 한승원의 문학세계에 투영된 바다와 어촌은 어떤 모습일까? 펼쳐지는 문학세계의 시기별로 다양한 수용양상이 보이지만, 초기에

---

14) 구모룡, 『해양문학이란 무엇인가』, 도서출판 전망, 2004년, p119.
15) 한승원, 『내 고향 남쪽바다』(자선대표작품집), 청아출판사, 1992년, p3.
16) 한승원, 1966년 《신아일보》 신춘문예 입선작.
17) 한승원, 1968년 《대한일보》 신춘문예 당선작.
18) 한승원, 1983년 한국문학작가상 수상작.
19) 한승원, 1988년 현대문학상 수상작.
20) 한승원, 1988년 이상문학상 수상작.

는 주로 남녀간의 에로스적 공간이면서 동시에 숙명적으로 껴안아야 할 인간적인 관계망으로 전개하였다.

' '갑시다' 했어야 할 여주인이 '가께라우?' 한다는 사실이 신기했다. 물 묻은 손을 갯바지에 쓱쓱 닦아 씻고 허리띠를 풀면서 고물 쪽으로 돌아섰다. 참았던 오줌이 요도를 통해 찌르르 빠져나가자 온몸에 오싹 소름이 쳐졌다. 오줌이 물로 떨어지면서 하얀 물방울을 튀겼다. 그 주르르 하는 소리도 그녀의 가슴 속에 전류 같은 울림을 가져다줄지도 모른다 싶었다. 문득 주위가 바다인데다 조그마한 채취선이라는 한정된 장소 안에서 단둘이 있을 뿐이라는 사실이 가슴을 뿌듯하게 했다.'

'배는 둥실 바다로 떠밀려 갔다. 서풍이 건들건들 불고 있었다. 양산댁이 번 바다를 바라보며 말을 이었다. "그런디 나는 배 없이 어떻게 살 것이요? 한시도 못 살어라우. 배 없이는 죽어도……'[21)]

위와 같이 항구문학의 관점에서 바다와 섬 그리고 항구를 문학적 제재로 삼아서 작품화한 경우에 비해서, 송기숙의 「암태도」 같은 경우는 실제 암태도를 중심으로 전개된 소작쟁의를 중심으로 운동적 차원으로 작품이 창작된 경우이다. 80년대를 풍미했던 민중문학의 정점에 선 작품이라고 할 수 있겠다.

'남일환 도착 시각이 가까워오자 남강 선창은 사람들로 가득차 버렸다. 소작인들뿐만 아니고 암태 사람들은 거진 몰려들었다. 괭과리 소리

21) 한승원, 단편소설 「木船」, 『바다는 비에 젖지 않는다』, 한국해양문학전집 5, 한국경제신문사, 1995년, pp34-43.

징 소리가 섬을 떠메고 가는 것 같았다. 사람과 깃발과 꽹과리 소리와 섬이 한 덩어리가 되어 빙글빙글 돌고 있었다.'

- 송기숙 소설 『암태도』 부분[22)]

또한 목포권을 고향으로 하는 주요 시인들의 작품에서 보이는 바다는 주로 회피와 경계의 대상 또는 떠나야할 공간으로서의 모습을 보인다. 이는 급격한 산업화 과정과 정치적 소외공간으로 밀려나는 목포권의 역사적 상황과 맞물려 전개되는 양상으로 읽힌다.

'…전략… 마지막 가장자리/ 뻰으로도 못 메꿀 여미 사이의 거리/ 아나 벗들/ 나는 혼자다…중략… 흘러가지 않겠다/ 눈보라 치는 거 바다로는/ 떠나지 않겠다…중략… 눈 내리는 바다/ 혼자 숨어 태어난다/ 미친 가슴을 찢어 살짝이 열고/ 나는 아이처럼 울부짖는다/ 돌아가겠다'

- 김지하 시 「바다에서」 부분[23)]

'아무리 보아도 보이지 않는/ 바다야 검은 바다야/ 얼마나 그리움이 깊으면/ 뼈속까지 푸르러 출렁이느냐/ 오늘은 바람 불고 해면이 출렁여/ 돌아가지 못하는 사람들이/ 말미잘처럼 마구 흔들리우고 있다'

- 최하림의 시 「오늘은 바람 불고」 전문.[24)]

그러한 점에서 조태일의 시 「가거도(可居島)」는 긍정적인 수용의 태도를 보이는 점이 특이하다. 아마 곡성의 산중 출신인 조태일 시인이

22) 송기숙, 『암태도』, 창작과비평사, 1981, p312.

23) 김지하, 『타는 목마름으로』, 창작과비평사, 1982년, pp25-26.

24) 최하림, 시집 『작은 마을에서』, 문학과비평사, 1982년, p83.

제 삼자로서 갖는 문학적 거리가 지켜졌기 때문일 것이다.

'너무 멀고 험해서 / 오히려 바다 같지 않는 / 거기 / 있는지 조차 / 없는지조차 모르던 섬. // 쓸 만한 인물들을 역정내며 / 유배 보내기 즐겼던 그때 높으신 분들도 / 이곳까지는 / 차마 생각 못 했던, // 자식 길러 가르치고/ 배운 자식 뭍으로 보내/ 나라 걱정, 나라 위해/ 목숨도 걸 줄 아는/ 멋있는 사람들이 사는/ 살 만한 땅.'

- 조태일 詩 「가거도」 부분[25]

물론 목포를 비롯한 전남 서남권은 특히 오랜 개발독재정권 시절에 계속 정치사회적인 박해를 받은 곳이다. 또한 이러한 소외와 차별이 터무니없는 지역감정으로까지 번져갔다. 따라서 이처럼 어이없이 증폭된 소외와 차별로 인해서 다가오는 고난과 시련을 평등과 평화 그리고 민주주의에 대한 소망으로 익혀낸다.

'더 갈 데가 없는 사람들이 와서/ 동백꽃처럼 타오르다/ 슬프게 시들어 버리는 곳/ 항상 술을 마시고 싶은 곳이다/ 잘못 살아온 반생이 생각나고/ 헤어진 사람이 생각나고/ 배신과 실패가 갑자기 나를 울고 싶게 만드는 곳/ 문득 휘파람을 불고 싶은 곳이다/ 없어진 삼학도에 가서/ 동강난 생낙자 발가락 씹으며/ 싸구려 여자를 바라볼거나/ 삼학소주 한 잔을 기울일거나.'

- 문병란 시 「목포」 전문

또한 1980년대 연장되는 군사독재에 맞서서 분연히 일어섰던 광주

25) 조태일, 시집 『국토』, 창작과비평사, 1983년.

민중항쟁의 열사들이 마지막으로 몸을 피했던 곳도 바로 목포를 비롯한 항구도시들이었다. 당시 민주화운동으로 해직교수가 되었던 문병란 시인 역시 목포로 피신 와서 부른 노래이며, 광주민중항쟁을 비교적 이른 시기에 문학적으로 형상화했던 임철우의 소설 '봄날'에서도 주인공 '명기'가 마지막 피신지로 택하여 목포에 이른 연유도 이러했을 것이다.

> '…그때가 28일 아침이었다. 전화를 받자마자 명기는 간단한 옷가지만 가방에 담고 집을 빠져 나와… 시내버스를 타고 광주를 빠져와, 화순에서 기차와 완행버스를 네댓 번이나 갈아탄 끝에 어제 저녁 목포에 도착, 변두리의 여인숙에서 밤을 시낸 뒤 부두로 나섰던 것이다…'
>
> - 임철우의 소설 「봄날」에서

그리하여 주인공 명기가 목포 앞바다의 소리 없이 밀려들어 부서지는 파도를 보며, "수천 수만의 서로 다른 개체들이 모여 하나가 되는 기적을, 그 놀라운 일치와 화해의 신화를" 보며 "희망을 배워가리라. 인간과 삶을 향한, 가슴 벅찬 소망과 그리움의 노래를" 배우는 그것이 바로 시대의 절망을 껴안아 희망으로 일으키는 문학적 승리이자 정신적 승화를 일구어내게 된다.

이처럼 다도해의 섬과 바다 그리고 항구에 대한 문학적 인식과 창작은 목포작가회의를 중심으로 활동하고 있는 지역문학인들에 의해서 현재까지도 적극적으로 수용되고 있다.

목포작가회의 기관지 『목포작가-2017년』에서 특집으로 다뤄진 「남도시, 서산동 골목길을 가다」는 목포의 자연 항구였던 째보선창과 다

순구미 등 항구마을인 서산동을 제재로 창작된 작품들을 모았다. 김화숙, 양원, 정영숙, 양승희, 박관서, 박미경, 안오일, 박남인, 고규석, 최기종 시인 등이 참여해서 다양한 문학적 수용양상을 보이고 있다.

5. 맺음말

서남해의 지역민들에게 영산강을 비롯하여 다도해의 수많은 섬은 물론 제주도, 중국, 일본 등과 연결된 바다는 긴밀한 삶의 공간이었다. 바닷길이 밖으로 열려있을 때는 크게 번영했고 바닷길이 닫혀있을 때는 쇠퇴를 면하지 못했다.

하지만 현실의 패배와 절망을 특히 주요 제재로 배양되는 문학의 경우는 달랐다. 육지와 격리되고 밀려난 섬과 바다라는 고유한 자연적 특성과 여기에서 배태된 인간의 삶이 엉켜 풍부한 문학적 내용과 양식으로 창출되는 기회가 되었다.

최근 들어서야 우리나라 자체가 섬나라라는 인식이 생겨나고 있다. 문학평론가 이명원이 최근에 펴낸『두 섬의 기억 - 한국과 오끼나와』(삶창, 2017)가 대표적이다. 강대국의 야욕과 여기에서 비롯된 동족분단과 이데올로기의 그늘을 벗어나지 못하는 한 우리는 숙명적인 섬나라임에 틀림없다. 우리들의 삶은 물론 여기에서 배태되는 우리들의 문학 역시 여기에서 크게 자유롭지 못하다. 분단된 반도의 그늘에 갇혀 옴짝달싹 못하는 금기와 금제의 의식 속에서 만나는 세계와 인간이란 결국 국가체재의 테두리를 결코 벗어나지 못한다.

중세에 이르러 겨우 난파와 표해를 통해서나 바다를 건너 만날 수 있었던 국외의 다양한 세계와의 직접적인 접촉과 만남은 지금도 크게 다르지 않다. 주민등록증이 없이는 작은 섬 하나도 접근하지 못하고 있는 현실이다. 이처럼 가로막힌 바다의 탓에 한, 중, 일을 비롯한 동아시아의 냉전적 국가체제 아래 적대적 공존이라는 불안한 개인들의 삶과 문학이 생산되고 있다.

그러한 의미에서 바다를 열고 또한 항구의 도시들이 육지 중심인 국가시스템으로서가 아니라, 바다와 육지를 잇는 적극적인 소통과 교류의 거점으로 다시 디자인 될 필요가 있다. 물론 여기에 접목될 우리들의 삶과 문학 역시 국가나 개인이 아니라 세계와 인간을 향하여 문을 열게 될 것이다.

※ 참고문헌

김지하, 『타는 목마름으로』, 창작과비평사, 1982.
고석규, 『근대도시 목포의 역사 공간 문화』, 서울대학교 출판부, 2004,
구모룡, 『해양문학이란 무엇인가』, 도서출판 전망, 2004.
목포작가회의, 『목포작가-2017년』, 시와사람, 2017.
박관섭, 「김우진 희곡에 나타난 죽음의식 연구」, 조선대 석사논문, 1997.
신정호, 『한중 해양문학의 비교 연구』, 젊은느티나무, 2011.
송기숙, 『암태도』, 창작과비평사, 1981.
정약전, 『詳解 자산어보』, 신안군, 1998.
정약전, 이강회, 『유암총서(柳菴叢書)』 역해, 신안문화원, 2005.
조태일, 시집 『국토』, 창작과비평사, 1983.
최부 저, 최기홍 옮김, 『금남선생 표해록』, 교양사, 1989.
최하림, 시집 『작은 마을에서』, 창작과비평사, 1982.
천승세, 「신궁」, 『오늘의 한국문학 33인선-23』, 양우당, 1988년.
한승원, 「木船」, 『바다는 비에 젖지 않는다』, 한국경제신문사, 1995.

한승원, 『내 고향 남쪽바다』(자선대표작품집), 청아출판사, 1992.
해양수산부, 『한국의 해양문화』 서남해역 上, 下, 2002.

남도문학을 읽는 마음

PART + 04

경계를 넘어 섞이다

시의 몸 또는 몸의 시를 찾는 여정

- 문예지《시와사람》(2023 봄호) 신작초대석 '나의 시론'으로 게재한 글임.

1.

> … 세계를 타고 넘는 한류문화 또는 K-컬쳐와 같이 난무하는 대중문화의 그늘에서, 서정시라는 명목으로 자꾸만 비주류화 되는 당대의 한국문학 특히 시문학이 안타깝기만 합니다. 그래서 지금은 시문학 자체의 틀을 성찰할 때이고, 여기에서 결핍과 활력의 징후를 읽고 이를 선도하는 '시의 몸체'가 필요한 시기라고 생각됩니다. 그렇듯이 징후는 기색과 숨결로 얽힌 몸뚱이를 읽고 느끼는 것일 터입니다.….

참 겸연쩍은 일이다. 아직도 졸렬함을 크게 벗어나지 못한 나의 시세계를 스스로 밝히는 일이 어찌 부끄러운 일이 아니겠는가. 그리하여 최근에 몇 군데 말려서 접혀 들어간 졸필들을 통하여 이를 엿보고자 한다.

서두에서 차용한 글은 돌아오는 봄날에 신생 예정인 한 문학지의 창간사에 덧붙여 말한 내용이다. 그랬듯이 작금의 한국 시문학에서는 시문학 자체의 틀을 성찰할 때라고 생각한다. 여기에서 시문학 자체의 틀이라는 것은 근본적인 성찰이면서 동시에 전체를 대상으로 해야 한다는 것에 다름이 아니다.

특히 시를 아놀드 하우저의 『문학과 예술의 사회사』와 같은 시각에서 볼 것인지, 아니면 오규원의 『현대시작법』과 같이 매만져서 만들어지는 예술의 일종으로 볼 것인지는 시인들 개개인의 선택일지 모르나, 시인의 진술과 시적 화자를 우선 구분해야 하는 작금의 시는 개체들 밖의 세계와 만나고 교류하는 데에는 일정한 벽 내지는 거리를 두고 있는 것임이 분명하다.

그것이 자신의 밖 곧 세계나 세상과 직접적으로 만나면서 이뤄지는 충돌이나 소란으로부터 자유롭지 못한 변방의 소수자들이 지닌 비주체적인 역사성으로부터 비롯된 것인지, 아니면 누구나 함부로 범접하지 못할 상층 언어의 소유를 통하여 자신의 가치와 영역을 지켜온 오랜 문화적 습속 때문인지는 역시 모르겠다.

그리고 그것이, 그리 길지 않은 인류문명이 지금까지 배태한 문화나 예술의 본래적인 속성이자 한계인지도 모르겠다. 하지만 이 역시 분명한 것은 본격문학을 운운하면서 문학생태계를 좌우하는 오늘날의 시들이 대중들에게서 멀어지고 있는 것임은 분명하다. 어떤 미감을 창출하기 위해서 작품 내적인 거리감을 선도하는 것이 아니라, 시 자체가 거의 쫓겨나고 밀려나듯이 '소외와 배타'라는 그물망으로 빨려들어가고 있는 느낌이다.

이는 물론 필자의 미련하고 퉁명한 개인적인 인상이나 의견에 불과할 것이다. 하지만 내 일상이나 내가 함께 부대끼는 이들의 이야기를 시로 쓰는 일이 왜 이리 어색하고 거북한가 하는 데서, 다시 옥타비오 빠스의 '가짜 시인은 남의 이야기로 자기 이야기를 하고, 진짜 시인은 자기 이야기로 남의 이야기를 한다.'라는 경구를 떠올린다.

앞에서 얘기했듯이 그러한 점에서, 지금은 '시문학 자체의 틀을 성찰할 때이고, 여기에서 배어나는 결핍과 활력의 징후를 읽어서 이를 선도하는 '시의 몸체'가 필요한 시기'라고 생각된다. 그렇듯이 시적 징후는 눈에 보이는 기색과 펄떡이는 숨결로 얽힌 인간의 몸뚱이를 읽고 느끼고 쓰는 것일 터이다.

2.

문학이 구체적 세계를 묘사해야 한다는 진술은 그것이 사회와 밀접한 관계를 맺고 있다는 의미이다. 문학은 그것이 속한 시대와 사회를 벗어날 수 없다. 극단적인 경우 역사 소설이나 미래 소설의 형태로 문학가가 과거나 미래로 빠져나간다고 하더라도 그 과거나 미래는 그 사회가 보는 과거나 미래이다. 서정시의 경우에도, 그것이 노래하는 슬픔, 사랑, 분노, 증오 등의 감정 역시 당대의 상상력과 밀접하게 연결되어 있다는 것이다.

- 김현, 『문학이란 무엇인가』에서 차용

얼마 전 '2022년의 목포문학 짚어보기'라는 제목으로 지역신문에 연재하는 칼럼에서 인용한 글귀이다. 목포 출신인 문학평론가 김현은 그의 평론「문학이란 무엇인가」에서, 위와 같이 문학의 본질을 명시하고서 문학의 기준을 제시하였다. 누구보다도 문학의 내면적 의미추구와 외형적인 새로움과 특성을 존중했던 김현이 좋은 시의 기준을 '당대의 상상력과 밀접하게 연결'되어 있는 사회적 소통은 물론 문학을 통한 사회적 가치와 효용성의 구현을 내세운 아이러니를 곰곰이 되새겨 본다.

서정시라는 이름으로 우리가 덮거나 몰아낸 사람들의 삶과 관계 속에서 우러나던 거친 눈물과 땀과 움켜쥔 주먹을 생각한다. 그리고 그것은 대개 인간의 몸을 매개로 일어나는 일들이었다. 그러한 지점에서 최근 필자는 내 몸에서 우러나는 시에 대한 의식을 깊이 바라보곤 한다.

내 몸에서 발화하는 시를 물끄러미 주시하다 보면, 그 몸이 곧 당대는 물론 과거와 미래를 살아가는 사람들의 공통된 몸이라는 것을 느낀다. 옥타비오 빠스가 '자기 이야기로 남의 이야기를 하는 이를 진짜 시인'으로 규정하고 또한 김현이 '서정시의 경우에도, 그것이 노래하는 슬픔, 사랑, 분노, 증오 등의 감정 역시 당대의 상상력과 밀접하게 연결되어 있다.'라는 주장의 근거를 확인하는 것이다.

3.

> 물 위에 뜬 기름 같은 정치인이 되기 싫다/ 상상 속에서 사는 시인도 되기 싫다/ 불의를 지지하는 인간은 더욱 되고 싶지 않다/ 삶이 단 1분밖에 남지 않았다고 한다면/ 그 마지막 1분을 깨끗한 영혼으로 보내고 싶다
>
> \- 미얀마의 시인 켓 띠의 시 「나의 투쟁보고서」 일부

얼마 전에 우연히 미얀마에서 일어나고 있는 시와 시인과 국가에 관한 이야기를 보았다. '너희들은 머리를 겨냥하지만/ 혁명은 심장에 있다'라는 시를 쓴 미얀마의 시인 켓 띠는, 시를 쓰기 위해 엔지니어였던 자신의 직업을 버리고 아이스크림 장사를 하다가 미얀마의 독재정권에 맞서서 자신의 양심을 지키는 시를 줄곧 써왔다.

그리하여 그를 저항시인이라고 하지만 그는 그저 '영웅도 되기 싫다/ 애국자도 되기 싫다/ 우유부단한 겁쟁이 또한 되고 싶지 않다(위의 시 일부)'라면서 단순히 자신의 양심과 영혼을 지키는 시를 써왔다. 그처럼 단지 언어를 통하여 시인의 양심과 영혼을 지키는 일이 저항이 되었다.

그래서 독재정권에 체포되어간 그는 죽어서 돌아왔다. 그냥 죽음만 당한 것이 아니라 몸의 모든 장기가 적출되어 하나도 없었다. 다른 몇몇 저항시인들도 장기가 적출되거나 시신이 불태워져서 돌아왔다. 그 얼마 동안 나도 너무나 힘들었다. 동시대를 살아가는 동료 시인으로서 아무런 힘도 보탤 수 없는 처지가 안타까웠고, 또한 무엇보다도 말 그대로 짐승만도 못한 이런 행태가 문학에 가해지는 데도 세상에 아무런 변화나 성찰이 일어나지 않는 게 괴로웠다.

수년 전에 미얀마의 민주화를 독려함과 아울러 저항하는 시민들에게 어떻게든 힘을 실어주고자 광주전남작가회의에서 진행했던 「미얀마 응원 릴레이 연대시」 행사에서 「바라보는 미얀마에 바라보소서」라는 시를 내었던 적이 있었다. 그저 바라보면서, 광주의 오월처럼 잊지 않는 기억투쟁을 통하여, 아시아지역의 일부 국가에서 지난하게 반복되는 독재의 그늘에서 빠져나오기를 기원했던 안이한 시적 인식이 또한 부끄러웠다.

그래, 내 시가, 내 몸이, 너무 안온해서 견디기 힘들었다. 그래서 또한 곰곰이 생각해보았다. 국가의 힘을 자신의 힘으로 쓰는 독재자인 그들은 왜 그냥 죽이거나 죽였으면 되지, 구태여 시인의 장기를 적출하고 시인의 몸을 불로 태우는 것일까? 죽음으로 지상의 몸까지 버리면서 시인의 맑은 영혼을 지키는 데 비추어, 더럽혀지고 추락하는 자신의 양심과 영혼을 어떻게든 보상하고 보존해보려는 몸짓이지 않은가 하는 생각을 하였다. 그러면서 다시 '시의 몸 또는 몸의 시'를 떠올렸다.

4.

요즘 서울에 있는 전국 단위 문학단체의 일을 맡아서 내가 사는 무안에서 목포를 거쳐 서울을 오가는 일에 몰두하고 있다. 서울에서 목포까지 300여km의 속도로 달리는 고속열차가 있기는 하지만 쉬운 거리가 아니다. 물론 거리만이 아니라 각기 다른 환경과 문화적 습속들을 횡단하는 중이다. 따라서 단순히 서울을 오고 가는 것이 아니라, 서울과 남도를 하나의 공간으로 통합하고 확장해서 실존적 깊이와 넓이로 확충하는 일에 전념하고 있다고 말할 수 있겠다.

그를 위하여 무엇보다도 우선 내가 하는 일이 시를 쓰거나 시를 쓰는데 필요한 동기나 자원을 얻기 위한 것이라는 목적을 분명히 하였다. 공간을 건너기 위해서는 시간을 분명히 해야 하고, 시간을 얻기 위해서는 살아가는 목적을 확연히 정해야 한다. 그러하다. 쏟아지는 밝은 빛을 등지고 흰 벽 앞에 서서 벽에 비치는 내 그림자를 늘인다고 내 몸이나 내게 주어진 공간이 늘어날 리 없다.

그런 의미에서 다시 '시의 몸과 몸의 시'를 의도적으로 사유한다. 시의 외생변수로서의 몸이 아니라, 몸의 실체적 진실로서의 시를 들어앉힌다. 공간이든 시간이든 인간의 몸으로 들어가면서 실존하는 풍경이 된다. 깨끗하든 더럽든, 야비하든 진실하든 한 인간의 영혼이 된다. 그 영혼은 개인들로 분리되지 않은 인간의 본질적인 보편적 실체인 '내가 너다.'가 되리라고 믿는다.

시 역시 마찬가지다. 시의 언어 이전에 시로써 익어가는 항아리가 우리의 몸이 된다. 하지만 그 몸에는 언어로 된 뚜껑이나 문이 있다. 그 문들은 가볍고 쉽게 깨지는 것들이어서, 항상 불안하고 나른하다. 누구에게나 열려있는 그 문들은 하지만 대개 하나의 몸만 지나다닐만 한 크기의 것들이다. 지옥이기도 하고 천국이기도 한 그 문들 앞에서 시인들은 절망한다. 요즘은 몸을 벗어나 숲으로 가는 길에도 그 문이 있어서 깜짝 놀란다.

슬픔을 기다리는 시간
- 주영국 시인 영전에

'금성산 넘어가는 일몰의 해가/ 무딘 톱날에 배를 긁으며/ 나 이제 화엄세상으로 간다며/ 노루목 산 그림자 아직 가시지 않은/ 한수제에 붉은 피 뚝뚝 흘리며/ 죄 없는 하늘을 물들이고 있다/ 우리는 옥상에 모여/ 아파도 웃으며, 헤죽헤죽 웃으며/ 오늘 노을 참 곱다며/ 오늘 어디 물 좋은 데 없냐며/ 가망 없는 농이나 주고받으며/ 허방세상을 붙들고 있다/ 산 너머에는 죽은 해를 태우는/ 비밀의 화장터*가 있다는데,/ 참나무 장작이 탁탁 소리를 내며/ 몸을 뒤척일 때마다 붉은/ 뼛가루가 하늘로 튀어 오른다.'

- 주영국 시 「허방세상 낙조」 전문

그의 시로 그의 조사(弔詞)를 읽었다. 이제 60세, 우리 나이로 환갑이다. 가난한 집에서 태어나 항공고등학교를 졸업하고 공군기상대 등에서 30여 년 가까이 근무하고, 이제 좋아하던 책을 읽으면서 글을 써보겠다며 야심 찬 문학 활동을 불꽃처럼 태웠다. 시집을 간행하지 않은 시인은 시인도 아니라는 문우들의 농담에 보란 듯이 중견의 필력이 돋보이는 「새점을 치는 저녁」이라는 신작시집을 내고, 또한 한국작가회의 광주전남지회 사무처장 등의 역할을 하면서 광범위한 문단활동도 병행하였다.

어제 장례식을 치른 주영국 시인이다. 특히 필자와는 비슷한 삶의 궤적을 걸어온 터라 친한 문우 관계를 맺었다. 함께 시를 쓰고 함께 문학을 논하면서 많은 활동을 같이 하였다. 수년 전에는「한국-몽골 국제문학교류」행사로 몽골문학기행을 같이 다녀오면서 깊은 문학적 교류를 이어갔었다.

그에게 갑작스럽게 뇌종양이라는 암 덩어리가 발견된 것은 겨우 일 년여 년 전이었다. 퇴직을 앞두고 엄밀한 건강진단을 받았다고 하였으나, 공군기상대와 레이더기지 같은 곳에서 전자파 등에 노출되며 긴 시간 동안 일한 특수직 노동자들에게 나타날 수밖에 없는 직업병의 일종이라고 여겨진다. 필자 역시 그와 마찬가지로 직업학교를 졸업하고 작업현장에서 근 삼십여 년 동안 일한 터라 각종 직업병을 음으로 양으로 앓으면서 이를 체감하고 있다.

그래서 특히 필자에게는 남의 일이 아니었다. 속된 말로 평생 알탕갈탄 노력해서 살만한 환경을 만들어 겨우 자신이 꿈꾸던 문학을 하려던 마당에 덜컥 죽음이라는 덫에 걸렸으니 말이다. 물론 이러한 요절이 주영국 시인만의 것은 아니다. 환갑 줄에 이르니 주위의 문인들과 지인들이 크게 아프거나 운명을 다하는 경우가 참 많다.

시인의 운명을 아쉬워하는 광주와 전남을 비롯한 전국의 문인들이 모여서 '고 주영국 시인장'을 조촐하게 진행하였다. 근 일 년 동안 재활치료를 하느라 문병과 면회를 일체 제한했던 터라, 그와 친분을 맺었던 많은 문인은 응당 회복되리라 기대하고 있었다. 그러므로 갑작스러운 그의 부음은 당혹스러웠고 미안하였고 또한 아쉬움이 깊었다.

시인을 보내는 일은 시로 해야 한다면서 그의 시와 그의 시에 덧붙이는 시들로 마음껏 그를 추모하였다. 간간이 덧붙여지는 송별의 노래들은 충분히 시에 이르지 못하였다. 시라는 것이 삶과 죽음의 경계선에서 발아하는 기쁨과 슬픔의 변주임을 깊이 느꼈다.

그래, 동전의 앞면에서 뒷면으로 돌아간 그가 우리에게 준 선물이 그것이었다. 우리의 삶 자체에 묻어있는 죽음을 크게 일깨워주었다. 아무런 죄없이도 필수적으로 다가오는, 우리의 등에 얹혀있고 또는 피와 살 속에서 머릿속에서 자라나고 있는 삶의 종착지이자 어두운 이면을 말이다.

그의 부음을 기다리던 시간에 광산구의 용아박용철문화대상 시상식에 참여한 도종환 시인의 일갈처럼 "시인 한 명이 정치인 이백 명보다 중요할 때가 있다!"는데, 지금이 바로 그때인 것 같다.

비밀의 화장터에서 자신의 몸을 타닥타닥 태워서 허방세상을 증거하는 일을 시인이 아니면 누가 하겠는가! 다만 고요히 지는 저녁노을을 바라보며 그의 명복을 빈다. 슬픔을 기다리는 내 자신의 삶도 새삼스레 돌아본다.

김현문학축전의 전제조건

코로나바이러스가 극성을 부리고 있다. 그 극점에 변이가 있다. 알파, 베타, 감마, 델타, 에타, 람다, 뮤 등으로 불리는 변이바이러스가 형태를 달리하며 나타난다. 혹자들은 진화하는 바이러스의 모습이라고 개탄한다. 변이와 진화는 이리 함부로 동일시하거나 일반화할 일은 아니지만, 같은 종류 생물의 사이에서 나타나는 개체 간의 차이를 말하는 변이는 진화를 위해서 선행해야 하는 전제조건이다.

글머리에서 이처럼 코로나바이러스 이야기를 꺼내는 것은 이제 한 달 후에 진행될 올해 김현문학축전과 긴밀한 관계가 있기 때문이다. 무엇보다도 작년에 이어 올해까지도 사라지지 않고 여전히 사람과 사람 사이를 차단하고 있는 바이러스의 벽 때문이기도 하고, 또한 그 벽의 정점에 변이바이러스가 있기 때문이기도 하다. 작년에 김현문학축전을 온라인 비대면 방식이라는, 어쩌면 낮도깨비처럼 어정쩡한 방식과 느낌으로 치르면 올해는 충분히 코로나바이러스를 막아내거나 아니면 백신 등으로 회피하면서라도 제대로 치르겠거니 했었다.

그러한 지점에서 올해 김현문학축전의 주제로 「김현문학의 시원과 염원, 그 뜨거운 상상의 힘을 찾아서」라는 내용이 떠올랐는지 모르겠다. 김현문학을 형성한 근거로서의 시원(始元)과 김현문학이 변이하거나 또는 진화하면서 생성해내어야 할 당위로서의 염원(念願)을 짚어보고자 하는 것이다. 물론 그 시원과 염원 사이를 잇거나 왕래하면서 뜻을 일구는 매개체로서 '뜨거운 상상의 힘'을 전제로 달아보았다.

잘 알다시피 문학평론가 김현(1942-1990)은 본명이 김광남으로 전남 진도에서 출생하여 목포에서 성장하였고 서울 등에서 주로 활동하였다. 그의 성장지인 목포에서는 매년 김현문학축전을 통해서 그의 문학적 유지를 기리고 있다. 하지만 그러한 행사 취지의 맨 앞에는 항상 지역문학 발전을 위해서라는 내용이 덧붙어 있다. 쉽게 말하면 김현과 그의 문학을 기리되 목포를 비롯한 남도문학과의 접맥을 통해서 새로운 문학적 방향이나 내용을 찾아보려는 것이다.

그래서 매년 치루는 김현문학축전의 주제와 내용의 구상에 있어서 이러한 전제조건은 그 근본을 이룬다. 작년에 5·18 광주민중항쟁 40주년을 맞이하여 김현과 5·18이라는 주제로 '무한텍스트로서의 5·18'을 호명했고, 재작년에는 '남도문학과 김현문학의 행복한 만남'이라는 주제의 설정 등이 그러하였다.

따라서 올해는 위와 같은 주제의 설정 아래 '김현문학 콘퍼런스'를 통해서 그의 문학적 근원을 짚어봄과 동시에 남도문학에서 얻고자 하는 현안에 대한 직접적인 질문을 던져보기로 하였다. 이는 그동안 진도와 목포에서의 탄생과 성장을 통한 김현의 유소년기 체험을 통한 그의 문학적 근거지에 대한 탐색은 일부 이루어졌으나, 특히 지역에는 잘 알려지지 않았던 그의 프랑스 문학과의 습합과 발현과정 그리고 조태일, 최하림, 김지하 등 남도문학과의 내밀한 연관 관계 등을 짚어본다.

이처럼 자신이 처한 현실과 당대의 사회적 현실을 정직한 자기인식과 문학적 상상력을 매개로 헤쳐나간 김현의 시각으로, 오늘의 남도문학이 처한 문학적 현안인 '전남문학관 건립'이라는 화두를 살펴보고자 한다. 그가 한국문학의 도약을 위해서 자신의 문학적 언어의 표현과 내용보다는 우선 '산문시대'를 비롯한 각종 문학동인과 문학매체의 창간 같은 한국문학생태계 내의 구도와 기틀에 주목하고 실천했듯이, 전남문학관과 같은 광역 공공문학공간은 지역 문학생태계에 충분한 역할과 의미 깊은 내용이 크게 주어지게 마련이다.

현재 목포에서는 십 수억이 투입되는 제1회 목포문학박람회를 진행하고 있다. 이처럼 큰 재원에 더하여 지역과 문학 그리고 박람회라는 이질적인 요소들이 서로 뭉쳐서 새로운 의미와 가치의 창출을 기대하고 있다. 이와 함께 결합하여 진행되는 올해의 김현문학축전 역시 김현이 보았고 또한 보여주었던 세상에 더하여 우리가 살면서 바라보아야 할 세상의 모습을 융합하여 그려볼 예정이다. 물론 김현으로부터 시굴하여 장착한 뜨거운 상상력의 힘이 그 밑불이다.

조태일 그리고 김우진과 김현

더 살갑게 느껴진다. 올해로 타개 21주기를 맞는 조태일 시인을 비롯해 1926년 8월 현해탄에서 투신한 김우진 희곡작가와 역시 타개 30주기를 맞는 김현 문학평론가를 기리는 문학제가 코로나 19 상황으로 낯설고 불편한 언텍트 또는 온택트 방식으로 진행되기 때문이다.

시대를 달리할지언정 남도라는 공간에서 같이한 선배 문학인들을 기리는 일이어서, 그 시기나 방식은 아무리 달리해도 그동안 대동소이하게 진행해 온 것이 사실이다. 하지만 코로나 19 덕분에 통째로 다시 생각해야 하는 상황이 됐다. 시간이 가면 괜찮겠지 했으나 시일이 가까워질수록 행사의 진행 여부 자체를 고민하게 됐다.

그리하여 조태일문학축전은 코로나19 2단계 상황에 맞춰 50인 이하 모임형식으로 오는19일 진행된다. 온 생애에 걸쳐서 이 땅의 민주화와 국토 사랑과 문학생태계의 저변확대를 위해 수고한 조태일 시인을 생각하면 미안한 일이지만 어쩔 수 없는 선택이었다.

필자가 관여해 진행되는 김우진초혼예술제와 김현문학축전은 순전히 비대면 온텍트 방식으로 9월 말과 10월 말에 걸쳐 진행된다.

올해 2회를 맞는 김우진초혼예술제는 김우진 기일에 맞춰 그의 넋을 기리는 초혼제와 함께, 호사까 유지 교수의 '한국-일본의 근대화, 충돌과 융합'에 대한 영상강연과 전영선 무용가의 '김우진-윤심덕을 위한 초혼무'를 그의 초혼묘가 마주 보이는 무안군 청계면 월선리예술인마을 월선호수 둑방에서 펼친다.

원래, 타개 30주기를 맞는 김현 선생을 기리는 김현문학축전을 위해 대대적인 지원과 후원을 목포시와 문학과지성 출판사 등이 준비했었다. 이를 계기로 오랜 세월 남도문학과 만남을 통해 융합되고 진화된 김현문학의 진면목을 확인함은 물론 지역문학의 새로운 지평을 모색하고자 했었다.

작년 김현문학축전의 자리에서 시작돼 준비한 '김현문학과 5·18광주민중항쟁'을 주제로 한 학술토론회가 그 뼈대였고 김현문학축전과 함께 지난 1년 동안 남도 지역에서 간행된 각종 문학 작품들과 함께 진행하고자 하는 '남도문학 아카이브' 행사는 그 살갗이 될 터였다.

하지만 이러한 행사들이 더욱 깊어졌고 난만해졌다. 그 깊어짐은 김우진과 김현을 매개로 한 시작품의 창작에 더해 노래와 영상이 함께하는 시노래 동영상 제작과 유통일 것이며, 난만함은 아무래도 복잡하고 불편한 데다 서로 코드가 맞지 않아 자꾸 일어나는 불일치였다.

하지만 불편함이 없는 창조가 어디에 있겠는가. 아리스토텔레스의 시(Art)라는 예술 행위가, 문자는 문학이 되고 소리는 음악이 되고 그림은 미술, 몸짓은 무용 등으로 갈래지어 왔듯이, 그리하여 도구나 방식의 변화와 발전에 따라서 사진이 나오고 영화가 나오고 각종 퍼포먼스 예술 등 근현대 예술 양식이 나타났듯이 코로나바이러스 때문에 새로운 예술방식이나 장르가 나올듯도 하다.

문자를 매개로 이미지와 운율, 상징으로 표현되던 시라는 양식이 영상미디어나 SNS 등 소통과 맥락 형성을 통한 방식으로 바뀌지 않을까 하는 생각이 들기도 했다. 그처럼 '말하지 않는 시를 몰아내는 일'이 되지 않을까 하는 생각과 함께 조태일 시인을 추모하면서 쓴 졸시로 글을 봉한다.

> "꿈꾸지 않는 자들은 변절을 한다// 밖으로 밀려난 이들 밟히는 풀들 그리고/ 뜨거운 가슴을 사랑했던 // 竹兄의 안내를 받으며 올라가는 / 동리산 계곡에서는 // 치아를 닦는 양들의 울음이 들렸다 / 그랬다 남북으로 갈린 // 빨강 개와 노랑 개들이 서로 / 이빨을 갊으며 좇아온들 // 굽이쳐 흐르고 흘러서야 일어서는 / 산중 새하얀 뼈들이 내는 // 국토 찬가를 들을 리 없다 조태일 / 문학관으로 가는 길은 // 산골짝을 휘감아 능히 길을 내는 / 소리의 파도를 타는 일이다 // 말하지 않는 시를 몰아내는 일이다"(졸시 「조태일문학관」 전문)

코로나바이러스와 예술

거의 모든 공적인 문화행사나 예술 프로그램들이 줄줄이 취소되거나 연기되고 있다. 의식주와 보건 그리고 경제행위와 같은 우리 인간의 기본 욕구나 필수상황과 관련된 일들은 개인적인 손실의 시급함과 극복의 한계성을 감안하여 공공차원에서의 지원과 운용이 과감하고 비상한 수단으로 전개되고 있다.

충분히 이해가 간다. 더구나 국가의 기득권력을 쥔 정치인들이나 정파의 이해관계를 위해서 인간 개개인의 생명권보다는 국가주의적인 고립과 전체주의적인 선동에 의지하여 참담한 결과를 보여주고 있는 대부분의 선진국보다도, 도리어 투명한 정보공개와 신뢰를 바탕으로 시민들의 자발적 참여를 통하여 성공적인 바이러스 대책과정을 거치고 있는 우리의 상황은 무척 긍정적으로 보인다.

이처럼 그 시급성이나 효용성에 있어서 차선의 층위에 있는 문화예술이 유보되고 연기되는 상황은 충분히 이해가 된다. 하지만 코로나바이러스가 기존의 그것들처럼 일시적인 것이 아니라 장기적이고 항시적인 상황으로 전개될 수 있다는 예상이 나오고 있고 또한 그리 전개되고 있다. 대부분의 문화예술 행사들이 사회적 거리두기의 시한인 5월 초순까지 연기되고 있지만 이후의 상황에 대해서는 누구도 확신하지 못하고 있다.

따라서 이미 코로나 바이러스 이후의 세계에 대한 논의와 담론들이 운위되는 상황을 보면서, 또는 대개의 새로운 문화예술적 태동이나 기운의 발생이 위기 상황이나 전환기에 빠르게 변하는 사람들의 생각을 통하여 비롯된다는 점에서 코로나바이러스와 예술에 대한 근본적인 질문과 대안을 주장해 본다.

여기에서 먼저 근본적인 질문은 이러한 거다. 현재 사람들이 자신의 건강과 안전을 위하여 각종 개인정보와 동선은 물론 생체정보까지 공개하거나 수집되고 추적되는 것을 일정 부분 승인하고 있다. 주지하듯이 이미 수많은 CCTV가 이를 수행하고 있으면서 또한 이번 코로나 바이러스를 계기로 우리는 우리의 생체정보까지를 공공 디바이스화 하고 있다. 좀 비약적인 의견일지 모르겠지만 우리는 지금 개인의 안전과 건강을 빌미로 개인의 정체성과 자유라는 가치를 유보하거나 소거하는 전체주의적 상황에 처해 있는 것으로 보인다. 그것이 정의롭고 양심적인 국가공동체의 운영자임을 전제로 하지 않는다면, 곧바로 소설 '동물농장'보다 더한 전체주의 공동체로 타락할 위험성에 노출되어 있다. 현재 우리 주위의 몇몇 소위 1세계 선진국들이 보이는 도저히 이해되지 않는 퇴행적인 행태 역시 이와 크게 다르지 않을 것이다.

이에 이러한 전체주의적 상황에 맞서거나 새로운 상황을 예고하고 선도하는 속성을 지닌 현대예술의 근본 속성에서 새로운 대안을 찾아야 하지 않을까 한다. 이미 오래전에 니체는 '세상을 선과 악, 정상과 비정상, 이성과 비이성을 가르는 대칭적이고 적대적인 이분법으로 구분하고 분리했던 20세기의 서구 유럽을 거대한 정신병원'으로 보았었다.

여기에서 이처럼 선과 악을 구분하던 신은 죽었다고 선언했던 프리드리히 니체를 호출하는 이유는 간명하다. 특히 코로나바이러스를 계기로 '비대면(非對面)' 곧 사람과 사람의 직접적인 만남 대신에 다가올 디지털 문명이 예감되기 때문이다. 일찍부터 적대적 이분법을 해체 시켰던 불교를 비롯하여 용불용설(用不用說) 같은 장자나 노자의 사상을 통하여 '있음과 없음' 곧 0과 1의 파동 속에서 존재의 근원을 찾았던 사상적 전통을 지운 우리의 현대예술은 아직도 서구와 유럽을 크게 벗어나지 못하고 있다.

따라서 이번 기회에, 코로나바이러스라는 보이지 않는 관계망의 창궐에 저리 헤매는 서구와 유럽의 문명에 포렴되어 있는 우리의 문화예술을 성찰함과 아울러 과감하게 디지털적인 사유와 방식을 받아들이는 기회로 삼자는 주장이 본 졸고의 요지이다.

문화를 통하여 고양되거나 특히 예술적으로 승화되고 특화된 인간의 개인정보나 생체정보는 그리 큰 가변성을 지니지 못한다. 건강이냐 예술이냐는 양자택일의 상황이 아니라 개인의 근본적인 건강을 위하여 예술적인 행동과 문화적인 사유를 과감히 펼쳐나가야 할 상황이라는 이야기이다. 물론 그 예술적인 행동의 방식과 내용은 디지털적인 방식을 근간으로 이뤄지므로 불편하고 불안하겠지만, 그러한 불안과 불편을 수용하는 것이 바로 예술의 근본이었고 전통이었음을 또한 잊지 말자는 것이다.

김우진초혼예술제 @ 온라인

다음 주 월요일(26일)부터 <2020 김우진초혼예술제>를 시작한다. 94년 전인 1926년 8월 4일 새벽에 이제 막 근대화의 걸음을 뗀 어두운 조국과 예술로 몰아치는 격랑에 맞서서 희생제의의 몸짓으로 검푸른 현해탄에 몸을 던진 한국 최초의 극작가 김우진과 최초의 소프라노 윤심덕의 기일을 맞이하여, 김우진초혼묘를 안고 있는 전남 무안의 월선리예술인마을에서 이를 기리는 초혼제를 비롯한 문화예술제를 작년부터 진행하고 있다.

이들이 이루고자 했던 한국 근대예술의 창달을 위해서 희생한 고인들의 뜻을 기림과 동시에 아직도 사실 탈근대의 언저리에서 크게 벗어나지 못하고 머뭇거리고 있는 우리 당대의 문화예술 상황을 탈피하기 위한 기미와 계기를 찾아보고자 했다. 그들이 마주했던 고통의 뿌리와 의미는 그대로 특히 우리의 지역 문화예술이 당면하고 있는 고통이자 어떻게든 벗어나야 할 과제이기도 하다.

이에 문화예술인들이 모여 사는 월선리예술인마을과 힘을 합한 다도해문화예술교육원의 주관으로 전남문화재단의 후원을 받아서 준비한 행사였다. 하지만 기일인 9월 19일에 진행하려고 연초부터 준비했던 행사는 코로나 19 바이러스의 창궐로 거의 포기할 지경에 이르렀다.

하지만 무엇보다도 기일을 맞아서 추모제를 중심으로 하는 행사인지라 이를 연장하거나 포기하는 것은 모양새가 아니었다. 또한, 차원을 달리하는 근대의 바다를 건너오다가 추락한 선배예술인의 뜻을 기리는 행사의 취지를 고려할 때 도리어 새로운 시도를 하는 것 자체가 행사의 전부일 듯싶었다. 물론 문학, 음악, 무용, 미술 등 순전히 의기투합하여 연초부터 준비해왔던 예술인들과 작품들의 발표 역시 고려하지 않을 수 없었다.

순전히 비대면 온라인 방식으로 행사를 진행하기로 하였다. 가장 먼저 행사에 참여하는 예술인들과 협의를 하였고 다음에는 주관단체는 물론 지원기관인 전남문화재단과 협의를 완료하였다.

그리하여 김우진 기일인 9월 19일 오후 2시부터 그의 넋을 기리는 초혼제를 시작으로 각종 행사를 진행하였다. 작년 행사를 접한 호사카 유지 세종대 교수가 출연을 자청해서 '한국-일본의 근대화, 충돌과 융합'에 대한 문화강연을 식전행사로 진행하였다. 특히 최근 들어 자꾸 커지는 한일관계 갈등의 근원인 지정학 곧 지리정치학의 태동이 근대 이성의 창시자인 임마누엘 칸트에 의한 근대적 개념에서 비롯되었으며, 이를 해소하기 위해서는 평화의 지정학으로 나아가야 한다고 강조했다. 이러한 평화의 지정학은 정치나 경제 또는 군사적 우위 관점의 근대적 지정학이 아니라, 문화와 예술을 매개로 한 공감과 다양성의 지정학이 되어야 한다는 이야기에 다름 아니었다.

월선리저수지 둑방에서 시작한 초혼제에서는 작년부터 올해까지 근 일 년 동안 준비한 전영선 무용가의 '김우진과 윤심덕을 위한 초혼무'가 펼쳐졌다. 뒤이어 생목을 돋운 가수 가시연의 '사의 찬미'와 김우진을 기리는 창작시에 한보리 싱어송라이터가 곡을 붙인 이봉환,

유종, 손수진 시인의 시낭송과 시노래 콘서트가 진행되었다.

마침 맑은 가을 날씨인 데다 살살 부는 바람에 취해서 천연염색 민경 작가와 월선리 예술인마을의 도예가, 화가들이 만들고 그린 작품들과 이를 감싸고 있는 천연염색 작가 민경 선생이 꾸민 천연염색 천들이 하늘에 이를 듯이 펄럭였다.

항상 조용했던 산골 마을에 영상 촬영을 위해서 동원된 카메라 3대와 드론까지 저수지 둑방 하늘에 띄워서 웅웅거리니 그대로 전혀 다른 형태의 마을 잔치가 진행되는 느낌이었다.

이처럼 행사를 마치고서도 근 한 달 가까이 영상편집을 마치고 드디어 다음 주 월요일부터 시월의 마지막 날일 31일까지 매일 오전 10시에 유튜브의 월선리TV와 각종 SNS 등을 통해서 전송될 예정이다.

이제, 그것이 코로나바이러스 때문인지 아니면 이에 대응하는 우리들의 도전적 시도와 문화적 실험 때문인지는 쉬이 구분되지도 구분할 필요도 없겠지만, 어떻든 전혀 다른 방식으로 낯설게 다가가는 김우진초혼예술제를 기대해보시기를 기원한다.

온라인 문학, 또는 유리방 안에서 쓰는 시

- 2021년 문학주간 작가스테이지 「시 읽는 TV」를 마치고

창밖에서 울던 휘파람새 한 마리가 실내로 들어와서 파닥거리다가 간신히 밖으로 나간 느낌이다. 원래는 올해 필자가 앞서서 진행해야 할 전국 규모의 문학 행사를 코로나바이러스 상황으로 연기하거나 포기할 것인지 아니면 비대면 상황으로라도 진행해야 하는지를 가늠해보기 위해서 덤빈 일이었다.

코로나바이러스 상황을 이겨내려는 방편으로써 언텍트 또는 온텍트 방식 등이 많이 운위되고 있는 상황이었지만, 사실 이를 기능하도록 하는 영상이나 유투브 등은 별로 가까이 한 적이 없었다. 응당 그 자세한 내막이나 범주는 물론 돌아가는 프로세스 자체를 알지도 못했다.

물론 문학계 내부에서 이미 포스트 코로나 이후의 문학적 상황에 대한 논의들이 일어나고 있었다. 그 무렵에 광주와 전남을 중심으로 진행되었던 2020 제4회 아시아문학페스티벌의 주제 중 하나도 '포스트 코로나 시대의 문학'이었다. 여기에 초대작가로 참여한 필자도 이에 대한 주제로 주제로 써 주어진 에세이를 구상하던 중이었다.

그리하여 내린 결론은 포스트 코로나 시대에 적응하기 위한 문학적 담론이나 구체적인 세목이 중요한 것이 아니라, 일단 열린 창문으로 날아들고 보는 휘파람새의 둥근 눈과 펄럭이는 날개가 우선 필요한

지점이지 않은가 하였다. '시도 자체가 목적인 시점'이라는 생각이 들었다.

그래서 일단 뛰어들어 경험한 온라인 문학의 세계는 그러나 충분히 매력적이었다. 수년 만에 힘들여 시집을 간행하고서도 역시 코로나 상황으로 출간기념회 등을 통해 사람들의 관심을 환기하지 못하고 조용히 사라지는 시인들과 그 시들을 온라인을 통해서 들려주고자 하였다. 그리하여 〈2020 문학주간 작가스테이지〉 공모를 통하여 선정된 「시 읽는 TV」는 남도의 중진 시인인 정윤천, 이봉환, 주영국 그리고 최근 자신의 생업 현장에서 시를 우려내고 있는 요리사 시인 김옥종을 대상으로 진행하였다.

물론 남도라는 같은 지역 공간에서 함께 활동하고 있으나 사실 '이웃집 담벼락 안에서 노는 닭들을 보듯이 했던' 동료 시인의 시집 네 권을 정독해야 했다. 쉽지 않은 일이었으나 우선해야 할 일이었다. 시가 인간에게 주는 감동의 측면에서 적극적으로 읽어 시집 한 권당 대여섯 편의 시들을 골라서 출연 시인들과 협의를 하였다.

그리고 인터뷰할 대본을 구상하였으나 일반 방송촬영의 경우처럼 구체적인 세목이 아니라 대강의 줄거리만 머리로 그렸다. 그렇듯이 시는 어떤 상황에서도 실내로 날아들어 사방팔방을 휘젓는 휘파람새의 날갯짓과 같은 상황의 예술이어야 한다는 소신 때문이었다.

그러한 지점에서 문학에 대한 새로운 해석 곧 시집을 언어라는 문자텍스트가 담긴 인쇄물로서의 시집 만이 아니라, 시인의 몸에 담긴 시와 그리고 그 시집이 담긴 공간으로서의 시들을 상정하였다. 그리하여 주로 시인들이 애정하면서 서식하는 자택과 작업실 또는 시인의 생업공간 등을 찾아가서 그들의 시를 들려주고 또한 보여주고자 했다.

이를 통해서 네 편의「시 읽는 TV」동영상을 제작해서 유투브 공간 등에 내어 보냈다. 오늘 현재 이봉환 시인의 동영상이 1,300여 회, 다른 시인들도 대강 500-600여 회의 조회수를 웃돌고 있다. 신간 시집을 낼 때 대개 천 권 정도를 인쇄해서 간행하지만, 요즘은 출판상황이 좋지 않아 오백 권 정도를 내는 경우도 많다. 또한, 사실 시집을 펴낸다고 해도 거의 동료 선후배 문인들끼리 돌려보는 것이 현실이다. 그러한 상황에서 이처럼 시간과 공간을 넘어 지속해서 노출되고 소통되는 온라인 문학은 충분히 새로운 관심과 노력을 쏟아볼 만한 새로운 범주임이 분명하다고 판단된다.

또한, 그러한 점에서 이번 2020 문학주간 행사의 일환으로 진행된 온라인 작가스테이지 프로그램은 신선하였고 유효한 시도였다고 생각된다. 다만 아쉬운 것은, 갈수록 난해해지고 따라서 자신들만의 우물에 빠져가는 현대시의 문맥을 풀어헤쳐 시인이 사는 몸과 공간 그리고 일상과 소통을 중심으로 진행된 온라인 프로그램이기 때문인지, 남도라는 지역을 넘어 전국의 시인들로부터 호출되는 즐거운 상황에 처했으나, 행사 자체가 지속성이 담보되지 않은 단발적인 시도였던지라 이에 응할 수가 없어 도리어 개인적으로 난감한 상황(?)으로 변했다는 점이다.

이왕 시도된 온라인 프로그램에 더하여 문학이라는 특성화된 콘텐츠로 확보된 플랫폼의 지속성을 살린다는 측면에서 향후의 발걸음을 가늠해보기를 권유한다. 그리고 끝으로, 이제 우리의 문학도 창밖에서 우는 휘파람새를 불러들이는 것이 아니라, 스스로 밖으로 나가서 휘파람새와 함께 날아야 하리라 생각된다.

10·29 이태원 참사에 붙이는 시인의 경고

– "이태원 진상은폐 사술 난무하지만… 그냥 잊히는 일은 없다"

지난 2023년 3월 9일 오후에 이태원 참사 희생자들의 분향소 앞에서 열린 희생자 추념과 문화예술인의 예술행동을 촉진하기 위한 토론회에서 나온 유가족의 발언이 이마를 쳤다. 한국작가회의, 한국민예총 및 문화연대 등 많은 예술인이 이태원 참사에 따른 '추모예술행동'을 조직하면서 「모두를 위한 만가, 슬픔을 감추지 마라」라는 주제로, 향후 운동의 진행 방향과 내용 등을 모색하기 위한 담론 형성의 장이었다. 이에 사회적 참사의 재현과 애도의 정치에 대한 비판, 추모예술과 넋기림전의 진행 사례, 이후 시민대책회의의 활동 현안과 이후 전망 등 다양한 의견과 실행방안들이 논의되고 도출되었다.

> "내가 참사를 당한 유가족이 될 줄은 정말 몰랐다. 대한민국이 이것밖에 안 되는가에 대한 한탄이 중요한 것이 아니라, 이런 상황이면 모든 국민이 유가족이 된다. 순번을 받아놓고서 아직 순서가 오지 않았을 뿐이다!"

그렇듯이 토론회 마무리 부분에서 마련한 유가족과의 대화에서 나온 발언들이 어떠한 담론들보다도 선명하고 강하게 마음을 때렸다. 처음 세상 밖으로 나와서 이야기를 한다는 유가족들은 '처지가 만드는 사람이 가장 강한 사람'이라는 것을 증명하듯이 담담하면서도 울림 깊은 어조로 동참을 호소하였다.

자신들의 억울함을 풀어주라는 호소만이 아니라 "그래, 내 딸은 이 세상에 살려고 온 소명을 다하고 갔다고 치면, 그 아이가 엄마 아빠에게 남겨준 소명은 무엇인가를 곰곰이 생각한다."라면서, 사람을 위한 국가가 아니라, 국가를 위해 사람을 강제하고 억압하는 세상을 함께 나서서 고쳐나가자고 강변하였다. 가슴이 아렸다. 최소한 개인사의 영역에서 애도와 안식으로 치러야 할 가족의 죽음을 이렇게 거리로 불러낸 것도 미안한데, 더하여 국가공동체가 나아가야 할 새로운 갈림길을 가늠하고 가르는 매개체로까지 동원되는 듯하여 미안하고 씁쓸했다.

"안녕하세요? 라는 단어가 이토록 소중한 줄 몰랐다. 참사 희생자의 유가족이 된 이후로 아무도 나에게 안녕하냐고 묻지 않는다."라는 대목에 이르러서는, 진정 이 나라가 이 정도밖에 안 되는 것이었는 가에 대한 분노에 솟구쳤다. 물론 그 분노는 명색이 시를 쓰고 예술을 한다는 내 자신에 대한 자책과 함께 하는 것이었다.

그래, 여기 이태원 참사 희생자 분향소를 추념과 애도의 장소이면서 동시에 위험이 일상화된 사회를 바꾸기 위해 나선 이들의 공동연대의 공간이자 발화점으로 하자는 데에 공감하였다. 또한, 예술적 내용과 방식으로 사회적 참사를 기억하고 형상화하는 예술행동을 통하여 자본의 최전선에서 쪼개지고 소외되어 위태로워진 우리들의 삶을 성찰하고, 공동의 삶으로 나아가는 매개체가 되도록 하는 예술운동에 함께 적극 동참하기로 하였다. 그러함에도 씻기지 않고 목구멍에 남아있는 몇 마디 말을 비명 지르듯이 남긴다.

깨끗하게 인정하고 깊이 있게 성찰하는 실수는 단순한 실수가 아니라, 오늘의 묵은 그림자를 돌아보고 내일을 여는 새로운 도약의 기회가 되기 마련이다. 수년 전의 세월호 참사가 그러하지 아니한가? 그것이 그늘에서 운용되던 국가기관의 오류든, 또는 자본을 추구하던 사이비 종교단체의 의도된 행위든 간에, 도저히 일어날 수 없고 일어나서도 안 되었던 국가적 참사가 발생했으면 국가가 먼저 나섰어야 했다.

힘 있는 원인행위자들의 편에 서서 이를 흐지부지 덮고 넘어가는 데에 한 나라의 힘을 다 쏟을 것이 아니라, 억울한 참사의 대상자가 된 국민의 편에 서서 우선 성심껏 사죄하고 그 원인과 진상을 낱낱이 발본색원하면 되었을 터이다. 그러한 국가의 행위 자체가 나라를 바로 세우는 일이면서 동시에 한 차원 높은 미래의 선진국으로 가는 길이었을 것이다. 응당 그러했을 것이다. 그런데 이를 어떻게든 덮어보고자 온갖 꼼수와 술수를 앞세우다 보니 권력은 권력대로 감방에 갇혀서 막을 내릴 정도로 추악해지고, 나라는 나라대로 엉성한 옛날의 나라로 추락하였다. 이게 도대체 무엇이란 말인가!

그러다 보니 이번 이태원 참사 역시 단순한 세월호 참사의 데자뷔를 넘어 판박이처럼 국가의 공적 기관에서는 차마 해서는 안 될 온갖 사술들이 난무하고 있는 것으로 보인다. 아니, 도리어 세월호 참사에서 얻은 학습효과인지는 모르겠지만 더욱 미세하고 악랄한 행태들이 숨을 막히게 한다. 죽은 적의 군인도 시신은 돌려주고 장례를 지내서 영혼을 달래게 하는 것이다. 그것이 산 자와 죽은 자가 서로 어울려 이승에서의 한을 풀고 저승에 안착함은 물론 산 자들의 일상을 편안히 영위하도록 소망하는 오래된 인간의 습속이자 문화이다.

어찌 억울하게 죽은 희생자들의 얼굴과 이름을 감추고 그 분향소마저 제약하고 침탈하려는 법이 어디에 있는가? 그러한 나라가 세상 어디에 있는가? 아니 인간의 탈을 쓰고 어찌 이러할 수가 있는가? 이러니 국민들이 세월호 참사로 여태껏 심판받고 있는 지지난 정부가 차라리 양반이었다는 푸념과 비아냥으로 마음의 비수를 예리하게 갈고 있는 것이다.

국가든 법이든 그 맹세나 조문으로 건들지 말아야 할 것이 인간의 생명을 비롯한 기본권과 자유이다. 그것이 근대에 형성된 현대 국가의 기본이자 근간이 되었던 철학이다. 이를 넘어설 때 독재국가가 되고 파시즘 사회가 된다. 일본 제국주의자들의 식민지에서 독립하자마자 강대국에 기댄 독재자와 총칼을 앞세운 군 출신 파시스트들에게 짓밟히며 흔들려 온 이 나라가 이제는 어디로 어떻게 흘러가고 있는지, 아득하기 그지없다.

하지만 그 아득함으로 우리는 '스스로 글로리' 한 눈앞의 독재자들과 싸우고 끝내 이겨왔다. 그것이 민주공화국인 대한민국의 역사적 전통이자 본질이다. 실수와 악랄함을 구분하지 못하는 것인지, 아니면 의도적으로 이를 섞어서 전도시키려는 것인지는 모르겠지만, 그처럼 공공성에 반하는 행위들이 그대로 묻히거나 잊히는 일은 죽었다 깨어나도 없다는 전언이자 경고를, 가난한 시인의 외침으로 보낸다. 우리들, 아무리 해봐도 짧은 인생이다. 좀 맑고 선하게 살다 가자!

부마민주항쟁과 광주민중항쟁의 문학 담론
- 2020년 부마항쟁 41주년 기념 세미나 토론문

한국의 민주주의 발전에 결정적 계기를 제공했던 1979년의 부마민주항쟁과 1980년 광주민중항쟁의 문학 담론을 비교해서 살펴본 심영의 선생님의 발제문을 유의 깊게 읽었습니다. 또한, 그것은 불가피하게 지나간 기억을 다시 호명하여, 문학이라는 보편성과 더불어 서로 다른 오랜 지역적 갈등 양상일 빚어오기도 했던 영남과 호남이라는 지역적 특수성을 함께 살피는 일이어서 흥미로웠습니다.

이에 더하여, 최종적으로는 이 땅에서 죽음과 죽임의 역사가 다시는 되풀이되지 않게 하도록, 두 지역에서 각각 소명을 갖고 실천해야 할 문학의 역할을 모색해보는 글의 목적은 충분한 의미와 가치를 지니는 것으로 읽혔습니다.

또한, 필자로서도 사실 과문했던 부마민중항쟁의 내용을 자세히 살필 수 있었습니다. 유신독재 정권의 말기적 증상을 보이던 지난 1979년 10월 15일 부산대학에서 민주선언문 배포를 기점으로, 다음날인 16일에 5,000여 명의 학생들이 시위를 주도하여 시민들이 합세한 대규모 반정부시위가 전개되었으며, 이들 시위대는 16일과 17일 이틀 동안 정치탄압 중단과 유신 정권 타도 등을 외치며 파출소·경찰서·도청·세무서·방송국 등을 파괴하였고, 또한 18일과 19일에는 마산 및 창원 지역으로 시위가 확산되어서 이후 부마항쟁의 가담자 가운데 부산과 마산을 합쳐 총 1563명이 연행되었고, 125명이 군사재판에 회부되었던 대규모 민중항쟁이었음을 확인하였습니다. 이는 결코 그 외형이나 내용의 측면에서 5·18광주민중항쟁과 비견될만한 민중항쟁이었다는 생각이 얼핏 들었습니다.

물론 그 의미나 가치는 약간 다를 수밖에 없을 것입니다. 부마민중항쟁은 심영의 선생님의 지적처럼, 한국 민주주의의 한 분수령을 이루었던 1960년 4·19혁명 이후에 일반 시민이 반유신 독재정권 퇴진 투쟁에 나선 최초의 대규모 민중항쟁이었습니다. 또한, 독재정권 말기에 이른 집권세력 내부에 위기의식과 함께 분파들 사이의 갈등과 균열을 초래해서 결국 10·26 정변이 일어나는 계기를 만들었다는 점에서의 의미와 가치부여는 적확한 평가라고 생각됩니다. 따라서, 1979년의 부마민주항쟁은 유신의 종말을 앞당긴 결정적 사건이면서 1980년 광주민중항쟁으로 이어지는 디딤돌 역할을 했다고 할 수 있겠습니다.

하지만 부마민중항쟁이 불러온 10·26 정변 이후 매우 급하게 전개된 정국 이슈와 함께 부마민중항쟁 관련 운동 주체들의 분열 그리고 정치 사회적 의제화의 실패가 상대적으로 5·18과 비교하여 너무 늦게 조명되고 있는 것으로 이해된다는 것과 함께, 이런 연유로 해서 관련 문학의 성과조차 매우 미흡해 보이면서 심지어 양 지역의 문학 담론을 비교 분석하기 위한 문학텍스트의 선택 자체가 어려웠다는 대목에서 안타까움을 크게 느꼈습니다.

이에 부득이 5·18광주민중항쟁을 매개로 진행되어 '오월문학'이라는 특유의 문학적 정명까지 이루고 있는 광주전남의 오월문학의 진행

상황과 내용을 전제로 해서 부마민중항쟁과 관련한 가칭'부마항쟁문학'이 향후 추구해야 할 몇 가지 내용을 함께 짚어보았으면 합니다.

첫째, 오월문학이 계속 5·18광주민중항쟁의 진실과 구체적인 내용을 밝히려는 세심하고 끈질긴 노력과 함께 벌이고 있는 기억투쟁의 측면에서 부마민중항쟁과 관련한 문학적 역할과 지향점에 대하여 살펴봐야 할 부분은 무엇이라고 생각하시는지요? 물론 관련 책임자의 단죄와 처벌은 물론 희생자의 명예회복과 부마민중항쟁의 정당한 국가 사회적 평가의 측면도 함께 논의했으면 합니다.

둘째, 5·18광주민중항쟁은 민주, 인권, 생명이라는 가치의 추구와 함께 아시아라는 지역 공간에서의 연대를 설정하여 이와 관련한 오월민중항쟁의 긍정적인 사회적 수용과 함께 지구적 차원의 공감과 연대라는 미래적 가치로의 지향점을 추구하고 있습니다.

이런 점에서 부마민중항쟁이 추구해야 할 사회적 가치는 무엇이며, 또한 미래적 지향점에 대한 모색은 어떤 지점에서 어떤 내용으로 이뤄져야 하는지를 함께 고민했으면 합니다.

끝으로, 필자는 수년 전 광주전남작가회의 일을 보면서 광주광역시의 각 지자체 자활센터 등에서 오월인문학 프로그램을 기획하여 진행했었습니다. 그것은 오월민중항쟁을 매개로 전개되는 오월의 문화예술작품을 매개로 민주국가의 민주시민이란 무엇이며, 또한 변화하는 시대적 상황에 따라서 변화하고 진화하는 오월민중항쟁의 의미와 가치를 재해석하고 재설정해서 수용하는 선도적 기억투쟁의 일환으로 진행된 것이었습니다.

물론 이는 제도화되면서 잊혀져 가는 오월의 기억을 수업대상자인 일반 시민들은 물론 강사로 참여한 현장의 문학 예술인들에게 각성의 기회를 제공하자는 취지의 행사이기도 했습니다.

그러한 점에서 부마민중항쟁 역시 인문학아카데미 프로그램 등으로 취급할 여지나 내용 역시 검토했으면 하는 바람과 함께, 오랜 시간 교육현장에서 활동하고 있는 선생님의 입장에서 이를 제시해주었으면 합니다. 감사합니다.

한국문학의 배꼽, 대전문학의 힘이 필요한 시간

- 『대전작가회의 35년사』 간행 축사

문예지 《작가마당》 2023년 상반기호를 꺼내서 펼친다. 한국작가회의 대전지회의 기관지로써 통권 42호를 기록하고 있는 대전지역 작가들의 문학생태계가 고스란히 드러나는 문학매체이다. 한국작가회의를 매개로 제주작가회의에서 간행하는 문예지 《제주작가》로부터, 순전히 웹진 형태로 발행하는 인천작가회의의 《작가들》과 최근 경기지회를 발족한 《경기작가》까지, 전국에서 각 지역을 대표하는 문예지들을 받아서 찬찬히 읽는다. 어떠한 상업문예지들에서도 담아내지 못하는 로컬문학의 내용과 열기가 깊고도 뜨겁다.

이번 《작가마당》 역시 통권 42호를 맞음은 물론 대전작가회의 창립 35주년을 앞둔 연륜이 그대로 묻어난다. '우월하거나 열등한 문화 같은 것은 없다. 문학이 그저 일반인들과 구분되는 전문인으로서가 아니라, 정해진 것은 아무것도 없다. 오직 자기만의 쓸모가 있을 뿐이다.'라고 머리글의 서두에서 포문을 열어, '대전작가회의 35년을 돌이켜 보니 문학, 특히 지역의 문학이란 자기만의 쓸모는 아니었을까 하는 생각이 든다.'라는 통렬한 성찰을 하고 있다.

사실 이러한 성찰은 대전작가회의의 몫만은 아니다. 각 지역에서 문학을 하는 로컬문학의 현장 어디에서나 언제든 앞세워 일상화 내지는 내면화해야 할 일이다. 아니 어쩌면 '문학은 아름답거나 재미있게 포장된 설득술'이라고 여기고 이를 섬겨온 한국문학 자체의 성찰이어야 한다고 생각된다.

치열한 성찰은 계속된다. '소위 문학 전공자들이 해왔던 일들은 자기만의 전문언어로 세상 사람들로부터 문학과 문학인을 구별짓기 위한 일종의 기만행위는 아니었을까 하는 생각마저 든다.'라는 대목에 이르러, 대전작가회의라는 문학적 실체를 다시 생각하며 문예지의 표지와 목차를 섬세하게 살펴본다.

수년 전에 필자가 편집을 맡은 모 문예지의 특집글로 광주, 부산, 대전, 인천 등을 돌면서, 그즈음에 간행된 시집, 소설집, 평론집 등의 신간 작품집을 낸 문인들이 모여서 서로 읽고 대담을 하면서 진행했던 적이 있었다.

그때 '한국문학의 배꼽, 대전문학의 근황'이라는 내용으로 특집란의 제목을 기술했었다. 당시 여기에 함께 했던 김현정 문학평론가는 "대전·충청을 중심으로 활동하고 있는 문학평론가들의 모임인 「맥락과비평연구회」에서는 '경계와 소통'을 추구해온 방식으로 대전 지역문학과 다른 지역문학이 만나고 소통할 수 있는 계기를 추구하고 있다."라고 힘주어 말했었다. 그때 그의 신간평론집 『연민의 시학』을 함께 읽었었는데, 대전 및 충청도라는 한 지역에 국한하여 활동하는 작가들의 작품과 문학만을 중심에 두고 꼼꼼하게 평론의 대상으로 삼아서 평론집으로 간행하였다. 사실, 지역에서 문학평론을 하는 대개의 경우와는 너무 달라서 깜짝 놀랐던 기억이 날카롭고 선명하다.

소위 '눙치거나' '의뭉스럽게'라도 분명히 자신이 지닌 속마음을 발현하는 충청도인으로서의 개인적인 성향일 수도 있겠지만, '경계와 소통'의 분명한 인식 내지는'대전이라는 공간적 특성'을 명확히 인식하고 있는 문학적 태도와 지향점이 나타난 것일 터이다. 이문구 선생의'경계는 불가피하고 그래야 일상생활이 되지만 작가의 정신은 그것들을 끊임없이 넘나드는 거다.'라는 말씀도 이를 온전히 나타내는 것으로 여겨진다. 여하튼 이처럼 분명한 자기확인으로부터 시작되어 밖으로 이어지는 성찰은 새로운 인식과 실천으로 이어지게 마련이다.

그러한 지점에서 대전작가회의는 '따로 또 같이' 가야 하는 한반도 공동체 또는 한국문학 차원의 중간자 역할 또는 소통과 매개체의 역할이 주어진다. 앞에서 짚었듯이 '한국문학의 배꼽'으로서의 역할이다. 배꼽은 하나의 신체가 신체를 낳은 탯줄의 기억을 지닌 곳이면서 동시에 온몸을 구성하는 각 부분을 연결하는 균형점이기도 하다. 그래서 우리는 어떤 중요하고 힘든 일을 하기에 앞서'배에 힘을 준다!'

언제든 전쟁이 일어나도 할 말이 없는 휴전 70주년에 더하여 자본의 극단적인 추구로 바늘지옥이 된 사회현실과 이를 어떻게든 헤쳐나가야 할 정치현실의 막막함은 어둡고 가파르기만 하다. 쓸모없는 것들로 쓸모있음을 밝혀야 하는 문학의 힘이 절실한 때이다. 지금, 대전작가회의가 힘을 모아야 한다. 파이팅이다!

아시아문학읽기

'이 친구, 아프다고 소리치며 운다. 팔레스타인은 지금 통일은 고사하고 산산이 고립되어 남들과 어떤 관계를 가져야 할지도 모르겠다면서, 군대는 물론 경제, 사회, 철학, 법률에 심리학까지 동원하여 자기들을 무력화하기 위한 정책을 펼치고 있다고 한다. 생존을 위해 무기력한 상태를 유지하고 있지만 언제 집이나 아기까지 뺏길지 모르는 인간성 상실의 상황이라고 한다. 그리하여 작가들은 문학적 상상력을 통해서라도 인간성을 보존하고자 노력하고 있다고 내뱉는다. 말을 마치고 고개를 숙이면서 격정을 가누고 있는 그녀에게 멀리서나마 힘과 눈물을 보탠다. 힘내시라, 그리고 잘 버티시길!'

지난 2018년 아시아문화전당에서 진행된 제2회 아시아문학페스티벌에 참여한 팔레스타인의 소설가 아다니아 쉬블리(Adania Shibli)를 보면서 현장에서 필자의 SNS에 포스팅했던 내용이다.

어제는 모처럼 그녀의 소설을 읽고 이야기를 나누었다. 작년까지 제3회째 광주에서 진행된 아시아문학페스티벌은 앞으로도 계속 격년제로 진행된다. 이에 광주전남지역의 작가들 약 30여 명이 모여서 아시아 각국의 문학작품을 읽고 이에 대한 의견을 나누고 있다. 채희윤, 이진 소설가 등이 운영하는 금남로의 다듬문학연구소에서 진행되는 아시아문학읽기 모임은 매달 한 명의 작가가 독후 발제를 맡아서 진행한다.

근 일 년이 넘었으나 바쁘다는 핑계로 별로 참석하지 못했던 필자는 어제 5·18 전야제가 진행되고 있는 한쪽에서 「두 개의 사랑과 하나의 상처, 그리고 아시아의 국경을 넘는 일 - 3편의 아시아 소설읽기」라는 주제로 발제를 진행하였다.

필리핀, 팔레스타인, 태국 등의 아시아 작가가 쓴 세 편의 소설을 읽었는데, 앞에서 언급한 팔레스타인의 작가 아다니아 쉬블리의 소설 「바다는 모하마드 알-카티브의 것이다」와 필리핀의 마리아 레오니다 프레스 페릭스의 소설 「쓰레기」와 태국의 우팃 해마문의 소설 「방콕, 방콕」이었다.

하지만, 마리아 레오니다 프레스 페릭스의 소설 「쓰레기」만이 분량이나 서사 구성에 있어서 단편소설의 구성을 갖추었고, 아다니아 쉬블리의 소설 「바다는 모하마드 알-카티브의 것이다」와 우팃 해마문의 소설 「방콕, 방콕」은 각각 시적 에세이 또는 손바닥 소설이라고 불릴 수 있는 범주의 짧은 소설이었다.

소설 「쓰레기」는, 쓰레기 산으로 유명한 필리핀 파야타에서 일어난 사고를 배경으로 발생한 살인사건을 해결하는 과정을 기술한 추리소설로 읽혔다. 필리핀 케손시 외곽의 하치장으로 향하는 도로변에 있는 파야타는 마닐라 등 대도시에서 나오는 하루 3000t의 쓰레기가 쌓이는 쓰레기 하치장에서의 수입에 생활을 의존하고 있는 빈민촌이다.

이곳에서, 미국의 아이비리그를 졸업하고 귀국하여 필리핀에서 '절망에 빠진 사람들이 부르짖는 이상적인 정치 성향을 추종하는 사람'으로, 돈으로, 정치를 사는 사람으로 성공하여 현직 시장이 된 이와 이를 중심으로 벌어지는 '두 개의 사랑'은 곳 '하나의 상처'로 이어진다. 돈과 권력에 대한 사랑이 짓밟은 순수한 사랑의 진면목 안에서는 깊숙이 하나의 상처가 나 있다.

이는 또한 소설「바다는 모하마드 알-카티브의 것이다」와「방콕, 방콕」에서도 드러나는 상처와 동일한 문양의 것이다. 아다니아 쉬블리는 기존의 소설문법을 깨버리고 마치 예언자의 잠언과 같은 시적 진술방식으로 일상적인 소통언어가 깨져버린 팔레스타인의 상황을 내보이고 있다.

물론 근세 들어서 약 20여 번의 군사쿠데타가 일어난 태국의 상황을 마치 개인의 가족사를 짧은 동영상으로 드러내듯이 깔끔하게 그려낸 우팃 해마문의 소설「방콕, 방콕」역시, 왕실과 군부의 전제 정치에 익숙해져 자기혐오와 자기소외 그리고 경제 상황 등이 난민 수준에 이른 소시민들이 일상에서 벌이는 비민주적이고 반인권적인 아동학대 등의 상황을 구체적으로 나타내고 있다.

따라서 이들은 최근 수만 명의 사상자가 난 인도의 경우가 대표적이듯이 코로나바이러스의 최종적인 희생지이면서 또한, 최근의 미얀마 군부 쿠데타가 그렇듯이 아시아 각국의 국경 내외에 떠도는 군국주의 망령과 군부독재 그리고 약육강식에 의한 자본 수탈의 현장이 바로 아시아이다. 따라서 소설들은 이러한 아시아적 상황이 내면화된 인간들에 대한 주목과 탐색을 기술하고 있는 것으로 여겨졌다.

포스트 코로나 시대의 문학

- 2020년 <제3회 아시아문학페스티벌> 참여작가 발표문

시가 바뀔지도 모르겠다. 시가 담기는 그릇이 바뀌고 시를 쓰는 방식이 바뀌고 그리하여 시를 향유 하는 이들도 바뀔 듯하다. 원래 무당이나 제사장이 높은 하늘과 광막한 땅 위에서 쏟아지는 햇살이나 불어오는 바람에 온몸과 마음을 섞어서 표현하던 시가, 몸을 잃고 마음으로 쫓겨나 사람과 사람 사이를 건너다니며 음유하는 노래가 되었듯이, 그리하여 다시 노래가 문자를 만나 운율과 상징과 이미지에 도취되어 책으로 들어가서 슬슬 우리들의 머리와 가슴으로 나뉘었듯이, 이제는 미디어와 만나 영상의 언어로 다시 태어나는 듯하다.

깊은 마음이 담긴 음성에 더하여 몸짓과 표정이 함께하지 않는 시는 설 자리가 좁아질 듯하다. 몸에서 마음으로 갈리고 노래로 쫓겨났다가 이내 문자로 갇혔던 시가, 어쩌면 다시 영상 언어를 타고 몸으로 귀환하고 있는지도 모른다. 아직은 그럴 뿐이다.

하지만, 그래서인지 요즘 마음으로 생각하는 일이 많아졌다. 신기한 일이다. 몸으로 표현하기 위하여 마음은 더욱 깊어져야 했다. 아니 어쩌면 몸과 마음이 하나가 되어야 했다. 내 안으로 들어온 시와 네 안으로 들어갈 시를 더욱 세심히 살펴야 했다. 순전히 몸으로 시를 살펴야 했다. 앞으로 더욱 그러할 듯하다.

그리고, 그리하였다. 코로나 19 바이러스 상황으로 하여 온통 미뤄졌던 문학예술 행사나 행위들이 연중 하반기로 들어서면서 막판의 선택에 들어갔다. 편하게 포기하거나 낯설게 시도해야 했다. 공공기관이나 단체 등에서 주관하는 축제나 페스티벌 같은 대규모 행사들은 대부분 포기되었다.

하지만 민간 문화예술인들이 진행하는 소규모 문화예술 행사나 창작 작업들의 일부는 비대면 방식(un-contact)으로 진행되었다. 어쩔 수 없는 일이었다. 이는 어쩌면 행사의 진행 여부 문제가 아니라, 삼시 세끼의 음식이 인간의 몸을 건강하게 지켜주듯이, 개인들의 일상과 만나는 문화나 예술이 사실 인간의 마음과 영혼을 지켜주는 중요한 일이기 때문일 것이다.

하지만 막상 언택트방식으로 접하고 보니 힘들기 그지없었다. 인간끼리 직접 마주하고서 주고받던 언행들 대신에 영상미디어를 매개로 진행되는 소통행위는 낯설고 불편하였다. 소거되는 '뉘앙스'는 전파를 타면서도 살아남을 음성과 몸짓으로 어떻게든 꾸려본다지만, 처음 접속하는 영상미디어와는 코드 자체가 잘 맞지 않았다. 마치 원고지에 연필로 꾹꾹 눌러쓰던 시를 타자기나 컴퓨터 자판으로 깜박이는 화면에 타자하던 그때처럼, 카메라와 캠코더 같은 영상기기 앞에서 읊조리는 시와 말은 생경하였다.

그래서 더욱 집중하였다. 주위를 살펴보았고 나 자신을 면밀히 돌아보았다. '시여, 침을 뱉으라!'라던 김수영 시인의 외침을 되새기면서, 내가 쓰던 시와 우리가 하던 문학을 뒤집어서 헤집어 보았다. 마침 코로나 방역 방침에 맞추어서 소규모 언택트방식으로 진행되던「2020 조태일문학축전」에서 낭송할 시를 구상하던 무렵이었다. 알다시피,

조태일 시인은 지난 70~80년대 외세와 독재에 찌들어있던 관제형 한국문학을 걷어차고, 기층 민중과 함께하는 문학 그리고 이념으로서의 국가가 아니라 자연 산천으로서의 조국을 노래한 시인이었다.

자신이 창작하는 문학의 내적 텍스트에서 뿐만이 아니라, 문학장 안팎의 부조리한 현실과의 직접적인 투쟁은 물론, 그에 맞는 문학생태계의 재구성을 위하여 새로운 방향과 형식의 문학매체까지 만들어 새로운 시인들을 배출하기도 했다. 그처럼 온몸으로 문학을 실천했던 선배 문인이었다.

물론 그 역시, 지금의 코로나 바이러스보다 더한 당대의 불통과 단절 그리고 일상화된 침묵과 굴종 앞에서, 괴로워하면서, 슬픈 눈을 들어, 이미 도착한 시대에 맞는 새로운 언어와 시를 찾았을 터였다. 그렇듯이, 그가 맞닥뜨렸던 시대적 상황과 지금의 코로나 상황이 별로 다르지 않았을 것이다. 그렇듯이 그와 내가 다를 리 없었다. 그래서 그에게 질문을 구했다. 코로나 바이러스 이후의 문학이 무엇이 되어야 하는지를, 제법 간절하게 물었다. 다행히 오래지 않아서 그가 답했다. 그의 대답을 졸시로 옮겨서 그에게 들려주었다.

‘꿈꾸지 않는 자들은 변절한다

밖으로 밀려난 이들 밟히는 풀들 그리고
뜨거운 가슴을 사랑했던

竹兄의 안내를 받으며 올라가는
동리산 계곡에서는

치아를 닦는 양들의 울음이 들렸다
그랬다 남북으로 갈린

빨강 개와 노랑 개들이 서로
이빨을 갈며 쫓아온들

굽이쳐 흐르고 흘러서야 일어서는
산중 새하얀 뼈들이 내는

국토 찬가를 들을 리 없다 조태일
문학관으로 가는 길은

산골짝을 휘감아 능히 길을 내는
소리의 파도를 타는 일이다

말하지 않는 시를 몰아내는 일이다'

– 졸시 「조태일문학관」 전문

그렇다. 문제는 꿈이고 말이었다. 꿈은 언제나 문 밖에서 꾸는 것이지 않았던가! 말은 언제나 새로운 문을 두드리는 노크였지 않았던가 말이다. 이미 당도한 문 앞에서, 새로운 꿈을 꾸지 않는 시들은 변절한 시들이다. 변하지 않아서 변해버린 시들이다. 닫힌 문을 두드리지 않는 말은 몰아내야 한다.

원래 말은 입에서 나오는 게 아니었다. 꿈이 기억에서 나오는 게 아니라 몸에서 나오듯이, 말은 몸에서 나왔다. 몸의 가장 깊은 곳인 심장에서 떨림으로 시작되어 파동으로 흘러 살갗에 이르렀다. 그리고 네

게로 스며가던 그 떨림과 흐름이 정념이 되었다. 웃음이 되기도 하고 울음이 되기도 했다. 그랬다. 그렇듯이, 울음으로 태어나서 때때로 웃다가 침묵으로 사라지는 우리에게 도대체, 무엇이 있는가? 무엇이 없는가? 그 물음과 물음으로 답을 하면서 나아가야 하지 않는가? 없어서 있었고, 있어서 없었다. 언제까지 소유하고, 성장하고, 영원할 것인가? 실은 당신도 없고 나도 없고, 있음도 없고 없음도 있지 않은가!

사실을 믿지 말고 생각을 믿지 말자. 상상력은 그런 것이 아니다. 내 안에 있는 당신에게서 우러나는 몸의 소리를 듣는 것이다. 욕망을 견디지 못한 늑대들의 이빨을 물리치고 당신에게서 들려오는 고요한 소리의 흐름에 귀 기울이는 일이지 않은가. 우리들의 상상력은 당신과 내게로 이어진 몸의 전파를 켜는 일이다. 때때로 당신은 0이고 나는 1이라고 표기되는 깜박임과 깜박임으로, 그 파동의 흐름으로, 시를 말해야 한다.

그리하여 이제껏 인류문명이 꿈꾸어 놓은 이승과 저승이 허깨비라고, 현세의 서구문화가 설계했던 몸과 마음 그리고 사물과 인간과 신의 구분이 단지 고단했던 당신의 몸 때문이었다고, 내게로 이르는 당신의 거리 때문이었다고, 말해야 한다. 제 자리에 있는 땅에 끝없이 먹어치워 몸을 불리는 불가사리 같은 욕망을 덧씌워 국경을 그어놓고, 국가라는 이념으로 인간과 자연을 가르고 죽여서 지우는 근대 이성의 야만을 바로 보자고, 말해야 한다.

이에 맞서, 왕관을 눌러쓴 코로나 바이러스가 국경을 꽁꽁 막아서 막힌 국경을 풀어야 함을 보여주기 전에, 먼저, 이를 말해야 한다. 그것이 인간의 품격이고, 원래 인간의 몸이 내는 소리였다. 말로 하는 시였다. 문학이었다. 그래, 말하지 않는 시를 몰아내야 한다.

한국문학에 수용된 칭기스칸의 의미와 양상

- 2017년 몽골문화예술대학교 세미나 주제발표문

1.

작금의 세계는 신자유주의가 기승을 부리고 있다. 국경은 물론 인간의 본성까지 넘나들면서 희롱하고 있다. 문학 역시 자유롭지 못한 상황이다. 본래 자연과 인간 또는 인간과 인간 사이의 전면적인 소통을 목적으로 하는 제의의 몸짓이자 해방의 언어였던 문학이 상업의 방편이자 수단으로 전락되고 있다.

따라서 우리는 한반도의 남녘 변방의 문학 환경에서 우리가 잊어버리거나 버려두고 있었던 우리의 문학 언어를 되찾고자 한다. 해 뜨는 동방에서 해 지는 서구의 나라까지 가고자 했던 열정으로 문화적 네트워킹과 융합을 통해 새로운 가치와 영역을 창출해냈던 칭기스칸의 마인드에 주목한다. 이를 통해 남도의 로컬언어가 지닌 폐쇄적 변방성을 벗고 세계의 본질과 인간의 전일성을 올곧게 담아내는 지역 언어로서의 특성을 분명히 하여 '세계의 지역문학'으로 바로설 수 있는 성격과 토대를 모색해보고자 한다.

그런 점에서 우선 한국문학에 수용된 칭기스칸의 의미와 양상을 살펴보고자 한다. 물론 한국과 몽골의 오랜 역사 속에서 문화적 영향관계로 창출된 각종 연행기와 문학작품들은 수없이 많다. 하지만, 문학의 범주로 묶인 본고의 성격상 한국의 근현대문학에 수용된 칭기스칸 또는 몽골문학에 한정하여 문학작품 중심으로 간략히 살펴보기로 한다.

2.

한국 근현대문학에서 거의 최초로 몽골과 만주로 상징되는 북방의 역사와 의미를 수용하여 노래한 문학작품은 1930년대의 시인 백석(白石, 1912~1996)의 시「북방(北方)에서」이다.

> 아득한 옛날에 나는 떠났다
> 부여를 숙신(肅愼)을 발해를 여진을 요(遼)를 금(金)을,
> 흥안령(興安領)을 음산(陰山)을 아무우르를 숭가리를.
> 범과 사슴과 너구리를 배반하고
> 송어와 메기와 너구리를 속이고 나는 떠났다.
>
> …(중략)…
>
> 그동안 돌비는 깨어지고 많은 은금보화는 땅에 묻히고 가마귀도 긴 족보를 이루었는데
> 이리하여 또 한 아득한 새 옛날이 비롯하는 때
> 이제는 참으로 익이지 못할 슬픔과 시름에 쫓겨
> 나는 나의 옛 한울로 땅으로- 나의 태반(胎盤)으로 돌아왔으나
>
> …(중략)…

> 아, 나의 조상은 형제는 일가친척은 정다운 이웃은 그리운 것은 사랑하는 것은 우러르는 것은 나의 자랑은 나의 힘은 없다 바람과 물과 세월과 같이 지나가고 없다.
>
> - 백석 시 「북방(北方)에서」 부분. (한국, 《문장》, 1940년)

일제강점기였던 1940년 문예지 《문장》(2권 6호)에 발표된 시 「北方에서」는, 당시 자신이 살던 조국에서 쫓겨난 수많은 이주민들과 함께 만주로 건너가 생활을 하다가, 해방이 될 때까지 오랜 유랑 생활을 했던 시인의 개인 체험에서 비롯된 시이다. 하지만, 아득한 옛날부터 현재에 이르는 시간 동안에 북방이라는 거대한 공간에서 이루어진 우리 민족의 고대 역사와 누대에 걸친 집단적 삶의 모습을 설화적으로 그려낸 작품으로 보는 것이 타당하다.

이처럼 한반도라는 한정된 공간에 고립된 종속개념을 탈피하여 대륙과 북방으로 열린 정서를 통해 일본제국주의의 식민 상황을 탈피함은 물론 자신만의 독특한 문학적 색깔로써의 북방의식에 근거한 문학은 백석 이외에도 「광야(曠野)」, 「절정(絶頂)」 등의 시를 썼던 이육사(李陸史, 1904~1944) 등이 있다.

일제강점기라는 민족공동체의 억압시기를 벗어나고자 열린 북방에서 문학적 활로를 찾았던 근대적 상황과 달리 최근의 세계화 추세와 발맞추어 몽골문학에 직접적으로 접근하는 경우가 많아졌다.

그중에서 특히 칭기스칸의 생애를 직접적으로 차용하여 소설로 쓴 대표적인 사례가 김형수 소설 『조드-가난한 성자들』(한국, 자음과모음, 2012)이다. 테무친이 고원을 평정할 때까지의 시간을 그리고 있는 소설은 칭기스칸의 생애를 그대로 품어 안은 소설이다. 몽골비사 등을 통해 몽골의 유목민들이 누대에 걸쳐 쌓아온 문화 전통을 그대로 수용하여 한국의 문학 언어로 표현한 작품이다. 12세기와 13세기의 지구사를 흔든 칭기스칸의 역사 의지는 사실상 영웅 칭기스칸이나 노마디즘으로 대표되는 정복과 확장의지에서 비롯된 것이 아니라, 몽골 초원을 지배하던 자연현상인 '조드'에서 비롯되었다는 자연생태적인 가치관을 드러내고 있다.

3.

이처럼 몽골의 역사문화적인 상황이나 칭기스칸의 스토리에서 문학적 소재를 직접적으로 찾는 경우와 달리, 몽골 현지에서 체류한 경험을 통하여 몽골의 사회문화적 상황이나 정체성을 탐구하여 이를 통해 한국사회의 문제점을 환기하는 문학작품이 최근 많아졌다.

전성태 소설집 『늑대』(창비, 2009)는 몽골 상황에 빗대어 한국 사회의 문제점은 물론 자본주의에 휩싸여 혼돈에 처한 몽골의 현실까지 짚어내고 있는 단편소설집이다. 표제작인 「늑대」에서는 몽골초원을 지배하는 것이 더 이상 '그믐밤의 금기'가 아니라는 것을 고발하고 있다. 또한, 몽골과 한국의 사회상황을 병치시키면서 상호변주하고 있는 작품인 「코리언 쏠저」역시 시원에의 동경이나 야만에의 공포 모두 제국주의적 시선의 두 얼굴임을 통렬히 지적하고 있다.

이처럼 전성태의 소설은 칭기스칸에 대한 문화적인 평가와 재해석을 통해 '제국주의에 의한 힘의 논리'가 가진 문제점을 지적하고 있다는 점에서 앞의 김형수와 동일한 시각을 나타내고 있다. 하지만 몽골과 한국사회가 지닌 문제점을 실감나게 적시함으로써 취득되는 소설적 리얼리티가 돋보인다. 또한, 향후 지속적으로 확장되어 진행될 아시아는 물론 세계와 교류 과정에서 문학이 지향해야 할 전범을 보이고 있지 않는가 하는 점에서 눈여겨봐야 할 대목이다.

이와 같이 몽골 현지에서의 체류와 경험을 통해서 자신의 문학적 토대를 새로이 하여 새로운 문학세계를 창출하는 작가들이 많아졌다. 자본주의의 첨병을 달리는 한국사회에서의 지친 영혼을 몽골과의 접속을 통해서 새로운 문학적 지향점을 찾고 있는 강회진의 여행에세이집 『했으나 하지 않는 날들이 좋았다』(한국, 문학들, 2018)을 비롯하여, 이를 시로 풀어낸 신대철 시집 『바이칼 키스』(한국, 문학과지성사, 2003), 손필영 시집 『타이하르 촐로』(한국, 빗방울화석, 2012), 박태일 시집 『달래라는 말은 몽골에서 바다』(한국, 문학동네, 2013) 등이었다.

하지만 외계의 사물이나 현상을 자신의 주관적인 정서나 시적주체를 중심으로 받아들여서 풀어내는 서정시의 전통이 강한 한국의 시문학에서는, 몽골이나 칭기스칸 이미지는 거의 소재주의나 시원을 찾아가서 성찰하는 정도의 차원에서 크게 벗어나지 않고 있었다. 유목민 문화가 지닌 자연생태적인 세계관의 전면적인 수용이나 유장하고 전일적이면서도 기층 민중들의 정서와 염원을 담아내는, 서정과 서사가 어우러진 본격적인 몽골문학에의 접속은 아직 이뤄지지 않고 있는 것으로 읽혔다.

4.

지금까지 짚어본 대부분의 문학작품들은 사실 어떤 형식으로든 몽골이라는 공간을 직접적으로 여행하거나 거주하는 등의 실제 체험을 통해서 창작된 작품들이다. 하지만 오랜 역사문화적인 적층 속에서 형성된 몽골과 칭기스칸의 이미지나 아우라 또는 의미망을 수용하여 문학작품으로 창작하는 작품들도 나타나고 있다.

특히 한강의 소설 「몽골반점」이 눈에 띈다. 단편소설 형식의 「몽골반점」을 중심으로 동일 선상의 이야기 속에 등장하는 인물들을 각각 다른 주인공으로 내세운 「나무불꽃」, 「채식주의자」 등으로 구성된 3부작 연작소설집 『채식주의자』(한국, 창비, 2007)는 한국소설 최초로 맨부커상(인터내셔널 부문)을 수상했다.

"처제에게 몽고반점이 있다"는 아내의 말로부터 시작된 주인공인 비디오아티스트의 열정은 생래적인 것 또는 오랜 생의 연대기 속에서 자라난, 숨겨져 있다가도 언젠가는 드러나는 몽골반점 같은 것이었다. 인간과 문화가 지닌 동물성과 식물성 그리고 젠더로서의 여성성과 남성성은 물론 윤리와 예술의 영역과 개념을 점검하고 있다. 여기에서 비롯된 실재와 영원성의 충돌과정을 관능적인 미감과 냉정하고 누추한 현실의 상황을 대비시키면서 풀어내고 있다.

> "모든 것이 완벽했다. 그려왔던 대로였다. 그녀의 몽고반점 위로 그의 붉은 꽃이 닫혔다 열리는 동작이 반복되었고…… 그는 전율했다. 가장 추악하며, 동시에 가장 아름다운 이미지의 끔찍한 결합이었다."
>
> - 한강 소설「몽고반점」에서.

따라서 소설은 시공간을 초월하여 전해지는 생태적 증거인 몽골반점을 중심으로 인간의 욕망과 예술의 영원성을 묻는 '예술가 소설'로 읽힌다. 남녀 간의 단순한 교합보다는 몽골반점으로 치환된 열정에의 몰입을 통해 숨겨지고 분열된 자아 또는 일상과 작업의 영역으로 분리된 현대의 예술(영원성)-기능공(욕망)의 영역을 뛰어넘고자 하는 열망은, 그대로 분절된 시간을 넘고 단절된 공간을 통합하여 인간의 한계를 뛰어넘고자 했던 칭기스칸의 열망과 연결되는 대목이다.

5.

우리는 자연생태나 문화예술보다는 전쟁과 정치와 사회를 역사로 삼는다. 가슴의 파동과 마음의 흐름 그리고 하늘과 땅과 바다에 밀착해서 살아가는 사람들의 이야기는 기록하지 않는다. 인디언과 바이킹으로부터 알래스카와 아프리카까지 그리고 노예와 머슴과 민중들까지, 그렇게 사라져간 사람들의 이야기가 밤하늘의 별처럼 무수하다.

하지만 다시 '천개의 고원'이 펼쳐진다. 김형수는 소설 「조드」에서, 몽골의 현지 유목민에게서 채록한 '낙타이야기'를 통해 몽골초원의 유목민문화가 세계의 본체를 체제화 하려는 중심 해체의 표본으로서 문화적 다양성의 전범을 이루고 있음을 지적하였다. 이의 개념적 근거로 제시한 질 들뢰즈의 '천개의 고원'은 북방유목민 신화가 갖는 개방과 통섭의 속성이 21세기 글로컬리즘(glocalism)을 관통하는 본질이면서 동시에 신화학 시대의 도래를 표방하고 있다.

갈수록 다양한 의미로 해석되고 적층되어 펼쳐지는 칭기스칸의 이미지나 문화적 의미 역시 이러한 맥락으로 읽힌다. 해 뜨는 나라에서 해지는 나라까지 가고자 말 등에서 내리지 않고 평생을 보냈던 칭기스칸의 모습은, 천개의 고원을 넘어서서 극점에 이르고자 하는 시인이나 예술가들의 다른 모습이지 않겠는가 한다.

그런 의미에서 우리들은 질문 앞에 서 있다. 위대한 정복자 칭기스칸의 스토리나 운명을 취할 것인가, 시대적 적층에 따라 새로이 해석되고 재평가되는 칭기스칸의 소통과 합일이라는 문화적 의미맥락을 취할 것인가, 라는 질문은 사실 원론적이고 단순하다. 하지만 작금의 한국문학 또는 세계문학이라는 범주 내에서 변방일 수밖에 없는 우리들의 본질적 가치 선택의 측면에서는 분명하다. 칭기스칸과 몽골의 가치와 의미를 수용하는 일은 무엇보다도 토템과 샤머니즘 그리고 변방의식을 주체적으로 수용하는 일이다.

이를 통해 이제껏 세계와 인간을 가르고 차별해왔던 오래된 외눈박이 문명에 대해 하늘과 땅과 바다 그리고 여기에서 느끼는 춥고 배고프고 외롭고 슬픈 눈으로 질문하고, 확인하고, 그리고 노래해야 한다. 우리들이 이를 위해 낯설고 정겨운 몽골초원의 바람을 찾아나서는 이유이다.

> 바위에 앉았다 일어섰다 서성이다
> 불안스레 문을 열고 내다본다
> 겔촌 아이들이 모여 공놀이를 하고 있다
> 나는 닫혀 있었구나, 열린 듯이
>
> 내게서 군내가 확 풍겨 나온다
>
> \- 신대철 시 「몽골일기 1」에서

● 원문출처

PART 01 남도문학으로 번지다

남도문학의 위상 : 전남일보, 2022.2.08.
남도문학에 스민 김현 : 전남일보, 2021.12.21.
이 계절의 남도문학 : 전남일보, 2021.3.16.
박남인 시인의 경우 : 전남일보, 2020.11.24.
우리들은 김남주다 : 《땅끝문학》 통권 2호, 2004.
위드코로나시대의 남도문학 읽기 : 전남일보, 2022.3.22.
남도문학포럼의 성과와 과제 : 전남일보, 2018.12.26.
남도문학벨트 구성을 위한 <전남문학관> 건립 제안 : 전남일보, 2018.1.24.
김현문학과 남도문학의 행복한 만남 : 계간 《푸른사상》 22호, 2015 봄호.
몽골문학을 통한 남도문학의 활로찾기 : 전남일보, 2018.7.5.
2019 겨울, 이 계절의 남도문학 읽기 : 전남일보, 2019.1.29.
영호남문학인대회의 부활을 위한 제언 : 영호남문학인토론회 발제문, 2016.
로컬문학의 안부를 묻다 : 계간 《신생》 통권 79호, 2019, 여름호.

PART 02 광주문학에 스미다

다시 5·18, 문학의 힘으로 : 전남일보, 2022.5.17
광주청년작가문학포럼으로 본 미래문학 : 전남일보, 2023.12.5.
개와 늑대의 시간을 넘어서는 새로운 깃발의 시간 : 《광주전남작가》 24호, 2018.
광주문학관 건립의 당위성 : 전남일보, 2017.8.23.
5.18문학상 유감 : 전남일보, 2017.5.21.
아시아문학페스티벌에 보내는 고언 : 전남일보, 2020.2.4.
오월인문학, 새로운 출발을 위한 모색 : 전남일보, 2018.11.20
영화 '택시운전사'와 공무원 : 무등일보, 2017.09.12.
시 한 편 이야기 한 구절 「꽃잎단장」 : 《목포작가》, 2016.
볼을 적시는 따스한 '오월의 선물' : 광주일보, 2022.6.23
광주문학관의 개관을 축하하며 : 광남일보, 2023.9.18.
세월호와 광주 5·18 : 대전작작가회의 기관지 《작가마당》 2014. 하반기.
광주전남지역문학의 현황과 전망 : 《사람의문학》 2019. 봄호.

PART + 03 목포문학에 깃들다

2022년의 목포문학 짚어보기 : 전남일보, 2023.1.24.
무안의 문학을 읽는 시간 : 무안타임스, 2022.1.12.
2012년의 목포문학 짚어보기 : 《목포작가》 2013.
국도1호선, 제주해협을 넘다 : 《목포작가》 2013.
2008 서남권문학박람회 발제문 : 심포지엄 자료집, 목포문학관, 2018.
2005년의 목포문학 짚어보기 : 《목포작가》 2006.
창립 열 돌을 앞두고 돌아보는 목포민예총 : 《민족예술》, 한국민예총, 2002.2.
목포작가회의에 바란다 : 목포신문, 2001.11.
1996년의 목포문학, 흐름과 전망 : <문예아카데미> 자료집, 전남민예총, 1907.
<삶의 시울문학회> 약사, 또는 돌아봄을 통한 내다봄 : 《서울문학회보》 1996.
목포에서 삼학도 찾기 : 계간 《신생》 통권 17호, 2003 겨울호.
258 목포권 항구문학의 형성 및 발전 양상 : 제주문학포럼 자료집, 2017.

PART + 04 경계를 넘어 섞이다

시의 몸 또는 몸의 시를 찾는 여정 : 계간《시와사람》, 2023. 봄호.
슬픔을 기다리는 시간 : 전남일보, 2022.10.18.
김현문학축전의 전제조건 : 목포작가회의 기관지 《목포작가》 2022.
조태일 그리고 김우진과 김현 : 전남일보, 2020.9.15.
코로나바이러스와 예술 : 전남일보, 2020.5.5.
김우진초혼예술제 @ 온라인 : 전남일보, 2020.10.20.
온라인 문학, 또는 유리방 안에서 쓰는 시 : 2021 문학주간 보고문.
10·29 이태원 참사에 붙이는 시인의 경고 : 한겨레신문, 2023.3.25.
부마민주항쟁과 광주민중항쟁의 문학담론 : 부마항쟁 30주년 세미나자료집, 2020.
한국문학의 배꼽, 대전문학의 힘이 필요한 시간 : 『대전작가회의 35년사』, 2023.
아시아문학읽기 : 전남일보, 2021. 05.25
포스트코로나시대의 문학 : 제3회 아시아문학페노티멀 작품집, 2020.
한국문학에 수용된 칭기스칸의 의미와 양상 : 한·몽국제문학교류 자료집, 2017.